中学语文新教材名篇研究

方小凤 / 著

ZHONGXUE YUWEN
XIN JIAOCAI MINGPIAN YANJIU

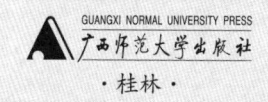

广西师范大学出版社
GUANGXI NORMAL UNIVERSITY PRESS
· 桂林 ·

广西一流学科中国语言文学学科建设经费资助
广西研究生教育创新计划项目（Innovation Project of Guangxi Graduate Education）：新文科背景下教育硕士教学创新能力培养研究——以学科语文教育硕士为例（项目编号 JGY2024070）

图书在版编目（CIP）数据

中学语文新教材名篇研究 / 方小凤著. -- 桂林：广西师范大学出版社，2025.5. -- ISBN 978-7-5598-8203-5

Ⅰ. G633.302

中国国家版本馆 CIP 数据核字第 2025KC6585 号

广西师范大学出版社出版发行
（广西桂林市五里店路 9 号　邮政编码：541004）
网址：http://www.bbtpress.com
出版人：黄轩庄
全国新华书店经销
深圳市精彩印联合印务有限公司印刷
（深圳市光明区马田街道新庄社区同富工业区 B 栋 103　邮政编码：518107）
开本：880 mm × 1 240 mm　1/32
印张：12.375　　字数：240 千
2025 年 5 月第 1 版　　2025 年 5 月第 1 次印刷
定价：68.00 元

如发现印装质量问题，影响阅读，请与出版社发行部门联系调换。

目 录

绪 论   1

第一章 语言风格：徜徉语言之途 深入文本肌理

第一节 关注高频词句，细读词义之妙   14
    一、《范进中举》："金钱"的魔力   15
    二、《故都的秋》虚词运用之妙   27

第二节 品味文体之美，探寻名篇之神   34
    一、《醉翁亭记》：纡徐委曲的赋体语言   35
    二、论《马说》的抒情性   44
    三、风景这边独好
       ——《风景谈》的象征艺术分析   53

第三节 剖析语言风格，领略名篇之韵   62
    一、简洁而丰富 朴素而永隽
       ——析《老王》语言三味   63
    二、情态 变化 交融
       ——《琵琶行》摹写音乐的技巧美   72
    三、《孔雀东南飞》刘兰芝语言的双重性   81

1

第二章　语言与思维：聚焦主题分析　挖掘思想深度

第一节　探讨人生主题，延伸人生意义　　　　　94
　　一、《天净沙·秋思》：色彩统一的思乡画卷　95
　　二、《赤壁赋》中的"清欢"　　　　　　　　103

第二节　揭示社会主题，反映时代精神　　　　　111
　　一、《芣苢》：古代妇女田园劳作之和谐美　112
　　二、不拘一格降人才
　　　　——《廉颇蔺相如列传》之人才观　　　119

第三节　探析哲学主题，提升思辨能力　　　　　129
　　一、一次超越时空阻隔的精神逍遥
　　　　——《水调歌头·明月几时有》的时空意识　130
　　二、从观月之妙到心境融合
　　　　——《念奴娇·过洞庭》的心境转化　　138

第三章　语言与审美：品鉴名篇特征　彰显文本之美

第一节　感受气韵之美　　　　　　　　　　　　150
　　一、体含飞动之势　营造动感之境
　　　　——细读《破阵子·为陈同甫赋壮词以寄之》152
　　二、《师说》：如潮的气势之美　　　　　　162

三、抑扬顿挫　慷慨淋漓
　　——《五代史伶官传序》之气韵　　173

第二节　剖析结构之美　　182
　　一、《空城计》的叙事艺术
　　　——用毛纶、毛宗岗父子《读三国志法》
　　　解读《空城计》　　184
　　二、《水调歌头·明月几时有》：情、景、理的编织　　195
　　三、《烛之武退秦师》的叙事艺术　　201
　　四、《锦瑟》中的艺术双重性　　212

第三节　体会情感之美　　221
　　一、《端午的鸭蛋》：日常生活的审美呈现　　222
　　二、怨而不怒　哀而不伤：《诗经·卫风·氓》的抒情　　231

第四节　体味风格之美　　237
　　一、中和之美
　　　——也品《背影》的魅力　　240
　　二、《哦，香雪》诗意空间的营造　　250
　　三、《声声慢》的元曲化　　263
　　四、鲁迅小说《祝福》中的地理叙事　　273

3

第四章　语言与文化：知人论世　倾听文本声音

第一节　理解思想观念，知晓核心要义　　290
　　一、关系世界里的妄断与冷漠
　　　　——我读《猫》　　291
　　二、"有"与"无"：《变形记》异化世界里的
　　　　觉醒　　300
　　三、本体论视角下祥林嫂的悲剧命运　　312

第二节　认识价值体系，深入文本内核　　320
　　一、《背影》背后：父子矛盾的隐性表达与最终
　　　　化解——从社会历史批评视角看《背影》　　321
　　二、人生自飘零，哪堪风雪夜
　　　　——对《祝福》中"雪"的解读　　331

第三节　领悟审美文化，提升文学修养　　344
　　一、《湖心亭看雪》：审美主体的深情回忆　　345
　　二、《兰亭集序》："俯仰"精神的三维生命
　　　　意识　　354

参考文献　　365
后　记　　389

绪　论

文本解读是中学语文教学中不可缺少的一环，是语文教师教学的基本功和专业能力的核心，也是其必备的素养之一。"语文教师文本解读能力不过关，肯定不能算是一名合格的语文教师。文本解读不仅是语文教师的基本功、硬功，甚至可以说是语文教师的'铁门槛'。"[1]文本解读需要教师拥有深度理解文本的能力，还需要其具备批判性思维、艺术感知与领悟能力。富有个性魅力的语文老师必然拥有独特的文本解读能力。语文课堂的丰富程度与文本解读的深度、广度密切相关。

什么是文本解读？《现代汉语规范词典》中这样解释"解读"："通过分析来理解。"[2]"文本解读"则是通过分析来理解文本，但这样的解释过于笼统。它可指普通读者出于某种目的而产生的解读，比如为获取信息的"信息性解读"，

---

1. 荣维东. 语文文本解读实用教程[M]. 北京：北京大学出版社，2016：10.
2. 李行健. 现代汉语规范词典：2版[M]. 北京：外语教学与研究出版社，2010：677.

为提高自身文学修养而进行的"文艺性解读"等，这些可能具有随意性特征，它也可以指文学批评或文艺理论的文本研究。[1]在语文教学领域，文本解读是对教材文本的理解与分析，经常被称为"文本的教学解读"，"文本的教学解读过程也是教师和学生双方语文技能、文学素养共同提高的过程。这个过程绝不仅仅是备课的一个环节，它更是一个思想激荡、情感共生和智慧成长的过程。这是优质的课堂教学生活最重要的因素，是语文课堂自由、丰富、温馨的最基本保障"[2]。

文本解读是分析与理解文本内容的过程，既包括对语言的解构，也包括对文本结构、风格、主题与情感的剖析。文本解读需要以通读为基础，它侧重于对文本的整体分析，并通过对文本的深入分析来理解其意图、语境和影响。它绝不是走马观花式的观光游，而是在某种程度上与细读相通的。王先霈先生曾说细读是"从接受主体的文学理念出发，对文学文本的细腻、深入、真切的感知、阐释和分析的模式与程序"[3]。文本解读需要具备细读的精神，依据一定的原则，讲究一定的方法，细致深入地分析文本。此外，文本解读还需要一定的理论指导，但"理论不是彰显的，而是潜在的，而

---

1. 李煜晖. 文本解读规范：在多元理解中建构秩序 [J]. 语文建设，2024（19）.
2. 荣维东. 语文文本解读实用教程 [M]. 北京：北京大学出版社，2016：10.
3. 王先霈. 文学文本细读讲演录 [M]. 桂林：广西师范大学出版社，2006：4.

且也不是说你用什么理论解读作品,而是自己在阅读过程当中,慢慢会使用到这些理论学养。另外一点就是不要有框架,理论也是框架,我们的阅读习惯、审美习惯也是框架,我们大多数的审美都会认为这是不对的、粗俗的。社会有很多很多思维习惯,但是我们在解读作品中,最好脑子真空,如果遇到习惯和自己的趣味发生冲突时,应该使习惯让路,把习惯解构,你才能进入一个百无禁忌的状态,才能把作品越读越深,最后根本不是在读这个作品,而是看这个世界。主观对这个世界的认知会越来越深,问题意识也会明显呈现,你从解读作品中解答了问题"[1]。

21世纪初,方智范先生就曾指出中学语文教师文本解读的现状:"教师有意无意忽视了对文本的深入钻研,对于文本的解读与把握不甚到位,使得学生难以进入教师所创设的情境,于是造成了'功夫在诗外'这样一种带有普遍性的状况。对此,我想指出,语文课要真正具有语文味,关键在于教师要练好内功。"[2] 由此可见,语文教师深入钻研文本、对文本做出恰当的解读,有利于学生理解文本并进入教学情境。"对广大语文教师来说,回归语文,练好内功,尽可能正确、到位地理解和把握文本,这是一道'铁门槛'。语文

---

1. 陈思和. 文本细读的几个前提 [J]. 南方文坛,2016(2).
2. 方智范. 语文教师要成为文本作者的"知音"——谈当前语文阅读教学中的若干问题 [J]. 人民教育,2004(21).

课程内容和方法的改革，都应该从这里出发，而不能离开这个起点。"[1]

那么，语文教师如何练就文本解读真功夫，做到真正有效、科学、有创造性地进行文本解读呢？本书试从中学语文新教材中的名篇入手，提供文本解读的不同视角，促进语文教师文本解读能力的提升。

从中学语文新教材名篇入手，需要明确了解中学语文新教材的情况。中学语文新教材是基础教育课程改革的产物，为有组织地持续推进与深化基础教育课程改革，回应国家基础教育课程改革需要，2017年《普通高中语文课程标准（2017年版）》颁布，随之进入统一编制高中语文教材时期，至2022年秋季学期，全国各地区已全面使用统编版教材。2022年，《义务教育语文课程标准（2022年版）》颁布，而统编版义务教育教材在其颁布之前已在全国通行使用。相较于以前所使用的各地区教材，初高中统编版教材是为新教材。

新教材是根据新颁布的"课标"编选的。《普通高中语文课程标准（2017年版2020年修订）》和《义务教育语文课程标准（2022年版）》凝练出语文课程培养的核心素养，将其分为语言建构与运用、思维发展与提升、审美鉴赏与创

---

[1] 方智范.语文教师要成为文本作者的"知音"——谈当前语文阅读教学中的若干问题[J].人民教育，2004（21）.

造、文化传承与理解四个维度。[1]这四个维度是一个整体。"语言是重要的交际工具，也是重要的思维工具；语言的发展与思维的发展相互依存，相辅相成。语言文字是文化的载体，又是文化的重要组成部分；学习语言文字的过程也是文化获得的过程。语言文字作品是人类重要的审美对象，语文学习也是学生审美能力和审美品质发展的重要途径。语言建构与运用是语文学科核心素养的基础，在语文课程中，学生的思维发展与提升、审美鉴赏与创造、文化传承与理解，都是以语言的建构与运用为基础，并在学生个体言语经验发展过程中得以实现的。"[2]这四个维度呈现出紧密融合、不可拆分的整体性特点，我们不能将某个维度与教学的某个环节进行机械的对应，也不是每一篇文本的学习都涉及四个维度。因此，在教学过程中，我们应该整体观照四个维度，看到它们的紧密联系与相互作用。在对文本进行分析的过程中，要考虑每个学生在核心素养不同维度上的发展情况，可以有所侧重。本书正是以核心素养为视点，观照新教材名篇，设计整体体例。名篇要教什么，从哪个角度来教，似乎都很重要，因而备教也就具有极大的难度。为了兼顾核心素养的整体性与可侧重性，本书试图以语言素养为基点，从语言风

---

1. 中华人民共和国教育部.普通高中语文课程标准（2017年版2020年修订）[S].北京：人民教育出版社，2020：4.
2. 中华人民共和国教育部.普通高中语文课程标准（2017年版2020年修订）[S].北京：人民教育出版社，2020：5.

格、语言与思维、语言与审美、语言与文化四个层面进行架构，主要考虑了新课标、新教材的使用需要。

那么，何谓名篇？名篇是指文质兼美、内涵蕴蓄、流传广泛的佳作。作品被尊为名篇是其思想艺术成就臻于成熟的标志。[1]文质兼美、内涵蕴蓄主要指文学作品具有一定的审美价值；流传广泛主要指作品受到读者的认可，产生了深远的社会影响，能够经受时代的检验，并且在多年后仍然被广泛阅读与研究。这个概念具有相对性，不同的人可能会对此有不同的认识。被选入新教材的文本是否属于名篇，取决于其文学价值、社会影响、文化意义等多个方面的因素。本书所选取的名篇包括教材中选入的我国古代文言文与诗词作品、现当代文学作品及外国文学作品，也包括教材选文相关的文学作品。

名篇记录了不同时代的政治制度、社会风俗与伦理道德等，承载着不同时代的历史记忆与文化传承的功能，其蕴含的深刻价值观通过教育体系影响社会，也成为社会教化的主要载体。除了在社会政治、伦理道德、文化传承等方面的意义外，名篇在艺术形式上的创新与突破，以及对情感的深刻表达，都提供了独特的审美体验，丰富了作品的表现力，成为学生学习的典范。朱自清先生说："经典训练的价值不在

---

1. 王之望.经典文本的深度解读[J].文学自由谈，2022（5）.

实用,而在文化。"[1]充分肯定了经典阅读超越功利、抵达文化传承与精神滋养的意义。

名篇具有以下特点:第一,典范性。"我们将文学经典更多地理解为同一序列的其他作家、作品可持以比较的标准尺度。"[2]名篇往往经过精心雕琢,具有很高的艺术性与审美性。它们语言精练、形象生动,富有节奏感与韵律美,具有深刻的思想内涵与哲理深度。这些具有影响力、代表性与美学价值的作品,是学生学习语文的典范。第二,丰富性。名篇具有丰富的内涵、广泛的影响与持久的价值。丰富性即多维性,名篇的意义是多层次的,读者可基于不同的人生阅历、知识和价值观进行多元解读。因此,名篇的形成往往伴随着评论界如潮的评说与争鸣。[3]鲁迅谈及众人读《红楼梦》,只是命意,"就因读者的眼光而有种种:经学家看见《易》,道学家看见淫,才子看见缠绵,革命家看见排满,流言家看见宫闱秘事……"[4]丰富性还指广泛的影响力,名篇对后世文学创作有着不可估量的指导意义与深远影响;同时,丰富性也意味着名篇价值的持久性,哪怕历经千年,经受时间的考验,名篇依然焕发着光彩,被后世广泛阅读与讨论,对读者有着不可替代的意义。第三,可重读性。名篇具有丰富性与

---

1. 朱自清. 经典常谈[M]. 北京:中华书局,2009:序.
2. 吴承学,沙红兵. 中国古代文学的经典[J]. 中山大学学报(社会科学版),2004(6).
3. 王之望. 经典文本的深度解读[J]. 文学自由谈,2022(5).
4. 鲁迅. 鲁迅全集(第8卷)[M]. 北京:人民文学出版社,2005:179.

典范性，因而适合反复阅读，每次阅读都能带给读者新的体验、发现与感悟。元好问评价杜诗云："如元气淋漓，随物赋形；如三江五湖，合而为海，浩浩瀚瀚无有涯涘；如祥光庆云，千变万化，不可名状。固学者之所以动心而骇目。及读之熟，求之深，含咀之久，则九经、百氏，古人之精华，所以膏润其笔端者，犹可仿佛其余韵也。"[1]他高度评价了杜诗的生动与自然、宏大与深远、变化与神秘，认为杜诗可供读者反复阅读、深入探索与长时间思考，使读者吸取杜诗之精华，提升文学创作的境界，由此可见杜诗的持久魅力与经典地位。因此，不同读者在品读名篇时，往往会产生独特的审美体验与个性化解读；即便是同一读者，也会因为时间与情境的改变而产生新的理解，每次阅读都会有新的发现，从而体验到名篇的无限魅力。

　　名篇所具有的典范性、丰富性与可重读性的特点，造成了解读上的困难。"经典文本研究相比一般作品研究的难点在于，必须充分论证经典之所以为经典、经典之所以历久弥新的本质特征，并为读者开启丰富的联想空间。基于文本特质各异，分析的角度和路径也不尽相同，但在竭力开掘文本精髓和审美底蕴上却是一致的。"[2]学生在阅读名篇时可能会感到力不从心，因此便需要教师指点迷津。孙绍振先生曾指

---

1. 元好问.遗山集·卷三十六[M].四库全书影印本.
2. 王之望.经典文本的深度解读[J].文学自由谈，2022（5）.

出:"不管在中学还是大学课堂上,经典文本的微观解读都是难点,也是弱点……如果教师不加以阐释,学生不可能凭着自发的感性理解悟透彻。"[1]在解读名篇时,要注重文本的经典性与层次性,"文学文本,是具有层次结构的语言组合体,它用语言文字传达具有审美意味的情感,塑造具有审美意味的形象。层次性在这里是很关键的。理解文学文本、解读文学文本,一定要注意它的立体性、多层次性,不能是平面的、单一的。所谓层次结构,包括表层和深层,而构成文学文本的具体层次主要有语音、字形、词义、句式、篇章结构、整体形象、意蕴与意味"[2]。

鉴于此,全书选取了新教材中的多篇名作,既包括课文,也涵盖单元要求阅读的篇目。凡引用课文的引文皆不做标注,每一篇结尾都用括号标明名篇所在教材位置。全书分为四章,有的名篇会在四章之中重复出现,通过多维度的解读视角,充分展现经典文本的丰富内涵。全书基于核心素养视角,以语言素养为基点,从语言风格、语言与思维、语言与审美、语言与文化这四个方面,分层阐述语文教材名篇解读理论。本书精心选取中学语文教材的多篇名作,以严谨细致的态度对其进行深入解读,旨在探索语文教师解读名篇的有效路径,打破对文学大家的盲目崇拜,为一线教学提供基

---

1. 孙绍振.名作细读:微观分析个案研究[M].上海:上海教育出版社,2006:自序1.
2. 王先霈.文学文本细读讲演录[M].桂林:广西师范大学出版社,2006:8.

于核心素养的文本解读范例与方法指导。第一章主要从实词意象与精神内涵、虚词运用的妙处等角度，详细论述了名作的语言特色。同时，通过对语言矛盾、语言特色与风格特点的分析，进一步解读文本语言的艺术特质。第二章着重于名篇的主题探究，以文本细读为基础，深入挖掘其思想内涵。该章选取《史记·廉颇蔺相如列传》等经典篇目，深入剖析其主题内涵，希望能够开启一扇探索名作隽永主题的窗口，从中返观人性的复杂、历史的真味。第三章主要结合语言把握文章审美特征，通过细致的揣摩，体会名篇的语言、结构、情感与意蕴之美。语文教材中的名作佳篇皆在写作技巧上独具匠心，能做到精妙艺术形式与复杂思想内容的完美统一。该章从艺术技巧出发，对名篇进行深入解读，以期引领读者徜徉于名篇名作的艺术圣殿，探寻文化遗产的审美价值。第四章重点在于知人论世，通过考察作品的创作背景，深入文本内核，力求还原作品的真相，聆听作品真诚的声音。该章从思想观念、价值体系和审美文化三个方面深入赏析了作品的文化内涵与品味。

第一章

语言风格：徜徉语言之途　深入文本肌理

　　语文教材名篇具有高度的文学价值与历史价值，这些作品经过时间的淘洗，展现了语言的艺术魅力，表达了深刻的思想。因此，它们是语言学习的重要载体，也是文化传承与思想教育的宝贵财富。诸多作家都强调过文学语言的重要性，杜甫曾言："为人性僻耽佳句，语不惊人死不休。"[1] 强调诗人在诗歌创作时要对语言有执着的追求，要以高标准、严要求来打磨语言。贾岛曾云"二句三年得，一吟双泪流"[2]，体现出诗人进行创作时对语言的反复推敲与琢磨。高尔基曾说："文学的第一个要素是语言。语言是文学的主要工具，它和各种事实、生活现象一起，构成了文学的材料。"[3] 强调

---

1. 杜甫. 杜甫集校注 [M]. 谢思炜，校注. 上海：上海古籍出版社，2015：2109.
2. 贾岛. 贾岛集校注 [M]. 齐文榜，校注. 北京：人民文学出版社，2001：545.
3. 高尔基. 高尔基选集　文学论文选 [M]. 孟昌，曹葆华，译. 北京：人民文学出版社，1958：294.

文学依赖于语言，作家能通过语言去描绘丰富多彩的世界。汪曾祺先生曾谈及小说语言："语言是小说的本体，不是附加的，可有可无的。从这个意义上说，写小说就是写语言。小说使读者受到感染，小说的魅力之所在，首先是小说的语言。"[1]强调了语言是小说的核心，小说创作即语言创作，小说能够依赖语言的力量感染读者。作者可以通过语言传递思想、表达情感、营造氛围，并激发读者的想象力。法国文学批评家热奈特提出："文学是语言的艺术。一部作品，惟独或基本上因为它使用了语言媒介，才有可能成为文学作品。"[2]

在文学作品中，语言与作品的内容是一体的，"没有一种语言不表达内容或思想，也没有一种思想或内容不通过语言来表达。因为各种不同门类的艺术有不同的表现手段或工具。比如音乐，我们一般说音乐靠什么表现呢？它靠旋律靠节奏；绘画靠什么表现呢？靠色彩靠线条。那么文学呢？它就是靠语言，它没有其他另外手段"[3]。语言是思想与内容表达的基础，文学作品通过语言来传达作者的思想与观点。没有语言，思想与内容就无处可依，文学作品的思想就无法被理解。

语言和作家的情感有着密切的关系，刘勰《文心雕龙》

---

1. 汪曾祺.汪曾祺全集：2版（第9卷）[M].北京：人民文学出版社，2021：435.
2. 热奈特.热奈特论文集[M].史忠义，译.天津：百花文艺出版社，2001：84-85.
3. 汪曾祺.汪曾祺全集（四）[M].北京：北京师范大学出版社，1998：225.

强调语言与情感的互动关系："夫缀文者情动而辞发，观文者披文以入情，沿波讨源，虽幽必显。"[1]作者在情感的驱动下，用文辞来表达自己的情感，阅读者则通过语言来理解作者的情感与意图，即使内容深奥难懂，通过对文辞的深入探究也能洞察作品的深层内涵。为表达情感需要，创作者会选用最合适的语言来进行艺术加工。童庆炳与程正民先生曾谈道："文学中的语言，也就是文学文本的语言，是经过作家加工的旨在创造艺术形象、表达意义的语言形态。一般说来，各种语言形态，如口语、土语、方言、书面语和文学语言，以及文言和白话等，都可以经过作家艺术加工后进入文学文本，成为文学文本语言组织的组成部分。"[2]由此可知，文学语言作为作家创作的产物，是作家内心情感与心理活动在主体情感作用下的外化表现。文学作品通过语言表达复杂的情感与心境，由此来触动读者的情感，引发共鸣。

　　文学作品不仅是思想与情感的载体，更是语言艺术的结晶。名篇作为语言学习的典范，关注语言、细品语言在语文阅读教学中具有重要的意义，学习名篇也必然需要细细品味其语言风格的独特。通过对语言的分析，我们能够揭示出作品深层次的意图与情感，理解作者在字里行间所传达的复杂思想与情感脉络。

---

1. 刘勰.文心雕龙注[M].范文澜,注.北京:人民文学出版社,1958:715.
2. 童庆炳,程正民.文艺心理学教程[M].北京:高等教育出版社,2001:202.

文学语言的精妙在于其意义的多维性和表达的多样性。通过精巧的修辞与复杂的句法，作者得以在有限的文字中构建出无限的意境与情感。这种语言的魅力不仅在于其表面的美感，更在于其深层次的哲理和内涵。

细读文学作品中的每一个词句，我们不仅是在解读其表面意义，更是在探索其背后的文化背景、历史脉络和思想深度。每一篇经典文本都是一个复杂的艺术整体，只有通过对语言的深入研究，我们才能全面理解其独特的艺术魅力。

因此，研究文学作品创作的内部规律、探索作者的思维方式与心理结构时，绝不能忽视对其语言的分析与把握。语言是文学作品的核心，通过它，我们可以进入作者的精神世界，领略其独到的艺术风采。

第一节　关注高频词句，细读词义之妙

高频词句，是指文学作品中反复出现的词语与短语等。在分析文学作品时，高频词句可能反映了作品的主题，能够揭示作品的情感基调，表现人物的性格特征，反映作者的写作风格等，它是理解文本内容、风格、主题与作者意图的关键。因此，关注高频词句，细读词义之妙是解读教材名篇的重要方法之一。通过这种方法，我们能够分析高频词句的表层含义，并深入领会作品的深层含义与艺术魅力。

在阅读教材名篇的过程中，读者应注意文本中的高频词句，深入分析其意义，通过字面意思进一步理解作品的深层含义，考究这些词句在不同的人物塑造、情节发展与叙述视角中产生的独特含义与效果。通过反复细读高频词句，可以品味其美感与表达效果。同时，也可将高频词句与其他词句进行对照，比较分析其在不同语境中的变化，理解其多层次的意义，从而更有效地理解文本。

一、《范进中举》："金钱"的魔力

吴敬梓先生的《儒林外史》一书向来被誉为中国讽刺小说的巅峰之作，被鲁迅先生称作讽刺小说的"绝响"[1]。其书技巧高超，"《儒林外史》所以能有文学价值者，全靠一副写人物的画工本领"[2]。鲁迅先生曾说："既多据自所闻见，而笔又足以达之，故能烛幽索隐，物无遁形……现身纸上，声态并作，使彼世相，如在目前。"[3] 他高度评价了《儒林外史》一书的艺术价值。吴敬梓先生身为士人，既有过亲身经历，又能明察事物隐微之处，所描绘的世态与人情，毕现于人前。作者怎么明察细节隐微之处，鲁迅先生没有详述，但

---

1. 朱一玄，刘毓忱．儒林外史资料汇编[M]．天津：南开大学出版社，1998：480．
2. 朱一玄，刘毓忱．儒林外史资料汇编[M]．天津：南开大学出版社，1998：459．
3. 鲁迅．中国小说史略[M]．郭豫适，导读．上海：上海古籍出版社，1998：156．

《儒林外史》所具有的明察事物隐微之处的特征，却让人印象深刻。

　　《范进中举》选自《儒林外史》第三回"周学道校士拔真才 胡屠户行凶闹捷报"，曾被多种版本的初中语文教材收录，是一篇足见作者思想艺术特色的选文。围绕范进发疯原因，《范进中举》的多重主题及其讽刺、对比等艺术手段来分析的文章可谓多矣，中学教学内容也大多围绕范进发疯以及人物情态的前后变化来开展，这里不再赘述。细读《范进中举》，我们会发现文中描写金钱或与金钱相关的内容不少，所出现的人物皆与之相连。金钱贯穿了范进与周围世界的联系，甚至可以说，范进应考二十多次都是由功名与富贵支配的。金钱就好像是文中一个隐微而重要的角色，可能很少有人真正注意到它的存在，但它与作品的主题密切相关。因此，文中众人对待金钱的态度就成了作者叙述作品的重要角度。吴敬梓对金钱的巧妙叙写，勾画出有意味的叙事内容。金钱叙事推动了故事情节的发展，凸显了作品主题，刻画了人物的内心世界与社会的人情百态，也为读者呈现了封建社会知识分子的劣根性与人性的扭曲。

　　（一）金钱是解读作品主题的关捩

　　《范进中举》以18世纪封建社会知识分子为描写对象，揭露了当时科举制度下人性的扭曲与变异，凸显出人们对功名富贵的执着追求。闲斋老人在《儒林外史》序中云："其书以功名富贵为一篇之骨：有心艳功名富贵而媚人下人者，有倚仗功名富贵而骄人傲人者，有假托无意功名富贵自以为高被人看破耻笑者，终乃以辞却功名富贵，品地最上一层，为中流砥柱。"[1]在封建社会里，科举是读书人改变命运的唯一通途，许多读书人都为此皓首穷经，在科举道路上耗费一生，成为科举制度下的牺牲品。范进从二十岁开始参加科举考试，一直考到五十四岁。几十年的煎熬使他的心灵完全麻木，仿如行尸走肉。落榜已成为他的常态，他年复一年地重复苦读——落榜——苦读——落榜的循环。一朝中举，当从天而降的喜讯传来时，他反而无法承担，在心理失衡的情况下疯魔了。

对金钱的描绘揭露了范进家庭面临的贫困。从经济情况来看，范进的家庭极度困窘。吃穿用度极为短缺，甚至连基本的饮食都难以保障，可谓是日常挣扎于生存的边缘。范进参加乡试，出了场便回家，家中亲人因缺乏粮食已饿了数日，窘迫到了无法维持基本生活需求的地步。在公布乡试结果的那一天，范进的母亲更是不得已让他去市场售卖家禽，换取点粥来解决温饱问题。这一系列的描述细致展现了范进家庭的贫穷与艰难的生活状态。胡屠户说"这几十年，不知猪油可曾吃过两三回哩"，大概是这几十年来范进家庭的真

---

1. 朱一玄，刘毓忱.儒林外史资料汇编[M].天津：南开大学出版社，1998：255.

实面貌。除了饮食上的困窘，一家人的居住环境也极为寒酸凄苦，"家里住着一间草屋，一厦披子，门外是个茅草棚"[1]，这个反映范进家境的"茅草棚"，后文还连续三次提到，实在是范进贫穷的典型写照。长期的经济困扰，生活无着，导致范进的身体营养极度匮乏，面黄肌瘦，更无力去关注自己的衣着与外在修饰。在参加秀才考试时，范进"头上戴一顶破毡帽"，即使天气极为寒冷，他也"还穿着麻布直裰，冻得乞乞缩缩"[2]。麻布衣服"因是朽烂了，在号里又扯破了几块"[3]，因为穷，置不起新的衣衫，他只能将麻布衣服一穿再穿。年岁日久，衣服朽烂，这完全是一副穷困潦倒、悲苦辛酸的样子。中举以后，从范进的行为与动作中也可看出他曾经的贫穷。他接了张乡绅的银子，"即将银子交给浑家打开看，一封一封雪白的细丝锭子"。急于打开来看，可见他是穷怕了的人。他对银子的急切关注不仅是出于对物质财富的渴望，更是长期贫困生活留下的深刻心理阴影的反映。金钱描写不仅塑造了一个一直落榜的举子形象，更深层次地展示了贫困对他的心理和行为的影响，揭示了封建时代读书家庭饱受落第之痛的生存状态和心理特征。

生活极端困苦，那么金钱自然也就成了范进始终坚持

---

1. 吴敬梓. 儒林外史[M]. 张慧剑, 校注. 北京：人民文学出版社, 2002：33.
2. 吴敬梓. 儒林外史[M]. 张慧剑, 校注. 北京：人民文学出版社, 2002：31.
3. 吴敬梓. 儒林外史[M]. 张慧剑, 校注. 北京：人民文学出版社, 2002：31.

科考的根本原因。范进如此贫困，就如胡屠户所说，莫不如寻个小事，每年得几两银子是正经。可他从青年考到白头，应考二十多次，在一次接一次的失败痛苦中，始终不曾放弃，执着追求功名富贵。他将自己的贫困与不幸归咎于科场失利。他始终坚信，只要获取了功名，那么地位与金钱将伴随而来；只要科考成功，那么一切不幸将会改变，所以他不中科举死不休。事实证明，范进中举后，金钱确实如同泉水一般源源而来。全心巴结奉承的人尽有之，"有送田产的，有人送店房的……到两三个月，范进家奴仆、丫鬟都有了，钱、米是不消说了"。整个社会都极尽能事去巴结讨好权贵，热衷功名利禄之事。"功名富贵四字，是全书第一着眼处。故开口即叫破，却只轻轻点逗。以后千变万化，无非从此四个字现出地狱变相。可谓一茎草化文六金身。"[1]范进中举，种种变化，皆出于此。

缺金少银还是迫使范进低头卑怯的精神压力。有着如此经济困境，又缺乏获得收入的能力，范进只能一次又一次地投身于科举考试，希冀通过一次成功的尝试，实现明朝的科举梦想。可穷得叮当响的家庭困境也许还只是物质的压力，更难以承受的是因贫穷而饱受的屈辱、心灵折磨与精神碾压。家里断炊断粮，无疑会遭到包括胡屠户在内的周遭人的

---

1. 朱一玄，刘毓忱．儒林外史资料汇编[M]．天津：南开大学出版社，1998：256．

嘲笑与讽刺。当范进考中秀才归家时，胡屠户来贺，却绝无祝贺，尽是教训。可范进唯唯诺诺、一味顺从、逆来顺受，默默忍受了这一切，甚至对于胡屠户的谩骂与人格侮辱，也毫无反击之力。可见长久地被侮辱，使得范进失去了真正做人的尊严与人格，只能选择忽视掉侮辱与嘲笑之声，卑屈地生活着。虽然自己对科考并未死心，热切地参加科考，希望带来改变，但数十年的痛苦经历，又使得他完全失去了信心，根本就不相信自己会考中。当捷报相传，一邻居来找他，向他道喜时，他还只道是邻居的嘲弄，不予理睬。等到邻居来夺他的鸡，他还认为邻居在说混话。这活灵活现地描绘了一个长期经受精神压力的人所表现的羞愧与怕人奚落嘲笑的心理。因而，一旦中举，当那日思夜想的特大喜讯从天而降时，范进因不能承受这巨大刺激而发疯了。中举即刻脱贫，范进的精神状态也就发生了很大的变化。张乡绅来拜会时，范进听到对方的虚假之词，应对自如，鲜见不合适之处，却可瞥见其如鱼得水之性。外在的贫穷压力一解，精神为之一振，原来的卑屈与唯诺也一扫而空，举手投足间可见迎合这虚假空气的娴熟与利落。

范进表现出对金钱赤裸裸的崇拜与追求。对他而言，金钱不仅仅是交换的媒介，还是一种至高无上的力量，能够转化为社会地位、尊重。这种对物质财富的极端渴望，推动他不惜一切代价攀登科举的险峰。在这条道路上，即使无数的屈辱和挑战如阴云密布，他也视而不见，只因心中有一个坚定不移的信念：科举取得的不仅是一个官职，更是一把能够获得无上荣光和财富的金钥匙。即使有纷纷而来的屈辱要忍受，要经受八股取士的千般折磨，他也在所不惜。科举于范进而言，绝非济世安民之途，而是攫取利益的工具——他很难做一个好官去造福一方百姓，只会利用这股权力，紧紧抓住实实在在的利益。在他眼里，科举制度不过是他跨越阶层的跳板，一架能使他从社会边缘人变为权贵的桥梁。

（二）金钱是揭橥人性灵魂的媒介

在《范进中举》中，金钱不仅是经济货币，更是一面深邃的镜子，映射出人类社会的复杂面貌。财富的差异导致人们在言谈举止、衣着装扮、处世态度以及行事方式等方面的不同。在此，金钱不单是物质的象征，更是一种力量，它透过表面的富贵贫贱，触及人的内心深处，成为塑造个体命运、构建其内心世界的关键中介。它的存在催化了社会关系的复杂动态，显露出隐藏在不同社会阶层、不同人生观念背后的真实灵魂。因此，金钱在这部作品中被赋予了丰富的象征意义，揭示了人性的复杂性和社会生活的多维性，体现了物质与精神、外在与内心世界的微妙交织和相互作用。

金钱塑造了众乡邻的形象。众乡邻的出现是在范进亲眼见到中举的报帖发了疯以后，此时老太太与娘子胡氏不知如何是好，众邻居劝道："老太太不要心慌。我们而今且派两个人跟定了范老爷。这里众人家里拿些鸡蛋酒米，且管待了报子上的老爹们，再为商酌。"中举之后，邻里之间的互动变得异常热络：有的人拿来鸡蛋，有的人拿来白酒，也有的则是背了一斗米来，还有捉两只鸡来的。众邻居之所以这么做，是因为范进如今中了科举，这反映了一个更深层次的社会现象。在范进中举前，众邻居仿佛与范进家绝缘，仿佛范家不存在一般，读者甚至不会想到范进竟有这么多邻居。范进去参加乡试前，家中人已饿了两三天，甚至于出榜那日，连做早饭的米也没有，在范家最需要帮助的时候，没有一个邻人向他们伸出援手。邻居的缺席凸显了范家在最困难时期所遭受的忽视和冷漠。中举以后，众多邻居争着来贺喜、献殷勤。这种态度上的转变暴露了当时社会对成功与地位的极端重视，以及人们对利益的敏感度。通过这种描绘，作者冷静地揭示出当时社会世风凉薄、人心淡漠的现实，暗示能够指挥人心所向的唯有功名富贵，写尽了世态炎凉。

金钱也是张乡绅的"护身符"。中举风波过后，张乡绅来拜会新中举的范进，拿过一封银子来，说道："弟却也无以为敬，谨具贺仪五十两。"并提供给范进东门大街上三进三间空房一所。一见面便亲切攀谈，看范进清贫就赠银赠屋，可谓大方。但这位"头戴纱帽，身穿葵花色圆领，金带、皂靴"的乡绅，真的与范进一见如故，贴心慷慨吗？"张静斋一见面，便赠银赠屋，似是一个慷慨好交游的人，究竟是个极鄙陋不堪的。作者之笔,其为文也如雪,因方成珪,遇圆成璧;又如水,盂圆则圆,盂方则方。"[1]老练圆滑的张静斋认为范进中举之后必成新贵,便趁其清贫,慷慨相赠,好为以后的荣华富贵铺路。范进所居之地明明是寒酸破旧的茅草棚,却被他称作"华居",接着又说"华居"实在不宜居住,自相矛盾,让读者骤然明白:这样肉麻的吹捧背后,藏着的是张乡绅谄媚世故的虚伪灵魂。

粗俗的胡屠户是一个被金钱异化的人物形象。他是一个屠户,干着杀猪的营生,经营的目的当然就是赚钱,成天与生意打交道,眼里心里都是钱。因此,他对女婿的态度是由金钱与地位的变化而决定的。他一出场即带着铜臭味,因范进中秀才,胡屠户手里拿着一副大肠和一瓶酒来贺。表面来贺,却顺势挖苦女婿拖累自己太多,并教训范进要立起个体统来。"吃到日西时分,胡屠户吃的醺醺的。横披了衣服,腆着肚子去了。"大肠即胡屠户营生所得,酒大半被他自己吃了,最可笑的是,他还挖苦范进十几年来猪油都不曾吃过两三回。自己是做屠户营生的,自己女儿女婿倒是猪油都没吃上两三回,可见,他哪里来的接济,所谓的"不知累了我多少"纯属子虚乌有,只不过是带着鄙视的眼光对范进的埋怨与歧视。且看他第二次来贺喜,范进中举了,胡屠户"后

---

1. 朱一玄,刘毓忱.儒林外史资料汇编[M].天津:南开大学出版社,1998:258.

面跟着一个烧汤的二汉，提着七八斤肉，四五千钱"。与第一次相比，明显礼品等级不同。得了女婿六两多银子时，一攥一缩之间，笑眯眯而去，财迷心窍的嘴脸就显露无余。惺园退士《〈增订儒林外史〉序》言："摹绘世故人情，真如铸鼎象物，魑魅魍魉，毕现尺幅……其写君子也，如睹道貌，如闻格言；其写小人也，窥其肺肝，描其声态，画图所不能到者，笔乃足以达之。"[1]胡屠户这一段出色演出堪称经典。他不仅贪婪地将银子塞入怀中，同时也不遗余力地展示出对于财富的无尽渴望和对上层社会生活的憧憬，对金钱的渴望与艳羡深深影响着胡屠户的世界观与人生观。在他的眼里，缺少金钱就等同于失去尊严，无钱就会受到他的鄙视与滥骂。范进想参加乡试，因没有盘缠，走去同丈人商议，不仅没得到他的支持，反被他劈头盖脸地一顿臭骂。胡屠户的语言暴力、人格侮辱以及精神打压，层层摧毁范进的精神防线，这是有钱者对穷者有形的语言威压与无形的精神折磨，可见当时社会稍有钱者对贫困者都有着极大的精神操控能力与优越性，揭示了金钱在社会关系中的权力动态与精神影响力。

此外，通过对范进母亲人生经历的探讨，也能感受到金钱的力量。文中，范进家徒四壁，其母自然也没有享受过

---

[1]. 朱一玄，刘毓忱.儒林外史资料汇编[M].天津：南开大学出版社，1998：285.

什么荣华富贵，还不时得禁受饿到老眼昏花的痛苦。对于老太太来说，范进考中进士的消息并未立即引起她强烈的情感波动，她能看见的依然只有困于贫穷的生活，以及缺金少银对一家人心灵的束缚。只有等到中举后一切好处都变现的时候：

> 自此以后，果然有许多人来奉承他：有送田产的，有人送店房的，还有那些破落户，两口子来投身为仆图荫庇的。到两三个月，范进家奴仆、丫鬟都有了，钱、米是不消说了。张乡绅家又来催着搬家。搬到新房子里，唱戏、摆酒、请客，一连三日。到第四日上，老太太起来吃过点心，走到第三进房子内，见范进的娘子胡氏，家常戴着银丝鬏髻——此时是十月中旬，天气尚暖——穿着天青缎套，官绿的缎裙，督率着家人、媳妇、丫鬟，洗碗盏杯箸。老太太看了，说道："你们嫂嫂、姑娘们要仔细些，这都是别人家的东西，不要弄坏了。"家人媳妇道："老太太，那里是别人的，都是你老人家的。"老太太笑道："我家怎的有这些东西？"丫鬟和媳妇一齐都说道："怎么不是？岂但这个东西是，连我们这些人和这房子都是你老太太家的。"老太太听了，把细磁碗盏和银镶的杯盘逐件看了一遍，哈哈大笑道："这都是我的了！"大笑一声，往后便跌倒。忽然

痰涌上来，不省人事。[1]

范进中举之后，趋炎附势者络绎不绝，有人送田产、店房，还有些人愿意做仆人来侍奉他。范进家的仆人和丫鬟添了不少。老太太在新房子里巡视时，看到范进的妻子胡氏正穿着华丽的衣服忙于家务，还提醒她要小心别弄坏了别人的东西。当知晓眼前细瓷的碗盏、银镶的杯盘皆为自家所有，之前从不敢奢望的荣华富贵竟成现实的时候，那颗饱受穷苦、不禁一击的心灵，无法承受这种极端的喜悦，她终于在狂喜之下溘然长逝了。这一情节深刻揭示了财富对人心理的巨大冲击，某些情况下甚至可以决定人的生死。这样的描写不仅展示了金钱的强大力量，也反映了人性在极端情境下的脆弱与无助。

在《范进中举》这部经典作品中，金钱是我们解读作品的一个切入点。它不仅是一种物质的象征，还深层次地扮演着多重角色，既是推动故事进程的关键线索，也是连接不同人物命运的纽带，更是解析作品中关于功名与富贵主题的重要钥匙。金钱的存在，如同一面镜子，映射出各色人物的真实本性和深层心理，使其袒露无遗。更重要的是，它作为一种象征，深刻地揭示了人性的复杂和现实的残酷。通过金钱

---

1. 吴敬梓.儒林外史[M].张慧剑，校注.北京：人民文学出版社，2002：41-42.

这一媒介，作品探讨了人类欲望与社会地位之间的关系，能够引发读者对于人性、社会及价值观的深入反思。

（《范进中举》选入统编版初中语文教材九年级上册第六单元）

二、《故都的秋》虚词运用之妙

虚词指没有完整意义，但具有语法意义或功能意义的词。它是重要的语法手段，其类别包括副词、介词、连词和助词等。虚词在语言使用中有重要的意义。"凡书文发语、语助等字，皆属口吻。口吻者，神情声气也。当其言事言理，事理实处，自有本字写之；其随本字而运以长短、疾徐、死活、轻重之声，此无从以实字见也，则有虚字托之，而其声如闻，其意自见。故虚字者，所以传其声，声传而情见焉。"[1]明确指出虚词有传声见情的效果。假使没有虚词，"语言就缺乏简洁性、明白性，及种种细微的情绪表现"[2]。虚词在散文中的运用，既能够影响文章的句式结构与语言节奏，也能传递作者在创作过程中内心的情绪起伏，表达丰富的情感内涵，使读者在阅读时产生强烈的情绪共鸣。郁达夫在《故都的秋》这篇文章中，通过对虚词的巧妙运用，既营造出北平特有的闲适情调，又舒缓了文本的节奏，呈现出细微

---

1. 袁仁林. 虚字说 [M]. 解惠全，注. 北京：中华书局，1989：128.
2. 王力. 中国现代语法 [M]. 北京：商务印书馆，1985：14.

的情感递进，达到了极高的艺术效果。

（一）动态助词传达情思

李东阳《麓堂诗话》称赞盛唐人善于用虚词："其开合呼唤，悠扬委曲，皆在于此。"[1]虚词的恰当使用既能够畅通文脉，又能使文本产生灵动的气韵，兼具含蓄蕴藉之美。

文本中动态助词"着"的运用，表现出作者在北平租房居住时悠然闲适的生活之态，《故都的秋》第三段"小院秋晨图"："租人家一椽破屋来住着""朝东细数着一丝一丝漏下来的日光""静对着像喇叭的牵牛花的蓝朵"。其中的"着"是一个动态助词，可以用在动词后，表示动作正在进行，也可以用在动词或形容词后，表示状态的持续。[2]单看和"着"搭配的三个词的语理逻辑，"住着"表示状态的持续，表示作者在北平居住了较长的时间，"细数着""静对着"则表示动作正在进行，细数阳光和静对牵牛花只是作者较短时间段内的两个活动。而我们进入《故都的秋》的文学语境，来梳理"着"蕴含的情感逻辑，便能体会到"着"传达给我们的审美趣味。作者在"皇城人海"中，闹中取静，租"一椽破屋来住着"，并选取了浓茶、院子、青天、驯鸽的飞声、槐树间落下的日光和牵牛花等寻常事物作为对象，构建了一个休闲、静谧的生活空间。"住着"表明作者非常

---

1. 丁福保. 历代诗话续编[M]. 北京：中华书局，1983：1376.
2. 李晓琪. 现代汉语虚词讲义[M]. 北京：北京大学出版社，2005：204.

享受在北平破屋里悠闲的生活状态，能够暂时舒缓他因战乱而奔波的疲惫。假设将句式变换为"租住在人家的一椽破屋里"，则显得生硬，甚至带有一丝对屋"破"的埋怨，难以表现出作者享受闲静的心情。

描写都市闲人雨后话凉之景时，作者也运用了动态助词"着"。都市闲人的状态跟雨后的空气一样，干净清闲："着着很厚的青布单衣或夹袄""咬着烟管""微叹着互答着"。三个助词"着"呈现了都市闲人在桥头树底下闲谈秋雨天凉的生活画面，仿佛慢镜头一般，显示了都市闲人对雅致格调的追求。[1]作者也完全沉醉在那份缓慢、悠闲、宁静的心情之中。

动态助词"了"的运用，表现了作者对闲适生活的入微观察与细致体验。"了"作为动态助词时，用在动词后，可以表示动作的完成与实现；作为语气助词时，用在句尾，可以表示事态的变化。[2]作者描写北方下秋雨、雨过天晴的过程，除了选取凉风、秋雨、云和太阳等动态景物作为意象，还采用"动词/形容词+了"的结构辅助描写下秋雨这个动态的过程：下起雨来了、卷向了、又青了、露出脸来了。在这里，整体连续地看"下起雨来了""卷向了""又青了""露出脸来了"这几个短句，符合动态助词"了"表示动作完成

---

1. 孙绍振.《故都的秋》:悲凉美、雅趣和俗趣[J].福建论坛（人文社会科学版），2006（2）.
2. 李晓琪.现代汉语虚词讲义[M].北京：北京大学出版社，2005: 200.

和实现的用法，单独聚焦于一个短句，又能感受到"了"作为语气助词表示事物变化的过程。从整体语境来看，"了"都有一个变化和完成的意义，四个"了"结构的接续使用，形象生动地将落雨到天晴的变化过程描绘出来。只有作者当时的心情足够安闲自在时，才能有此细致的观察与描写，这凸显了文人的细腻与敏锐。

（二）结构助词调整节奏和状态

结构助词"得"的运用使文本的语言节奏更加舒缓。结构助词"得"的作用之一是能够用在动词或形容词后，连接表示程度或状态的补语。[1]在《故都的秋》一、二段，作者在描述北国之秋与江南之秋的特点时，都用了"动词＋结构助词'得'＋形容词"这样的句式，"得"在动词与形容词之间，打破了两者结合时朗读起来的紧凑感，舒缓了节奏。作者在动词"来"之后加上结构助词"得"，后接三个形容词"清""静""悲凉"，来形容北国之秋呈现出来的特点。描述江南之秋的特点时，同样采用了"动词＋得"的结构，不同的是主语具体到了江南的"草木""空气"和"天的颜色"等事物，"慢""润"和"淡"要说明的是草木凋落的快慢程度、空气的湿润程度以及天空颜色的浓淡程度。但无论是写北国之秋还是江南之秋，用"得"字构句，都表现了秋天来

---

1. 李晓琪. 现代汉语虚词讲义[M]. 北京：北京大学出版社，2005: 195.

临的状态和过程，它不是某个静态的画面，而是动态地呈现出秋天步伐的节奏与韵律。这更能体现出作者是在体验故都的秋，感受故都的清、静、悲凉，并沉醉在这具有悲凉之美的浓雾之中。试将"北国的秋，却特别地清、静、悲凉"和"江南，秋当然也是有的，但草木凋零慢，空气润，天的颜色淡"与原句比较，显然缺少一种节奏韵味，虚词"得"使文本呈现出一种舒缓的节奏与状态，让人回味。

除了语言的节奏之美，"得"字还营造出一种画面上的节奏美。"得"作为结构助词的另一个用法是跟在动词之后，表示可能。[1] "看得到"和"听得到"都是"得"表示可能用法的肯定形式，一个视觉，一个听觉，"很高很高的碧绿的天色"说明了北平之秋"清"的特点，"驯鸽的飞声"是以声衬静，衬托北平的秋"静"的特点，反复咀嚼"你也能看得到很高很高的碧绿的天色，听得到青天下驯鸽的飞声"这句话，无论作者是先"看得到"再"听得到"，还是"看得到"和"听得到"同时发生，我们都能想象到他手指碧绿的天，侧耳倾听驯鸽飞声的画面，感受到作者所言非虚的自信和骄傲。

（三）联结词弥缝文体

"虚词之中，联结词好比脉络。"[2] 联结词连接照应，能

---

1. 李晓琪. 现代汉语虚词讲义[M]. 北京：北京大学出版社，2005：195.
2. 王力. 中国现代语法[M]. 北京：商务印书馆，1985：14.

使文章脉络分明，情感层次清晰，文气通畅。作者在描写"秋槐落蕊图"时，先从视觉、听觉、触觉、嗅觉这四种感觉入手，细致勾勒出秋槐落蕊的独特魅力，"铺得满地"，"脚踏上去，声音也没有，气味也没有，只能感出一点点极微细柔软的触觉"，落蕊覆盖大地，步于其上，既无声响也无香气，唯有微妙的柔软触感，如同轻拂心弦。这一细节映衬出北国秋季的清凉与宁静，目光所及之处，灰土留下的扫帚丝纹悄然诉说着"细腻""清闲"与"落寞"交织的情感，突出北国之秋的清和静，然后看着"灰土上留下来的一条条扫帚的丝纹"，产生了"细腻""清闲""落寞"之感。这些情感不是同时产生的，"既……又……并且还……"这一组关联词连接了三种情感，产生的顺序有先后之分，呈现出细微的递进关系。"既……又……"表示并列关系，"并且"则表示意思更进一层，能够连接并列的形容词、动词和副词等，也能连接分句，连接分句时，后面常跟副词"还、也、又、更"。[1] 这便属于"并且"带"还"的情况，"并且还"属双重递进，使得该句的递进意味更加明显，增强了表达的深度与层次感。"细腻"描绘了"扫帚的丝纹"在肉眼上带给人的细腻感受；"清闲"指向的是作者的心情，他悠然地欣赏着满地落蕊，观察扫街的劳动者在槐花落蕊之中

---

1. 李晓琪. 现代汉语虚词讲义 [M]. 北京：北京大学出版社，2005: 148.

工作，显得清闲自在，表现出作者在欣赏落蕊之余的闲适心境；"落寞"是作者内心更深处的情感，"梧桐一叶而天下知秋""见一叶落而知岁之将暮"，落蕊、落叶，预示着秋天的到来，也见证着秋天的流逝，体现了秋天的来去所带给人的深层感慨。

因此，联结词不仅描述了"秋槐落蕊"的外在美，更进一步挖掘和传达了对这一景象背后深层次意义的品味与欣赏，展现出一种从表及里的情感深化过程。

（四）语气词营造北京情调

"语气词好比颜色。"[1]不同语气词的运用会有不同的颜色，赋予文辞不同的色彩与韵味。第六到十段是"秋雨闲人图"，以一种轻快自在的语气述说着北方下秋雨的过程以及都市闲人雨后话凉的轻松情景。"还有秋雨哩，北方的秋雨，也似乎比南方的下得奇，下得有味，下得更像样。""还有秋雨哩"，语气词"哩"的运用为文辞增添了轻松自在的情调，使得描述北方秋雨的过程不再显得沉闷和压抑，而是带有一丝俏皮和积极的意味。"秋风秋雨愁煞人"，秋雨绵绵，令人惆怅，但在"秋雨"之后加语气词"哩"，形成了一种对既定事实的表达，营造了一种北方的语言氛围。尽管秋雨绵绵常常被视为忧愁的象征，但在"秋雨"后加上"哩"，打破

---

1. 王力.中国现代语法[M].北京:商务印书馆，1985: 14.

了这种氛围，替代以一种带有坚定和亲切感的北方风味，让人从平常的秋雨中感受到一种别样的趣味，体会到"秋雨下得奇，下得有味，下得更像样"的北方意境。

"唉，天可真凉了——"这"了"字念得很高，拖得很长。"了"读作"liǎo"，发音响亮，词尾的"iǎo"要拖长，使其更具有音韵感。口语化明显，具有典型的北京腔调，说话者向对方明确表达秋天来临天气变凉的客观事实，同时又带有强烈的主观判断意味。

（《故都的秋》选入统编版高中语文教材必修上册第七单元）

第二节 品味文体之美，探寻名篇之神

中国古代文学批评与文学创作都非常重视以文体为先，历代学者不断强调："文章以体制为先。"[1]"论诗文当以文体为先，警策为后。"[2]"凡为古文辞者，必先识古人大体，而文辞工拙，又其次焉。不知大体，则胸中是非，不可以凭，其所论次，未必俱当事理。"[3]"文体"之"体"，"既有体裁或文体类别之义，又有体性、体貌之义；既可指具体章法结构与

---

1. 吴讷，徐师曾.文章辨体序说 文体明辨序说[M].于北山，罗根泽，校点.北京：人民文学出版社，1962：14.
2. 丁福保.历代诗话续编[M].北京：中华书局，1983：459.
3. 章学诚.文史通义校注[M].叶瑛，校注.北京：中华书局，1985：504.

表现形式，又可指文章或文学之本体"[1]。针对中学语文教材作品而言，此"文体"指"体裁"之义。

不同文体皆有其典型的语言风格与表达习惯，诗讲究韵律与节奏，以凝练的语言表达丰富的情感；赋"铺采摛文，体物写志"[2]；小说则注重叙述语言与人物语言，刻画人物形象。中学语文教材名篇中有诗、赋、散文、小说等文体，抓住经典名篇文体之特色，领会名篇之精髓，对于语文阅读教学有着重要的意义。

一、《醉翁亭记》：纡徐委曲的赋体语言

《醉翁亭记》作为一篇经典名篇，影响深远，多个版本的中学教材都曾将其选入。目前的统编版教材将其选入九年级上学期的第三单元。通观全文，《醉翁亭记》有一种悠游纡缓与曲折绵延的语言之美。

《醉翁亭记》一文纡缓绵延的语言，给人一种赋体文学的感受。虽然从标题上看，它属于古代的记体文，然而其文风和表达方式却明显带有赋体文学的独特风格，展现了赋体文学的独到魅力，这一点在古代很多记载中都已明确。如宋代朱弁《曲洧旧闻》卷三有云："《醉翁亭记》初成，天下莫

---

1. 吴承学．中国古代文体学研究[M]．北京：人民出版社，2011：3．
2. 刘勰．文心雕龙注[M]．范文澜，注．北京：人民文学出版社，1958：134．

不传诵，家至户到，当时为之纸贵。宋子京得其本，读之数过，曰：'只目为《醉翁亭赋》，有何不可？'"[1]朱弁这里提到宋子京将其归为"赋"，表明了对《醉翁亭记》体裁的认定。《耆旧续闻》云："少游谓《醉翁亭记》亦用赋体。余谓文忠公此记之作，语意新奇，一时脍炙人口，莫不传诵。盖用杜牧《阿房赋》体，游戏于文者也。但以记其名醉为号耳。"[2]这里更明确地指出，《醉翁亭记》使用了赋的体裁，作者通过独特的语言和表达方式，赋予了这一传统体裁新的生命。钱锺书在《管锥编·全汉文卷一六》中记载："孙广《孙月峰先生全集》卷九《与余君房论文书》之一一：'《醉翁亭记》、《赤壁赋》自是千古绝作，即废记、赋法何伤？且体从何起？长卿《子虚》，已乖屈、宋；苏、李五言，宁规四《诗》？《屈原传》不类序乎？《货殖传》不类志乎？《扬子云赞》非传乎？《昔昔盐》非排律乎？……故能废前法者乃为雄'……足见名家名篇，往往破体，而文体亦因以恢弘焉。"[3]钱锺书引用孙广的话，强调了文学作品打破传统"记"这一文体界限的重要性和价值，认为《醉翁亭记》和《赤壁赋》等作品的成功在于它们突破了既有的文学形式和规

---

1. 李廌，朱弁，陈鹄.师友谈记·曲洧旧闻·西塘集耆旧续闻[M].孔凡礼，点校.北京：中华书局，2002：120.
2. 李廌，朱弁，陈鹄.师友谈记·曲洧旧闻·西塘集耆旧续闻[M].孔凡礼，点校.北京：中华书局，2002：394.
3. 钱锺书.管锥编（第三册）[M].北京：中华书局，1979：889-890.

范。可见,《醉翁亭记》具有赋体的风格,得到了诸多名家的认可。

那么,在《醉翁亭记》一文中,赋体特征到底表现在哪些方面呢?赋体文最直接的特点是铺采摛文与体物写志。《文心雕龙·诠赋》认为:"赋者,铺也,铺采摛文,体物写志也。"[1]范文澜在注中指出,"铺采二语,特指词人之赋而言,非六义之本源也"[2]。铺采摛文为赋体经词人之手发展出的新特征,指的是赋文的形式方面,而体物写志是指赋文的内容方面。《醉翁亭记》中,"以赋为文,最突出的表征就是多个'也'字句的连用以及'若夫日出而林霏开,……而乐亦无穷也'的景物描写。'也'字句的大量使用,加强了语气的贯通和流畅,形成韵律感,正是辞赋体语言技巧的表现"[3]。文中的赋体语言,塑造出一种悠扬曲折、高雅绵延的文风,进而显现出文人雅士对自然之美的独到感悟和深情赞叹。这种文风不仅丰富了文章的内涵,也使读者能够在字里行间得到美学享受。

(一)连绵不绝的顶真美

在文学作品中,连绵不绝的流畅美令人心驰神往,有一种灵动的力量,它能够将读者带入一个流动的情感世界,使

---

1. 刘勰.文心雕龙注[M].范文澜,注.北京:人民文学出版社,1958:134.
2. 刘勰.文心雕龙注[M].范文澜,注.北京:人民文学出版社,1958:136.
3. 吴怀东.《醉翁亭记》文风"滑稽"论——兼论欧阳修的"太守之乐"[J].北京师范大学学报(社会科学版),2021(2).

人沉浸其中,兴味无穷。这种流畅美,一方面表现在语言的流畅度上;另一方面,则体现于情感的流动之中。作品中的人物情感在文字的引导下得以充分展现,情感的起伏变化如同潮起潮落般自然流畅。读者在情感的引导下与人物共鸣,体验到情感的深度与广度。

《醉翁亭记》在语言的运用上营造了一种连绵不绝的流畅之美,将文字编织成一幅幅如流水般的画面,其意脉就如连绵起伏的山脉、连续不断的河流,展现出一种连贯的美感,给人连续流动的感受或体验。

这种流畅之美首先表现在欧阳修使用了顶真式的修辞结构。所谓顶真式结构,是指运用了顶真"头尾蝉联"的格式,前一句子的中心与下一句子的首语相同。全文没有遵循顶真严格的"头尾蝉联"的要求,而是将上一句子的中心词或隐含中心词用在下一句的首字上。在《醉翁亭记》首段:

①环滁皆山也。②其西南诸峰,林壑尤美,望之蔚然而深秀者,琅琊也。③山行六七里,渐闻水声潺潺而泻出于两峰之间者,酿泉也。④峰回路转,有亭翼然临于泉上者,醉翁亭也。⑤作亭者谁?山之僧智仙也。⑥名之者谁?太守自谓也。⑦太守与客来饮于此,饮少辄醉,而年又最高,故自号曰醉翁也。⑧醉翁之意不在酒,在乎山水之间也。⑨山水之乐,得之心而寓之

酒也。

第①句中心词是"山";第②句首字用"其"指代,中心词是"琅琊山";第③句首字用"山",中心词是"峰";第④句首字用"峰",中心词是"亭";第⑤句首字为"作亭";第⑥句中心词是"太守";第⑦句首词用"太守",中心词是"醉翁";第⑧句首词是"醉翁",中心词是"山水";第⑨句首词是"山水"。九句连成一体,蝉联而下,流畅顺达。

这种变化了的顶真结构,隐含了顶真的特征。顶真作为一种语言表达中的修辞技巧,本质上便携带着一种流畅而统一的修辞效果。当这种表达方式与文章深层的逻辑结构和意义脉络相得益彰时,能显著增强文本的艺术魅力,营造出一种在形式上无缝相连的美感。此段文字先写滁州被周围山脉环绕的地理特征,再聚焦到西南诸峰,以"琅琊山"为特定景观,特写其深幽秀美。接着,通过声音与动态描写,引到对于人文景观的描绘,将自然景观与人文景观相结合。最后以太守身份进行自述,提升到个人情感与哲思的抒发,构建了一个多层次、富有深意的意义脉络,巧妙地使"顶真式"结构与"内在逻辑"相互照应,仿佛将文章织成一串连珠,其气韵生动,转折自如,展现出一种曲折而清晰、自然流畅的美。

（二）一唱三叹的虚词美

"古文讲究声音，原不完全在虚字上面，但虚字最为紧要。""古文讲究声音，特别在虚字上做功夫。"[1]古文中省掉虚字，风味也就大为减弱。《醉翁亭记》中，欧阳修巧妙使用了"也""而""若夫""已而"等多个虚词，使得文章的节奏与情感有了起伏，更加流畅自然，使读者体验到一种情感上的回响。

《醉翁亭记》中"也"字的使用，前人早有论述："欧阳公《醉翁亭记》、东坡公《酒经》，皆以'也'字为绝句。欧阳二十一'也'字，坡用十六'也'字，欧记人人能读，至于《酒经》，知之者盖无几。坡公尝云：'欧阳作此记，其词玩易。盖戏云耳，不自以为奇特也。而妄庸者作欧语云："平生为此文最得意。"又云："吾不能为退之画记，退之不能为吾《醉翁亭记》。"此又大妄也。'坡《酒经》每一'也'字上必押韵，暗寓于赋，而读之者不觉，其激昂渊妙，殊非世间笔墨所能形容。"[2]此段文字将《醉翁亭记》与《酒经》两篇文章对比，同使用多个"也"字，不觉《醉翁亭记》激昂，反而形成了悠游舒缓的语言风格。

"也"在日常言辞中经常使用，不太能引起读者关注。它有多层的意义，可表判断，表达肯定之意，相当于现代汉

---

1. 朱光潜.朱光潜全集（第四卷）[M].合肥：安徽教育出版社，1988：220-221.
2. 洪迈.容斋随笔[M].上海：上海古籍出版社，2015：515.

语"是""就是"的意思;可表强调,表达语气的加强;可表转折或让步、疑问、感叹等。《醉翁亭记》中的"也"字,别有韵味。试将《醉翁亭记》原文与删除"也"字的文本相比较。

原文:

环滁皆山也。其西南诸峰,林壑尤美,望之蔚然而深秀者,琅琊也。山行六七里,渐闻水声潺潺而泻出于两峰之间者,酿泉也。峰回路转,有亭翼然临于泉上者,醉翁亭也。作亭者谁?山之僧智仙也。名之者谁?太守自谓也。太守与客来饮于此,饮少辄醉,而年又最高,故自号曰醉翁也。醉翁之意不在酒,在乎山水之间也。山水之乐,得之心而寓之酒也。

删除"也"字:

环滁皆山。其西南诸峰,林壑尤美,望之蔚然而深秀者,琅琊。山行六七里,渐闻水声潺潺而泻出于两峰之间者,酿泉。峰回路转,有亭翼然临于泉上者,醉翁亭。作亭者谁?山之僧智仙。名之者谁?太守。太守与客来饮于此,饮少辄醉,而年又最高,故自号曰醉翁。醉翁之意不在酒,在乎山水之间。山水之乐,得之心而寓之酒。

通过作家之巧思灵动,"也"字的多层次使用展露出欧阳修的独具匠心,映射出其深沉的情感层次。"环滁皆山也"与"环滁皆山"虽一字之差,韵味却大有区别。"环滁皆山"是一个陈述句,客观简明直接地陈述了滁州周围环绕的山。而"环滁皆山也"却有强调的意味,朗诵之时显然有了节奏与语气,增加了语言的表现力与文学性。"也"字作为句末语气词,以一种肯定的语气,表现了情境转换之妙,道路曲折,引人入胜,让人不禁要抬头环望,心生感叹,有强烈的立体空间感;其下三句与改句比较,"也"字的使用,使读者感受到作者欣赏山色之苍翠欲滴,水声之清脆悦耳,不由自主地沉醉于自然的色彩之美与声音之美中,在峰回路转中却见醉翁亭凌空而建的轻盈姿态,全句悠然而自在。作者简单数笔便移景换位,展开了一幅色彩斑斓、意境深远的山水画卷,画面中的山水、亭台一应俱全,相互映衬,生色增辉。自然与画中人和谐共生,让人生出喜悦之感。而文章末尾使用的几个"也"字,将自然景观与人文景观融合,既蕴含着惊叹与赞美之情,又流露出和谐与愉悦之态,更带有轻松愉快的氛围,具备极高的艺术表现力与感染力,从而深化了作品的抒情氛围,展现出一种诗般的美感。

（三）流畅曲折的铺陈美

《醉翁亭记》的纡徐委曲之美还体现在流畅曲折的铺陈。古人云："昔人读此文，谓如游幽泉邃石，入一层才见一层，路不穷兴亦不穷。读已，令人神骨翛然长往矣。此是文章中洞天也。"[1] 这段话赞美了《醉翁亭记》的深邃与美妙，用"游幽泉邃石"来形容读这篇文章的体验，仿佛是在探索深不可测、层次分明的美丽景致。每深入一层，就能发现新的风景，既充满了无穷的趣味，也激发着读者持续的兴趣。读完之后，让人感到精神振奋，仿佛已经脱离了尘世的羁绊，进入一个超凡脱俗的精神世界，心灵得到了升华。南宋古文选本《崇古文诀》收录《醉翁亭记》一文，在其首评中有语云："此文所谓笔端有画，又如累叠阶级，一层高一层，逐旋上去都不觉。"[2] 强调了文章一层接一层的递进结构，但由于文章结构的顺畅自然与精妙，读者被自然而然带入对文章的深层理解中。这层叠的结构之感正是铺陈带来的自然效果。

欧阳修采用了曲折有致的铺陈，巧妙地描绘了一系列景象的连续转换，其笔触始于"环滁皆山也"的描写，轻巧地由对山的描绘过渡到水景，紧接着又从水景转向对亭子的描绘。然而，当读者以为下一笔将描绘亭子的外观时，作者却

---

1. 茅坤. 唐宋八大家文钞 [M]. 上海：上海古籍出版社，1993: 544.
2. 楼昉. 崇古文诀 [M]. 上海：上海古籍出版社，1993: 136.

巧妙地转变方向，展开对名亭背后意义的探讨，接着又流畅地过渡到琅琊山一日及四季的景色变化，以及滁人游玩和欢宴的乐趣。文章的叙述如同游人在绝境与希望之间穿梭，从"山穷水尽"到"柳暗花明"的情境变换，无不显现出作者高超的叙事技巧和深邃的主题思考。在这连绵的转换中，最终巧妙地引出了全文的核心主旨——"太守之乐"，揭示了文章深层的意蕴和审美追求。整篇文章通过层层深入的景物转换和意境变化，展现了一种复杂而细腻的美学结构，引领读者在精神与自然之间游赏，领略不同的精神风景。

（《醉翁亭记》选入统编版初中语文教材九年级上册第三单元）

二、论《马说》的抒情性

"中国的古典传统之于远东的其他文学，就像希腊传统之于欧洲其他文学那样，在创作实绩和批评理念方面都处于开创性的地位。与欧洲文学传统——我称之为史诗的及戏剧的传统——并列时，中国的抒情传统卓然显现。"[1]情感是文学的灵魂，它始终在场，永不缺席。"圣人达情以生文，君子修文以函情……情为至，文次之，法为下。"[2]情感，是至

---

1. 陈世骧.中国文学的抒情传统：陈世骧古典文学论集[M].张晖，编.北京：生活·读书·新知三联书店，2015：4.
2. 王夫之.诗广传[M].王孝鱼，点校.北京：中华书局，1964：8.

高无上的文学理念。"从本体论意义上说，情是文学的本质之所在；从创作论的角度看，情是文学发生的动因；从作品论的方面看，情又是文学内容的基本构成。"[1]汉乐府、唐诗、宋词、元曲这些文体，形式各异，却无不浸润着浓厚的抒情韵味，共同构筑了中华文学长河中最为动人的抒情传统。

《马说》被选入统编版初中语文教材八年级下册第六单元，教师在处理的时候通常会将其当作一篇论说性的文章来教学，容易忽视它的抒情性。抒情传统并不只是限于抒情文中，"我们并不会只把这一感物方式限制在人生态度的表达上。我们也可以谈爱情、谈政治、谈其他一切。不过，在我们谈这些事情的时候，那浸润到我们意识深处的人生态度与感物方式即在无意识之中表现出来，而成为诗歌中挥之不去的因素。六朝'物色'论的重要之处就在这里，它已成为文学作品中的感情表达的结构性的要素了"[2]。创作者在谈论具体事件或事物时，内心深处的情感与人生观会无意识地体现在作品的抒情结构中，成为作品不可分割的情感要素。有人评价此文："尽管我们读起来是一篇散文，但仔细品评，却俨然是一首发挥得淋漓尽致的抒情诗。"[3]《马说》具有强烈的感染力与抒情性，孙绍振先生说："韩愈这篇文章的风格，

---

1. 张伯伟. 中国文学批评的抒情性传统 [J]. 文学评论，2009（1）.
2. 吕正惠. 抒情传统与政治现实 [M]. 武汉：华中师范大学出版社，2011: 54.
3. 吴小如. 古文精读举隅 [M]. 天津：天津古籍出版社，2002: 195.

虽然是说理的，却不乏感性和情感。可以说是情理交融。"[1]

（一）抒情世界：充满愤懑压抑

《马说》的抒情世界主要围绕"千里马"的命运展开，表达了韩愈对才华被埋没、现实不公的强烈不满和愤懑。通过对千里马被忽视的描述，韩愈构建了一个充满压抑与困顿的抒情世界。

在这个抒情世界中，千里马象征着有才能但得不到重用的人，而伯乐象征着那些能够识别和赏识人才的人。千里马虽然具备超凡的奔跑能力，但在现实中往往被当作普通的马，甚至被错误地使用，无法施展其才华。这种情景正如韩愈和许多文人在当时社会中的境遇——他们有才却得不到重用，怀才不遇的苦闷情绪弥漫在字里行间。

此外，文章的抒情世界并不仅仅停留在个体的感慨之中，它同时也带有一定的社会批判色彩。韩愈不仅是为自己鸣不平，也是为整个时代中那些被忽视的有才能的人发声。文中的千里马不仅仅是个人的象征，更代表了一种普遍存在的现象：人的才干难以施展，社会体制对人才的识别与使用存在严重问题。

（二）抒情主体：为不平而鸣

人是情感的载体，也是文学创作的主体，情感在人的内

---

1. 孙绍振. 论说文的析理与抒情——《送东阳马生序》和《马说》对读[J]. 语文学习, 2009（12）.

心世界形成，最终通过作品释放。真正一流的作品，是那些能够引起人们情感共鸣的作品，它通过艺术的语言将个体的情感体验转化成普遍的、共通的情感世界。因此，有情之作才是真正活着的作品。

《马说》一文的抒情主体首先是韩愈本人。韩愈首倡"古文运动"，提出"物不平则鸣"的文学主张，并将这一文学主张贯彻到他的文学创作中，表达对现实社会的关注，以及对社会上不公现象的愤慨与反对。

"物不平则鸣"指的是当遭遇某种事情之时，创作者会郁积种种感触与情绪，当这种郁积在内心深处的感触积累到一定程度，便会产生强烈的创作冲动。韩愈认为，作家的创作来源于他们对社会现实的敏锐观察与深刻思考。感受到的"不平"越强烈，情感越深厚，作品中的声音也就越洪亮，越具冲击力。《马说》便是韩愈这一理论的具体实践。他了解了隋唐以来的历史变迁，特别是在中唐贞元、元和年间，社会动荡、官场腐败、贤才埋没，这些现实与他自己的坎坷经历交织在一起，激发了他心中的愤懑与不满。于是，他通过《马说》发出了不平之声。

韩愈年轻时，受家庭和社会环境的影响，早就怀有宏伟的政治抱负。他主张削弱藩镇势力，巩固中央集权，同时力图恢复儒家道统，反对佛教、道教对社会的影响。然而，在实现这些理想的道路上，他参加科举考试屡次遭遇挫折。25

岁时，他考中进士，但按唐朝的规定，"唐代士子科举及第后还不能作官，得先由礼部把他介绍给吏部，使他们取得出身，成为吏部的选人，这就是关试"[1]，因而并未立刻授官，之后"三试于吏部卒无成"。这些失败使他心中积累了大量的压抑与郁闷，深刻地反思国家人才选拔制度。正是在这种背景下，他开始以古文为载体，表达自己心中的愤怒与不平。

"人心感于境遇，而哀乐情动，诗意以生。"[2]不仅是个人经历使他心中不平，韩愈对社会的观察也进一步加深了他对现实的感悟。他看到孟郊、张籍、李贺等人尽管才华横溢，却因科举制度的弊端而屡遭打击和埋没。孟郊年近五十才勉强考中进士；李贺身负才华却仕途不顺，最后英年早逝。韩愈目睹了这些有才之士被朝廷忽视，甚至被藩镇势力吸纳的现象，这与他一直坚持的巩固中央权威的主张形成了强烈的冲突。《马说》就是在这种背景下创作出来的。

抒情主体还指被社会埋没的千里马。千里马在文中象征那些有卓越才能的人，他们具备远大的抱负和超群的能力。然而，尽管这些人有着极高的天赋，却因为没有遇到真正识才、用才的伯乐而陷入人生困境。这正如韩愈本人以及他周围的许多能人贤士一样，他们的才华未被充分利用，反而遭遇了仕途上的挫折和压抑。"千里马常有，而伯乐不常有"，

---

1. 傅璇琮.《唐代铨选与文学》序[J]. 兰州大学学报（社会科学版），2001（3）.
2. 郭绍虞. 清诗话续编[M]. 富寿荪，校点. 上海：上海古籍出版社，2016：455.

表明了人才的多样性与数量的充足，然而，识才之人的稀缺却使这些人才被忽视或埋没。《马说》表面上是谈论千里马和伯乐的关系，实际上反映了韩愈对人才被埋没、贤士难以施展抱负的深刻忧虑。文章通过千里马这一形象揭示了科举制度与官僚体制的腐朽与弊端，揭示了当时社会中普遍存在的贤才被埋没的现象。

（三）抒情结构：层层推进情感积累

"一个抽象的道理，完全依附于一个感性的、寓言式的故事。随着故事的发展，论证得以层层推进，感性细节随之衍生。"[1]《马说》开篇便设喻引题，提出"千里马常有，而伯乐不常有"，直接点出主题——伯乐的稀缺。在这一部分，韩愈表面上仅仅是平静地陈述事实，实际在为后续抒发情感做铺垫。这部分起到了情感积累的作用，通过客观的描述引导读者思考现实的困境。

接着，进入情绪酝酿。具体描述了千里马的遭遇——"祗辱于奴隶人之手，骈死于槽枥之间"。即便是拥有千里之才，也无法得到合理的待遇。这里通过具体的细节描写——"食不饱，力不足，才美不外见"，展现了千里马的命运的悲惨。这一段是情感的酝酿阶段，韩愈通过逐步描绘千里马的困境，累积情感，形成压抑的氛围。这一部分层层递进——

---

1. 孙绍振.论说文的析理与抒情——《送东阳马生序》和《马说》对读[J].语文学习，2009（12）.

从千里马的被忽视、不能发挥其潜力，再到马夫和食马者的无知与麻木，情感由浅入深，逐步推进。这种对马的命运的叙述，实际上隐喻了当时社会中有才之士被忽视的现实。

文章最后进入抒情高潮："其真无马邪？其真不知马也！"这一强烈的反问不仅直接表达了韩愈的愤懑，还揭示了他对当时社会人才被埋没的不满与无奈。这种反问式的表达将整篇文章的情感推向最高峰，是情感的全面爆发。这里，韩愈的质问充满了悲愤和无奈，既是对现实的不满，也是对人才被埋没的哀叹。作者通过这种反问，使情感从隐忍到彻底爆发，给读者带来了强烈的冲击。

抒情结构呈现出从铺垫、酝酿、爆发到升华的过程。文章通过千里马的遭遇，逐步揭示了社会对人才的忽视，并将这一主题转化为对制度不公的深刻批判。韩愈的愤慨不仅停留在个人情感层面，更升华为对社会整体的关切。

（四）抒情语言：气势磅礴意蕴深厚

"人之所以灵者情也，情之所以通者言也。其或情之深，思之远，郁积乎中，不可以言尽者，则发为诗，诗之贵于时久矣。"[1]情感是人类灵性的源泉，言语是表达和沟通情感的工具。文学语言能够超越普通语言的限制，传达更深层次的情感。韩愈《马说》虽是文，却具有诗化的意味。人

---

1. 徐铉. 徐铉集校注 附徐锴集（第三册）[M]. 李振中, 校注. 北京：中华书局, 2018: 835.

们对韩愈散文的诗化早有评论,"'以文为诗'(把诗歌写得散文化)谈得比较多,却很少注意他那更为突出的'以诗为文'的特点。所谓'以诗为文',是指用具有诗的情调、韵味等特色来写散文,即是说把散文给诗化了(但这并不等于从西方引进的新文体'散文诗')。但把散文诗化,或者说把散文写得很带诗意,并不限于写自然景物、抒情小品或对人物进行典型塑造和对事态进行艺术描绘;而是也可以用诗的情调、韵味来写说理文或评论文"[1]。《马说》用抒情语言表达作者的感慨,借千里马的遭遇来抒发对贤才被埋没的不满。

抒情语言的气势以排比句来突出:"策之不以其道,食之不能尽其材,鸣之而不能通其意。"这一组排比句展示了千里马被不懂马之人糟蹋的全过程。从不能正确驱策,到不能合理喂养,再到无法理解马的鸣叫,层层递进地展示了千里马的悲惨命运。这不仅是在叙述马的困境,更是在不断宣泄韩愈内心的抑郁和愤懑。这种递进式的排比句,使情感由浅入深,层层深入,增强了情感表达的力度。

递进式排比表达了强烈的情感,对比则使文章充满了张力。如:"千里马常有,而伯乐不常有。"短短一句话,通过对千里马和伯乐的对比,表达了对于现实的无奈。千里马象征着社会中的人才,伯乐则象征识才、用才的人。这样的对

---

1. 吴小如. 古文精读举隅[M]. 天津:天津古籍出版社,2002:194.

比反映出社会对人才的埋没，使情感充满张力，让文章的抒情不仅有情感上的层层推进，还带有深刻的讽刺意味。通过对比，韩愈既表达了对千里马命运的同情，又隐喻了自己以及其他才华横溢的人的悲惨境遇，形成了情感与理性相结合的抒情效果。

　　语言的抒情性还在于词语丰富的表现力。"策之不以其道，食之不能尽其材，鸣之而不能通其意，执策而临之曰：'天下无马！'"一个"临"字，表达驭马者对千里马的忽视。缺乏辨识真正人才的眼光，即使面对着真正的"千里马"，也无法认识到他的价值。但"临"还有其深层的含义，它不是简单的"面对"的意思，"如临深渊""驾临"均含有"居高临下"之意，《说文》："监也。"[1]"临"的基本意义是"由上看下，居高而低"。因此，"执策而临之"不仅让我们领会到韩愈对于千里马被埋没的悲哀，还让我们感受到驭马者对千里马居高临下甚至不屑一顾的傲慢态度，把驭马者昏庸无能、倨傲无知的形象刻画得入木三分。如果只是昏庸无能，也许千里马还有被识别的一天，但再加上倨傲无礼，便是将千里马推向无底深渊了。

（《马说》选入统编版初中语文教材八年级下册第六单元）

---

1. 许慎. 说文解字注 [M]. 段玉裁, 注. 上海：上海古籍出版社，1981：388.

三、风景这边独好

——《风景谈》的象征艺术分析

《风景谈》是茅盾回忆解放区军民的战斗生活而作，他曾目睹军民生活，深深被抗日根据地军民的革命精神感动与折服。全文描绘了六幅壮美的自然风光，精心呈现了革命圣地延安的革命气象。透过对这些景象的描绘，他赞颂了抗日根据地军民的生活和卓越精神，揭示了"自然伟大而人类更伟大"的真理。茅盾以一种深邃且略带朦胧的笔触，赞颂了解放区人民不懈的劳动以及他们享受的自由愉快的生活。文章透过镜头细致描绘了延安人民的劳动、学习、生活与战斗，为读者呈现了一幅历史长卷：在中国共产党的领导下，延安及整个解放区蓬勃发展，人民奋斗在抗击敌寇、保卫国家、创造美好未来的伟大征程中。

茅盾曾谈到这篇文章的晦涩难懂："《秦岭之夜》和《过封锁线》二篇由于检查实在写得相当晦涩……属此一类者，本集中尚有杂文二篇即《白杨礼赞》与《风景谈》。祝福这些纯洁而勇敢的祖国儿女，我相信他们不久就可以完成历史付给他们的使命，而他们的英姿也将在文艺上有更完整而伟大的表现。"[1] 在茅盾的抒情散文中，"有很多点汲取了象征

---

1. 茅盾. 茅盾文集 [M]. 上海：上海春明书店，1948：后记 1-2.

主义手法并加以运用的。这是对外国文学创作方法的借鉴，也是时代环境对作家创造的制约与要求"[1]。

在当时的革命形势下，为了这篇文章能在处于白色恐怖之中的重庆公开发表，向全国乃至全世界传播延安军民与中华民族所展现的不畏艰难、抗击外敌的高尚精神，全文采用了象征的艺术手法。整篇文章以谈论风景的视角展开，在表现形式上更注重情感与景观的融合。"《风景谈》的写法较新，它不写一事一物，而是截取延安解放区一组崭新生活的镜头：高原驼队，生产归来，鲁艺风光，男女新貌，茶社剪影，战士雄姿等，构成一幅陕甘宁边区风情画全景，甚至是解放区整个新社会制度下社会生活的缩影。由于情与理渗透在不同的生活画面里，且结合得那样紧密，以至使人误以为这是一篇叙事散文。然而细加品味，每一幅画面中都洋溢着作者对解放区新气象及其人民崇高精神境界由衷的、热情的赞美之情，而且这种赞美之情还通过画面连接处的一小段抒情兼议论的文字，使互不相连的画面胶合成一个完美的艺术整体，贯穿全篇。"[2] 茅盾曾说："我愿推荐《雷雨前》和《沙滩上的脚印》；这两篇，也是象征意义的散文，但所象征者，和《白杨礼赞》与《风景谈》之所象征，时代不同，背景也不同，方法也不同。可以说，《白杨礼赞》等两篇只是把真人真地

---

1. 陈桂良. 茅盾写作艺术论 [M]. 南京：南京大学出版社，2004: 211.
2. 陈桂良. 茅盾写作艺术论 [M]. 南京：南京大学出版社，2004: 214-215.

用象征手法来描写。"[1]《风景谈》把真人真地融入了艺术作品，并选择人物与地点的某些特征，来象征更广泛的品质，赋予具体的人与地点更深层的含义，表达更丰富的情感与思想。

（一）沙漠驼铃：人类的创造与坚韧

在黎明的光辉中，一队驼队挺立，撑起那方形的猩红大旗，它们在广阔的沙漠之上显得庄严而又妩媚，仿佛是大自然与人类意志的完美结合。

对于沙漠的描写作为文本的开头，为整个场景奠定了基调。沙漠广阔、荒凉和寂静的特性不仅反映了自然的严酷和无情，也象征着人生的孤独、荒谬和无意义。这种荒凉的背景强调了人类存在的孤独感和对深层次意义的渴求。自然界的冷漠与荒芜成为探索人类内心世界和存在状态的有力工具，而骆驼队的突然出现则打破了沙漠的寂静，为其注入了生命和活力。猩红大旗、铃铛的声音、队伍的行进，这些元素不仅为沙漠景观注入了活力，也象征着人类的创造力和坚韧不拔的精神。在看似荒芜和无望的环境中，人类的活动和创造成了希望的象征。

通过对沙漠和骆驼队的描写，作者探索了生命的意义、人类的创造力以及面对绝境时的希望和决心。这种结合了自然景观和人类活动的叙述，不仅展现了对人类力量的敬意，

---

1. 茅盾.茅盾散文速写集[M].北京：人民文学出版社，1980：序 2.

也表达了对生命终极意义的追求和探索。通过象征和隐喻，暗示读者应通过表面的描写，进入深层的情感和哲学思考，展现了对生命、希望、创造力和人类精神的洞察。

（二）高原归耕与延河生产：人与自然的和谐共生

在黄昏时分，辛勤工作一日的人们在夕阳下归来，唱着欢快的歌曲。这是一幅体现人类崇高精神的活动画面，充满了生命力与希望。

高原归耕图展现了黄土高原独特的自然美和人文美。画面的开端是黄土高原的山，它们的山顶光秃，但被层层梯田装扮成了一幅生动的画面。这里，秃顶的山与梯田的对比，也是自然的贫瘠与人类劳作成果的对比。梯田上"稀稀落落有些黄毛"的描述，体现出这片土地虽然贫瘠，但仍然顽强地孕育着生命。"等待检阅的队伍似的，在晚风中摇曳"的高秆植物，被赋予了人性化的特质，彰显了大自然的生命力和秩序之美。晚上，月光下的山顶与牛角的出现，以及掮着犁的人形的渐次显现，构成了一幅生动的田园牧歌式画面。这里，月亮的明亮、山的宁静、人与自然的和谐共处，共同凸显了一种超凡脱俗的美。

最后，晚归种地人的短歌和旋律，不仅为这幅画增添了人文气息，还象征着人类对自然的敬畏以及对生活的热爱。歌声在山谷中缭绕不散，象征着人类文化和精神的永恒与传承。

高原归耕图景呈现了黄土高原的自然美,更深层地彰显了人与自然的和谐共生关系、人类文化与自然界的互相映照,传达了对大自然的深深敬意,以及对人类生活中简单而纯粹的美好的赞美。

延河生产图展现了人与自然界亲密无间的关系。夕阳即将落山,余晖染红了天空,形成美丽的彩霞。这不仅是日落时分常见的自然美景,也暗示了一天的结束和平静夜晚的到来。地表吐出一天所吸收的热量,体现出这是一个饱经日晒的地区。河水的急流则突出河流的动力和活力,仿佛能将河床中的鹅卵石冲走,展现了自然界中水的力量。人们从劳动中返回,其乐观和兴奋的态度与自然景象相融合。他们的歌声、笑声与河水的声音交织在一起,仿佛大自然也在参与他们的欢庆。人们将沾着黄土的脚伸入河水中,让水冲刷,或用水洗脸,这种直接的物理接触体现着人与自然界亲密无间的关系。

有自然景象——落山的夕阳、干裂的黄土、湍急的河流、漫天的彩霞,也有人类活动——从生产中归来、唱歌、谈笑、准备食物,自然景象和人类活动交织在一起,构成了一幅和谐共生的图画。这种描绘体现了人与自然和谐相处的理想状态,象征着自然界的美丽、丰饶以及人类生产劳动的辛勤与乐趣。文中描写的不仅是个体的劳动和艺术创作,还有群体的合作、分享和庆祝。从生产中归来的人们与迎接他们的群体相聚,共同唱歌、准备食物、分享美食,这些活动体现了集体生活的温暖和力量。这种集体的活动不仅加深了人与人之间的联系,也象征着解放区居民对自然资源的共享和对美好生活的追求。

解放区的人们既是艺术家也是劳动者,他们的手既熟悉调色板、提琴弓子、木刻刀、书写工具,又被锄锹磨出了老茧。这不仅象征着劳动的光荣,也体现出艺术与日常劳动的结合,强调了艺术来源于生活、服务于生活的观点。

从夕阳到夜晚,从黄土的干旱到河水的清凉,再到野火旁的聚会,场景的变化不仅展示了自然界的多样性和变化性,也象征着生命的不息以及人类对自然环境的适应与利用。夕阳的下山和余晖的投射象征了时间的流逝和生命的循环,而人们在这一过程中的活动则体现出人类生命力和创造力的持续。这不仅是一幅生动的画面,更是对生活、自然、艺术、集体和劳动价值的深刻反思。通过描绘一个和谐、充满生命力的场景,体现出集体生活的美好。

(三)石洞读书与桃林小憩:人文景观的社会美

石洞读书的场景中,首先描写了一对情侣,以此象征典型的浪漫爱情。随后,作者将读者带入一个截然不同的环境——一个雨天的荒山,黄褐色的浊水和怪石峭壁构成了一幅荒凉而寂静的画面。这种突兀的场景转换不仅增加了故事的视觉冲击力,也象征着生活中非凡和突破常规的体验。对于荒山和石洞的描绘不仅为故事提供了一种原始而孤独的背景，也象征着自然界的无情和不可预测。在这样的环境下，人的出现显得尤为微小而脆弱。然而，这对在荒山石洞中的情侣却能够在此找到庇护之所，甚至在阅读和共享时刻中找到乐趣，体现了人类适应环境、寻找幸福的能力。在这种极端条件下，这对情侣的行为——共同阅读、互相依偎——不仅显示了人性中的亲密和温暖，也象征着他们对生活意义的共同探索和理解。他们的满足和自得象征着一种生活态度，即在任何环境下都能找到快乐，不依赖于外部条件。

作者将这一场景描述为"奇迹"，主要是因为他们的出现显得不可思议，也因为他们在这种环境中依然可以展现出蓬勃的生命力和乐观的生活态度。这反映了一种深刻的人生哲学：无论环境多么恶劣，只要有健康的人际关系和生活态度，生命就能展现出其真正的价值和美丽。

作者展现了自然环境对人的影响，还深入探讨了人如何在不同的环境中找到幸福和生命的意义，如何通过积极的生活态度来克服外部恶劣环境的影响。这些象征性元素共同构建了关于生命、爱情和人类坚韧不拔精神的美丽画卷。

桃林小憩图则代表了自然的美丽和宁静。半边旧石磨、断碑和石凳的使用，既展示了人们对自然环境的改造和利用，也象征了时间的流逝和历史的痕迹。这些石制家具的存在，反映了人类文化与自然的和谐共存。太阳光穿过树叶的空隙，在地面和石制家具上投下金黄色的光斑，象征着希望、温暖和生命的力量。光影的变化也反映了时间的流逝和生活的美好瞬间。荞麦、大麻和玉米这些作物不仅是农业生产的象征，也反映了生命的循环和自然的丰饶。它们与桃林的对比，描绘出生动的农村景象，同时也体现了人类对自然资源的依赖和利用。

茶社作为人们聚集、休息和交流的场所，象征着解放区人们和社会的联系。它是物理空间的提供者，也是文化和社会交往的促进者。通过茶社，这个桃林成了一个社交的场所，人们在这里缓解工作后的疲劳，享受生活的简单乐趣。人们在桃林中的各种活动和互动，不仅体现了人与人之间的联系，也反映了个体在自然和社会环境中的位置和角色。

作者对桃林中的茶社及其周围环境的细腻描绘，运用象征手法揭示了自然与人类社会的密切关系，体现出人们在其中寻找安慰、休息和社交的需求。这不仅是对自然美景的赞美，也是对美好生活状态的一种向往与追求。

（四）北国晨号：坚定勇敢的民族希望与革命精神

在作者描绘的五幅解放区生活场景中，最充满诗意且富有象征意义的是"北国黎明吹号"这一画面。这幅图景是民族希望和革命精神的高度象征，通过细腻的笔触和朦胧的色彩，作者巧妙地捕捉到了黎明初露时分，人们内心深处对自由和未来的无限憧憬。这既是对解放区人民勤劳自由生活的赞美，也是对广阔未来的期许，展现了作者对于这一历史时期的深刻理解。

喇叭声破空而来，象征着召唤和觉醒。在静谧的背景中，喇叭声显得尤为突出，预示着这一声音的不同寻常，这不仅是对个体的召唤，也是对民族精神的唤醒。喇叭声穿透宁静的清晨，象征着坚定不移的信念和决心打破沉默，迎接新的一天和挑战。

摄影家抓住银白色的背景和淡黑的侧影来捕捉小号兵的形象，银白色背景象征着纯净和高尚，而淡黑的侧影则强调了号兵形象的坚定、神秘和勇敢。这是对摄影家艺术的赞美，也是对那些承载和传递民族精神的人的赞美。号兵高高的眉棱和挺直的胸膛，体现出其警觉、坚决和勇敢的形象，也象征着一种深层的民族精神和责任感，表现出他们保家卫国的高尚使命。

接着，清新的空气、晨光和朝霞不仅展现出美丽的自然景象，也象征着希望和新生。山峰上的小号兵和荷枪的战士，面对着东方的站姿，如雕像一般坚定，象征着坚定不移的决心、不变的信念和对未来的期待。喇叭的红绸子和刺刀的寒光，在静谧中展现了唯一的动与刚，静态与动态的对比加强了场景的动感和紧张气氛，象征着生命的活力和坚强不屈的意志。闪着寒光的刺刀与粉红色霞光对比，冷色调与暖色调交织，象征着在和平与美好愿景中，仍需保持警觉，时刻做好准备。

作者通过这一系列的象征成功地将清晨的自然景象转化为一个充满深意的画面，传达了对民族精神的敬仰和赞美。这是一幅生动的画面，也是对勇敢、坚决和保持警觉等美好品质的颂扬。整个场景通过对比和象征，反映了作者对于民族和个人理想的深刻理解和崇高追求。

（《风景谈》选入统编版高中语文教材选择性必修下册第二单元）

第三节　剖析语言风格，领略名篇之韵

文学语言是文学创作的核心，是作家思想情感与审美意识的具体化表达，它是极具个性色彩的艺术符号，承载着个体的文化活动与情思。为了能更好地呈现自己的作品，每位作家都不遗余力地用语言来包装它，形成独特的语言风格。什么是语言风格？语言风格是指"语言表达上所具有的各种特点的总和；具体表现为由语音、词汇、语法、辞格以及篇章等语言材料、表现方法所组成的表达手段特点体系。它是属于与被表达内容构成对立统一关系的语言形式方面的特点综合"[1]。《文心雕龙》在"体性"篇中将文学风格分成了八类："一曰典雅，二曰远奥，三曰精约，四曰显附，五曰繁缛，六曰壮丽，七曰新奇，八曰轻靡。"[2] 每个作家在语言表达上

---

1. 宗廷虎，邓明以，李熙宗，等.修辞新论[M].上海：上海教育出版社，1988：327.
2. 刘勰.文心雕龙[M].范文澜，注.北京：人民文学出版社，1958：505.

都有自己的特点与风格,李白豪放飘逸,杜甫沉郁顿挫,白居易平易质朴,鲁迅辛辣讽刺,沈从文清新诗意。甚至每个作家在不同时期的创作都会呈现出不同的特点与风格。李清照的作品总体来说语言风格婉约清丽,但以靖康之变为分界点,她词作的语言风格被分成两个明显不同的时期。前期因生活相对幸福,词风活泼清新,细腻婉约,以描写自然风光与离别相思为主,明快流丽,自然婉转;后期遭遇国破家亡与丈夫离世,词风开始变得沉郁忧伤,凄楚苍凉。

在中学语文教学中,学生对某些名家名篇的语言风格的认识往往停留在概念的记背上,大多时候是从教师介绍作者时提供的资料上获知,很难对某种语言风格有切实的体会与理解,更谈不上对某名篇进行具体细致的解剖。了解作家的语言风格,是进行文本深度解读的基础,有助于深入分析文本,探讨作品的内在意蕴。

一、简洁而丰富　朴素而永隽
——析《老王》语言三味

《老王》是一篇经典散文,曾被编入初中教材与高中教材,是语文教师喜欢拿来作为研讨课的篇目。杨绛先生是散文大家,她学贯中西的文化功底、历尽沧桑的人世体验以及洞察人生的智者情怀濡养了她的言说方式。通过她的文笔,我们看到了一种克制而内敛的表达，她借助隐忍含蓄的语言形式回忆了老王这一人物，传递了一种既深厚又蕴藉的情感。这种情感不是表面上轻易可见的，而是隐性的，悄无声息地藏匿在文字之中。正如孙绍振等所言："她的同情、宽容、感激、敬意，都潜藏在字里行间。全文都是外部过程、动作、对话的描述。"[1]杨绛先生的文字虽不直接表达情感、不激昂呐喊、不流露哀伤，却以更为深沉的情感重量和引人深思的回味，展现出一种比直接抒情更为沉痛的艺术效果。

（一）读叙述语言的深味

初读《老王》，几乎读不到什么情感波澜，似乎是一个局外人冷静地观察着面前的世界。因此，中学生读《老王》，多半不喜欢，而其中的原因更多在于学生尚处在一个天真烂漫、诗意激情的年纪，难以理解具有极高文学素养的杨绛先生用简洁质朴语言表达的深意。没有激烈的情感表达并不意味着作者与作品缺乏情感。与之相反的是，作品之所以被称赞，往往是因为其简约中蕴含着深刻，朴实中蕴含着永恒。

开篇一句话简单地叙述了我与老王的关系："我常坐老王的三轮。他蹬，我坐，一路上我们说着闲话。"交代我与老王是雇主与拉车人的关系，描述了一种简单而平常的场景。"常坐"表明我与老王之间的熟悉与信任，"一路上我们

---

1. 孙绍振，孙彦君.隐性抒情意脉和叙述风格——读杨绛《老王》[J].语文建设，2012（17）.

说着闲话"展现了我与老王的简单交流，一个"闲"字，表明我们可能聊的是天气，是日常生活。"说着闲话"表现人与人之间轻松愉悦的交流，没有什么特定的目的，往往让人感觉舒适愉快。

文章叙写老王的孤苦无依："有个哥哥，死了，有两个侄儿，'没出息'，此外就没什么亲人。"这句话通过简单的陈述，透露了老王的家庭背景，除了哥哥和两个侄儿，老王没有什么其他亲人，这表明他的孤独以及家庭关系的单薄。从语意上来看，跟"有个死了的哥哥，有两个没出息的侄儿，此外就没什么亲人"没有多大的差别。但仔细体会，杨绛的语言平平淡淡，简洁明了，却深藏着波澜起伏的情感变化，留给读者一些想象的空间。先说"有个哥哥"，带给人希望，让人觉得老王家里还有亲人相伴，为老王高兴，而紧接着，"死了"一词让人的高兴瞬间变成了悲伤；"有两个侄儿"，再次给人以希望，而"没出息"又让刚起的一点希望破灭了，"此外就没什么亲人"更使人陷入彻底绝望的深渊。这一简练的句子，平淡却有曲意，隐含着丰富的情感，展现了杨绛先生独特的表达方式。

描写老王的身体残疾情况："有人说，这老光棍大约年轻时不老实，害了什么恶病，瞎掉了一只眼。"有一则关于老王的流言在悄悄流传，"有人说"，会是什么人？富贵之人？有权有势之人？都不是，是和他生活得很近很近的左邻右舍。"这"本身就含有嘲笑、嘲讽老王之意。"老光棍"则讽刺此人可能年龄较大,单身,更是让人感受到周围人对老王的鄙夷和轻视。老王身体残疾,实在是让人同情,可是却有人以最坏的恶意来猜测他的过去,声称他是因为年轻时的不端行为而染上某种疾病,这种人格上的诋毁给老王带来了更深层次的痛苦和折磨。这种对老王的恶意取笑和欺凌侮辱,足以体现出人情之冷漠、世态之炎凉、社会之"更深的不幸"。这些文字,我们略读时难以触到老王的内心伤痕,只有沉下心来细细品读,才能通过这样细腻的描写更深入地了解老王的心境,才会摸到杨绛文字中涌动的情感脉搏。

即使是写到自己一家在特殊时期所遭受的非人待遇时,杨绛先生也没有愤怒与控诉,她的叙述里只有非一般的冷静与自嘲。就像孙绍振等所说:"杨绛追求的叙述效果就是,即便是在灾难中、在痛苦中,也是从容不迫地叙述。"[1] "'文化大革命'开始,默存不知怎么的一条腿走不得路了。"这句话交代默存的腿出现了问题,不能正常行走了。"不知怎么",妻子岂会不知丈夫的腿走不得路的原因?选择模糊化的表达方式,杨绛先生隐去了自己的悲哀与愠怒,暗示默存在"文化大革命"期间受到了不可言说的伤害,用平淡的叙述语言向读者撕开了一道时代的口子,让读者去体会那个时

---

1. 孙绍振,孙彦君.隐性抒情意脉和叙述风格——读杨绛《老王》[J].语文建设,2012(17).

代的荒唐与残酷。

（二）析肖像描写的蕴味

《老王》通过对老王这一平凡小人物不幸命运的描绘，不仅展现了人性中的善良与坚持，而且深刻体现了作者对于小人物命运的同情与悲悯。杨绛先生写老王的外貌，不动声色，仿佛无情无味，淡淡一笔却又让人觉得分外凄凉。"杨绛写小人物，其语调平实亲切处，客观上即是由此种处境、视角的变化而造成的。其实，杨绛的写作立场始终没有改变过，这立场即是'人道主义'，所改变的是视角，所谓视角的下移，是她在写这些小人物的过程中，因和他们感到亲近，尽管仍是使用了一贯冷静客观的笔触，读来却有一种基于了解的温情与悲悯。"[1]正是杨绛奉行的"人道主义"立场，加上对小人物生活状态的深刻洞察，使得她的小人物描写不仅仅是对其外在生活的记录，更是对人性的深刻探讨和呈现。

文中写到老王病了，总不见好。开始几个月还能扶病来"我"家，以后都要托别人传话了。但有一天他来"我"家，"我在家听到打门，开门看见老王直僵僵地镶嵌在门框里"，这里的"直"与"僵"巧妙地描绘出老王身体的状态，显示出他身体的僵硬和直挺。而"镶嵌"这一动词更是将老王比

---

[1]. 张颖. 杨绛、汪曾祺散文合论[J]. 当代作家评论，2021（5）.

作一件被精准地嵌入了另一物体之中的物品。这样的描述，不仅凸显了老王身体的瘦弱和干瘪，也深刻地体现出他那了无生气、几近枯萎的生命状态。此情此景，让人不禁对老王的处境感到深深的同情，引发读者沉重的思考。

接着，文章用极为简省的笔墨生动描写了老王的外貌特征："他简直像棺材里倒出来的，就像我想象里的僵尸，骷髅上绷着一层枯黄的干皮，打上一棍就会散成一堆白骨。"以僵尸和骷髅的形象突出老王病入膏肓、行将就木的情状，让读者的眼前浮现出老王皮肤松弛、瘦成皮包骨头、极度衰弱、生命垂危的状态。作者用了一个"绷"字，"绷"指的是在骨头上绑上一层干枯、了无生气的皮，进一步强调他病态和濒临死亡的形象。杨绛先生凭借白描式的摹写功力给了我们一种不祥的预感——死亡在向老王招手。通过对比其可怖的外在与善良高贵的内在，作者巧妙地揭示了人物复杂的内心世界与情感层次。老王的形象，是一种生理上的衰败与枯萎，更是一种精神上的坚韧与高尚。

让人疑惑的是，老王如此不幸与悲惨，甚至已行走在死亡的边缘，为什么还要亲自来送香油与鸡蛋给杨绛先生呢？送香油与鸡蛋，当然是来感谢杨绛先生及其家庭曾经给予自己的关心与照顾。但是在弥留之际拖着病重的身躯前来，肯定还有别的寄托与渴望。临终前来，将自己珍视的东西赠予杨绛先生，除了表达感激，更重要的是他早已将杨绛一家视为亲人，这是一个孤苦无依的老人在向亲人做最后的告别。这一行为反映了一个孤独老人极致善良的高尚品质，展现了他对于人性美好的信仰和对于亲情的渴望。

（三）品对话语言的意味

作者描写老王，笔触平静客观，其对话虽然简短，但每一句话似乎又暗含着深意，如同平静的海面下的暗流。这些人物对话简短却意味丰富，若不细细品味，很可能忽略那些深层的含义。正是这些简洁的言辞，为读者开启了探索老王性格与内心的窗口。

"后来我坐着老王的车和他闲聊的时候，问起那里是不是他的家。他说，住那儿多年了。"一般来讲，当有人向你问起某处是不是你的家，我们会回答"是"或者"不是"。但老王说，住那儿多年了。既没有直接肯定，也非否定，只是表达了自己长年累月居住在此的事实。这种回答方式引人深思：为何老王选择用居住得长久来回应，而非明确回答呢？这里面又暗含着怎样的情感波动？对于许多人来说，"家"象征着温馨与安宁，然而老王却从未把这样一处破败的地方当作自己的家。这不仅揭示了老王对一个温暖家庭的深切向往，更透露出他内心深处的孤寂与对亲情的渴望。孤苦无依的老王长年独居于那"破败之地"，"那儿"二字满含着老王内心难以言喻的痛楚。这样的语言，表面上看来无风无雨，波澜不惊，却暗藏着老王对于亲情的诉求和他心灵的煎熬。

老王送钱锺书先生看病时，说："我送钱先生看病，不要钱。"老王喊钱先生，是一个底层的劳动者对知识分子深厚的敬重。送钱先生看病不要钱，一方面是感激钱先生一家对他的关照，知恩图报；另一方面是出于其浸在骨子里的善良，是一个不幸者对另一个正经历不幸之人的同情。老王虽然是一个普通劳动者，但他对知识分子的敬重以及对不幸者的理解与同情，揭示了他对美好人性的追求、坚持与珍视。

在给杨先生送香油与鸡蛋时，杨先生转身进屋去。"他赶紧止住我说：'我不是要钱。'"老王说不是要钱，他要的是什么呢？通过赠送香油和鸡蛋，他想要表达的绝不仅仅是物质上的赠予，而是希望杨先生不把他当外人看。在濒临离世之际，他拖着直僵、毫无生气的身体眼巴巴地把自己最稀缺的东西送给杨先生，实际上是一种深层次的情感表达与关怀，他需要的是一份不以物计的亲情与理解，是一种超越了日常交往的深入联系，是一种亲人相处的归属感。老王的行为是对杨绛夫妇过往恩情的回报，也是他在生命旅程即将结束之际，对于人与人之间最纯粹情感的渴望，这是一种更高贵的精神。老王说"我不是要钱"，杨绛"也赶忙解释：'我知道，我知道——不过你既然来了，就免得托人捎了'"。杨绛先生真的知道老王的心意吗？她当时可能完全没有理解老王心中的那份深层情感，只是从自己的视角出发，强调了不欠情债的重要性，但可能恰好忽略了老王试图表达的那份情感需求，这种情感的错位，也正是杨绛在文章最后表达的"一个幸运的人对一个不幸者的愧怍"。"杨绛'愧怍'的内涵是很深厚的。第一，她曾以为自己给予不幸者同情与宽容是一种高雅的行为，但却完全没有察觉到一个不幸者高贵的品性，反而只对人家病态的外貌感到'害怕'；第二，她本以为自己的'抱歉'足以自慰，但之后却日益感到'不安'；第三，她意识到自己往日享有的优待并不一定是公平的，从严格意义来说，不过是'多吃多占'而已。"[1]

　　杨绛先生摒弃了辞藻华丽的语言外衣，通过极为平静克制、朴实无华的语言来讲述故事，剖析人物的内心世界。在《老王》中，她以简约而不失深度的笔触来勾勒人物，展现了人物的内心世界，形成了散文情感表达的独特形式，这种风格赋予了作品一种清新脱俗的美感，还留给读者广阔的想象空间与深远的人性思考。而这样的语言特点，又是一时之间所难以体会的，在细读《老王》的过程中，读者可以逐渐感受到那些看似简单的语言背后所蕴含的强大生命力和独特魅力。杨绛的写作展现了一种对生活深刻洞察的能力，以及通过精练的语言传达复杂情感和思想的高超技巧，这正是其文学作品能够跨越时间，深深打动读者心灵的原因。

（《老王》选入统编版初中语文教材七年级下册第三单元）

---

1. 孙绍振，孙彦君.隐性抒情意脉和叙述风格——读杨绛《老王》[J].语文建设，2012（17）.

二、情态　变化　交融
——《琵琶行》摹写音乐的技巧美

白居易之《琵琶行》名动京城。有记载称："白乐天去世，大中皇帝以诗吊之曰：'缀玉联珠六十年，谁教冥路作诗仙。浮云不系名居易，造化无为字乐天。童子解吟长恨曲，胡儿能唱琵琶篇。文章已满行人耳，一度思卿一怆然。'"[1] 可见当时《琵琶行》的传唱之广。张维屏也有诗赞道："枫叶荻花何处寻？江州城外柳阴阴。开元法曲无人记，一曲琵琶说到今。"[2] 说尽《琵琶行》一诗的艺术影响力。后世大多认为《琵琶行》的艺术感染力在于其中音乐描绘的细腻精彩，"白香山'江上琵琶'，韩退之'颖师琴'，李长吉'李凭箜篌'，皆摹写声音至文。韩足以惊天，李足以泣鬼，白足以移人"[3]。有人把《琵琶行》与韩愈《听颖师弹琴》、李贺《李凭箜篌引》一起称之为古代描写音乐的杰作。《琵琶行》一文对于音乐的描写到底有什么魔力，穿越千年的时空仍旧能够震撼人心？通观全诗，一曲琵琶吟，情动知音心，弹奏者丰厚的情感表达，首先拨动了听众的心灵，唤醒了

---
1. 王定保.唐摭言[M].北京：中华书局，1959：160.
2. 张维屏.张南山全集（一）[M].陈宪猷，标点.广州：广东高等教育出版社，1994：283.
3. 王步高.唐诗三百首汇评（修订本）[M].南京：凤凰出版社，2017：978.

他们的情感共鸣。随后，诗人摹写琵琶女弹奏乐曲时的变化之美，用色彩绚烂的画面将抽象的听觉意象化为触手可及的视觉意象，既激发了读者的全感官体验，又牵动着读者的情丝，使读者的心绪随扩展的感官而绵延。同时，这一切又与让人黯然神伤的环境相互映照，巧妙地与琴者的人生际遇、作者的内心伤痛融合交织，共同打造了一种悲怆的情感基调，吟唱出凄惨悲切的绝世旋律。

（一）感情丰厚的情态美

《琵琶行》是抒情名篇。情之至，一往而深。《琵琶行》的音乐美首先表现在琵琶女弹奏过程中所抒发的丰厚情感。琵琶古今唱，情声实感人。《文心雕龙》中"熔裁"篇指出："草创鸿笔，先标三准：履端于始，则设情以位体……"[1]强调文学创作之初要心中有情。这不仅是文学创作的要旨，也是所有艺术形式的精髓，因为"一切艺术都是抒情的，都必表现一种心灵上的感触"[2]。文艺创作中，"第一步要心中先有一种情致，其次要找出具体的事物可以烘托出这种情致，这就是思想分内的事。最后要找出适当的文辞把这内在的情思化合体表达出来"[3]。情感的真挚与深度是文学创作中不可或缺的元素。白居易的作品频繁地描绘了音乐与情感之间的紧

---

1. 刘勰.文心雕龙注[M].范文澜，注.北京：人民文学出版社，1958：543.
2. 朱光潜.朱光潜全集（第四卷）[M].合肥：安徽教育出版社，1988：269.
3. 朱光潜.朱光潜全集（第四卷）[M].合肥：安徽教育出版社，1988：270.

密联系。在《与牛家伎乐雨夜合宴》中，他细腻地刻画了歌者对于情感的表达："歌脸有情凝睇久，舞腰无力转裙迟。"在《题周家歌者》中，"一声肠一断，能有几多肠"。以每一音符都能撕裂心肠表达了音乐的情感力量。在《听琵琶妓弹〈略略〉》中，他用"四弦千遍语，一曲万重情"来强调音乐的情感的层次与深度。白居易的主情之念，在《琵琶行》一文中尤为突出。

琵琶女一出场便熔铸了情感，给人无限情思之遐想。"千呼万唤始出来，犹抱琵琶半遮面"，千呼万唤，始才露面，琵琶半遮，不愿、犹豫、矛盾抑或羞涩的情态自现。这样的句子描绘了她的神秘与矜持，也体现了她内心的复杂情感。"转轴拨弦三两声"，调弦试音，玉指轻弄。"未成曲调先有情"，轻轻调弦、试音之间已有情感绵延。音调未启，以情开篇；情在音间，气韵动人，预示了一场情感与音乐的深度交融。"情"是琵琶女弹奏始终的主旋律，琴声即情声，这是音乐演奏成功的关键因素。移情入境，景境含情。就像他在《琴》中写的："置琴曲几上，慵坐但含情。"情在曲前，丰厚的情感酝酿，足以动人。"低眉信手续续弹"是琵琶女弹奏时的情态，"说尽心中无限事"，蛾眉轻低，随手抚琴，无限心事赋予琴声轻吟。声声诉心事，泣泣满含情，活脱脱勾勒出情思婉转的琵琶女形象，将内心无尽情事化为一曲动人的旋律。"轻拢慢捻抹复挑，初为《霓裳》后《六幺》",琵琶曲目,颇难演奏,琵琶女拢、捻、抹、挑,两曲间技艺转换,弹奏熟练,挥洒自如,可见琵琶女高超的技艺已经到了出神入化的地步。演奏开场,悠悠调转,有节有度,婉约的思绪借琴声慢慢传达。琴声的演绎是琵琶女情感世界的展现,情与技的结合,丰富了琵琶女的形象,她的演奏不仅是音乐的表达,更是情感世界的婉约呈现,让听众在她的琴声中感受到一种超越语言的情感共鸣。

琵琶弹奏过程中,情感的流转是贯穿全曲的主线,也是整曲的灵魂。音乐的旋律在变换间展现了丰富的情感层次:时而婉转柔美,宛如春风拂面;转瞬变得凝绝幽咽,如同幽谷回声;再变则激情奔放,犹如波涛汹涌,直至戛然而止,形成一种激荡人心的回响。这些复杂的情感变化,表面上是音乐多样层次的展现,实际上是演奏者通过琵琶这一乐器,将内心起伏不定的情感全部倾诉也映射到了琵琶女身世飘零的悲惨命运上。甚至在琴声休止之时,也"别有幽愁暗恨生,此时无声胜有声",那份未被言说的情感——幽愁与暗恨,依然以一种无形的力量继续在空中萦绕,"无声胜有声"皆因"幽愁暗恨"起,是被音乐激荡的情感在漫延。即使曲终"凄凄不似向前声",但依然"满座重闻皆掩泣",从琵琶女到满座宾客,情感滋生、弥漫着,摄人心魄。这种情感的传递与共鸣,达到了艺术表现的最高峰,令人动容。最后,"座中泣下谁最多?江州司马青衫湿",江州司马的贬谪之痛、沦落之悲，因琴声勾连起记忆，借情韵催生出悲怆。在这一过程中，琵琶女不仅展露了音乐的魅力，更通过独特的情感表达，触及听众的内心深处，展示了音乐与情感共鸣的无穷力量，体现了艺术表达中情感传递的深远意义。

在琵琶女演奏的过程中，情感的变化有时急切迅猛，如雷似电；有时婉转轻柔，温柔呢喃中兼有圆润柔和；有时是呜咽之音，仿佛一位哀哀泣泣的女子在低泣中诉说自己的哀愁；有时又是昂扬的，带给人一种振奋的力量。这样的演出，不是简单地将所有情感一次性全部端出，一泻无余，而是随着演奏的发展，慢慢生出情意，并将其丰厚、延展，如同故事情节的曲折多变，使人在音乐旋律的波动中感受到情感的深度与广度。因此，诗人在听到琵琶女自述身世时，想起了他无辜被贬的悲痛，终至泪湿青衫。当我们倾听琵琶女弹奏时，所感受到的远不止于耳朵所捕捉的那些绝妙的音乐旋律，更多的是那些音乐所携带、所触发的人心与情思的波动。

（二）纷繁变化的和谐美

诗人善于将变幻多姿、强弱有致的音乐描摹出来，讲究浓与淡、密与疏的错落有致。

一开始是大小、强弱的对比。"大弦嘈嘈如急雨，小弦切切如私语"的比喻，生动地展现了音乐中的强弱对比与情感波动，大弦发音浊杂深厚，如同暴雨倾盆，带有一种不可抗拒的力量与深远的回响；小弦轻细柔美，给人窃窃私语般的细碎与轻柔，一种幽深、难以捉摸、内心深处的东西在浮现。这大与小、强与弱刚柔不一的两种艺术节奏错落有致，或重或轻，或快或慢，形成"嘈嘈切切错杂弹，大珠小珠落玉盘"般急剧变化的节奏之美，既有急促变化的节奏感，又不失跳跃、轻快、明丽、圆润的艺术效果。

"间关莺语花底滑，幽咽泉流冰下难"，一开始音乐氛围是明丽轻快的，仿佛春日里阳光透过树梢，轻风拂过湖面。转眼从莺语之流畅轻盈逐渐转向内敛与沉咽，随后，音乐进一步深化为"冰泉冷涩弦凝绝，凝绝不通声暂歇"，在这沉涩之处，音乐似乎暂时凝滞，幽细难寻，而音乐所拨动的情感并未消失，而是在曲调进入"休止"之时悄然延伸。"此时无声胜有声"，这一刻的寂静比任何声音都触动人心，"无声"之时，唤人想象，追求"大音希声，大象无形"的丰足意味。正如"'此时无声胜有声'，其庶几乎。聆乐时每有听于无声之境……寂之于音，或为先声，或为遗响，当声之无，有声之用……静故曰'希声'，虽'希声'而蕴响醖响，是谓'大音'"[1]。片刻休止，是为蓄势，这种静谧不仅预示着即将到来的激情，而且也是对深层情感的一种呼唤。接着，音乐突然转变，如同"银瓶乍破水浆迸，铁骑突出刀

---

1. 钱锺书.管锥编（第二册）[M].北京：中华书局，1979：449-450.

枪鸣",几种爆炸性的力量同时振响,如同千军万马冲破寂静,达到全曲激越雄健、亢奋澎湃的顶峰。在雄壮的乐声中,"曲终收拨当心画,四弦一声如裂帛",乐曲戛然而止,留下震撼人心的余韵。

诗中描述的整个弹奏过程富于变化,巧妙运用了丰富多彩的声响元素,"急雨""私语""莺语""泉流""银瓶乍破""铁骑""刀枪"等,应接不暇,构成了一幅声音的交响图景。这些声响音色、音调各有不同,众音际会,变化多端,却不失秩序与和谐。诗人将光滑与凝涩、柔弱与强劲、静默与响亮的众多声音变化融贯统整,统一于音乐的调和之中,描绘了曲调的和谐变化过程。这样多样的乐音带来强烈的艺术美感,给人以极高的审美艺术享受。

乐曲的变化十分复杂,高低声音不同,快慢速度不同,粗细感受不同,却被诗人高度统一在对琵琶女弹奏《霓裳》《六幺》的乐曲描绘中,变化多样,纵收有度,达到高度的和谐,具有多样统一的和谐美与放纵内敛的错综美。

(三)情景人物的交融美

诗歌所描绘的音乐演奏不是单一的,而是音乐、背景、人物的高度交融,展现了物与人之间的交感汇合。朱光潜先生在谈到物我同一时说:"在聚精会神的观照中,我的情趣和物的情趣往复回流。有时物的情趣随我的情趣而定……有时我的情趣也随物的姿态而定……物我交感,人的生命和宇宙的生命互相回还震荡。"[1]物我交会，引发物我生命的震荡。离别时分，融情于景，随之以情听曲，情景交融，牵动读者的情思，留下了想象的空间。

琵琶女登场之前，诗人便巧妙地将周遭环境的氛围与即将渲染的人物情感紧密融合。送别客人的夜晚，诗人以"浔阳江头夜送客，枫叶荻花秋瑟瑟"开篇，送客之时，描绘一幅秋江月夜之景，枫叶缓缓飘零，荻花寂寥萧瑟，营造出一种深秋的凄凉之美，引发对离别的深沉感慨。"醉不成欢惨将别，别时茫茫江浸月"，江月茫茫，月色凄凄，为这个夜晚抹上了一层淡淡的忧伤，弥漫着诗人的离愁别绪，而凄切的琵琶旋律恰好在离情满江的分别时刻缓缓传来。离人的伤感、秋意之凄凉与琵琶乐曲交织，共同营造了凄美的氛围，创设了深沉而凄清的艺术境界。

一曲完毕，"东船西舫悄无言，唯见江心秋月白"，表现出音乐铿然结束时周围的静谧景象。在"曲终收拨"之际，周围一片寂静无声，似乎连那江心秋月也被这段音乐深深打动，听众们全然沉浸在乐曲的余韵之中，醉心不已。尽管琵琶旋律已经停歇，但乐曲所蕴含的深情仍在空气中回荡，与秋风秋月秋情下的江景相互交融，令人回味。有人说："这是一种'用志不分，乃凝于神'的审美境界。在这境界中，

---

1. 朱光潜.朱光潜美学文集（第一卷）[M].上海：上海文艺出版社，1982：41.

不绝如缕地萦绕在诗人心头的余音，和展现在诗人眼前江清月白的画面默然相契。"[1]此段描绘既是在写音乐，又是在写背景，也是在写人物。本来音乐已落幕，人物亦已离场，该是与江心秋月没有什么关系，然而"曲终收拨"之后，音乐的忧伤余韵仍然飘荡在空气中，与夜晚的"江心秋月白"共同传递了一种凄凉寂静的情感，互相烘托映衬，既打动了现场的听曲者，也感染了画面之外的读者。在凝神听曲的过程中，音乐艺术、人物情感与景物三者互相交织融合，产生了极强的艺术震撼力与感染力。

综上所述，白居易以其卓越的才能摹写丰富的情态、音乐复杂的变化以及情景人物的交融，巧妙地将音乐抽象的艺术魅力转为具体而生动的物象与情态，形象逼真地将一场视觉体验延伸为一场跨越多场域的感官盛宴，使人如临其境，如听其音，如入其心。"同是天涯沦落人"的深情感慨与内心难以言传的幽恨，或隐或显地融解于这细致巧妙的音乐描写之中，实现了音乐与文学的绝妙交融。通过这种方式，白居易不仅刻画了音乐艺术的细腻动人，也深化了文学作品的情感深度与艺术表现力。

（《琵琶行》选入统编版高中语文教材必修上册第三单元）

---

1. 金学智.白居易《琵琶行》中的音乐美——兼谈白居易的音乐美学思想[J].学术月刊，1985（7）.

三、《孔雀东南飞》刘兰芝语言的双重性

在文学作品中，人物语言指的是人物所说的话，主要表现形式是对话、旁白、独白等。每个人物因他们的个性、背景、价值观及情感状态的不同，都有自己独特的语言风格。作者创作作品，会精心设计人物语言来塑造个性化人物，增加故事的吸引力与真实感，反映社会文化与环境，增添作品深度与丰富性。人物语言具有多重作用，既能塑造人物形象，揭示人物的内心世界，展示人物之间的关系，也能推动情节发展，还能传达作品主题，反映社会现实，增强作品的丰富性与多样性。分析人物语言是一个多维度的过程，涉及多个层面的理解，既要根据说话人的身份看到人物语言使用的具体背景与环境，了解不同文化背景下语言表达存在的差异，也要理解它的字面意义与隐含意义，分析人物语言的词性、时态、结构与语序，进而分析人物的语调语气、节奏等，它可以帮助我们更真实自然地了解人物的个性、动机、情感状态等，更深入地理解作品的内涵与意蕴。

作为我国古代文学史上最早的一部长篇叙事诗，《孔雀东南飞》以其精湛的叙事技巧、古朴生动的语言风格以及引人深思的故事，在中国古代文学史上留下了深远的影响。《孔雀东南飞》刻画了鲜明的人物形象，贺贻孙在《诗筏》中指出："叙事长篇动人啼笑处，全在点缀生活，如一

本杂剧,插科打诨,皆在净丑。《焦仲卿》篇,形容阿母之虐,阿兄之横,亲母之依违,太守之强暴,丞吏、主簿、一班媒人张皇趋附,无不绝倒,所以入情。若只写府吏、兰芝两人痴态,虽刻画逼肖,决不能引人涕泗纵横至此也。"[1] 这强调了对于次要人物的鲜明刻画在塑造男女主人公形象时所起的重要烘托作用。沈德潜在《古诗源》中评论道:"共一千七百八十五字。古今第一首长诗也。淋淋漓漓。反反复复。杂述十数人口中语。而各肖其声音面目。岂非化工之笔。"[2] 高度评价了《孔雀东南飞》高超的人物描写技巧,以及凸显人物的个性化语言。

对于刘兰芝的语言描写不仅极具个性化,而且具有双重性。这在王富仁《主题的重建——〈孔雀东南飞〉赏析》一文中已有提道:"《孔雀东南飞》几乎多半的篇幅都是大段大段的人物语言,这些语言是如此的朴素,却又如此精确地符合于人物的微细心理变化和他的独特的表现形式。焦仲卿妻这个人物是很有心计的,极有自尊心而又总是以自谦自卑的姿态出现在每一个人物面前,把自己的真实思想感情巧妙地用合于封建礼教要求的交际语言曲折地暗示出来,使人在感受到的同时又无法肯定地证实它的含义。她的语言几乎总是有两种或两种以上的解读方式,使她可以在不同的情况下用

---

1. 郭绍虞. 清诗话续编[M]. 富寿荪, 校点. 上海: 上海古籍出版社, 2016: 140.
2. 沈德潜. 古诗源[M]. 北京: 中华书局, 1963: 87.

不同的语言翻译出来。她经常用赞扬的语汇表达自己对对方的不满，用顺从的方式表示异义，以尊敬的言词表示蔑视。"[1]这明确指出刘兰芝人物语言的多重性，只不过未能详细展开论述。刘兰芝人物语言的双重性主要表现在看似在赞美自己聪明能干，实则在表达内心不满；刘兰芝对焦母的话表面是自我批评和谦卑，实际上却隐藏着对焦母的不满和愤怒；焦仲卿在母亲的逼迫下，只得满怀不忍来跟刘兰芝商量，希望她暂时回娘家，不久将会迎她回来。刘兰芝委婉回应，委婉而顺从的语言却表达出不满和矛盾的情绪。人物语言内涵的双重性，形成了读者对刘兰芝人物形象的多重理解，也留给后世解读者多样的解读空间。

（一）刘兰芝语言双重性表现

1. 外表赞美与内心不满并存。诗歌开篇是刘兰芝的自述："十三能织素，十四学裁衣。十五弹箜篌，十六诵诗书。"以一种赞美的口吻描述了自己在年轻时学会的各种技艺，包括织布、裁衣、弹奏箜篌和诵读诗书，表达了她的自尊和自豪。这些技艺本应使她成为一个多才多艺的人，但在她所处的社会和家庭环境中，这些才能并未带来她所期望的尊重和自由。"十七为君妇，心中常苦悲。"十七岁时，刘兰芝嫁给了焦仲卿，结婚本应是一段幸福旅程的开启，而现在

---

1. 王富仁. 主题的重建——《孔雀东南飞》赏析[J]. 名作欣赏，1992（4）.

于刘兰芝而言却是"常苦悲",这反映了婚姻对她而言,并不是爱情和幸福的港湾,而是压力和苦楚的开始。"君既为府吏,守节情不移。贱妾留空房,相见常日稀。"丈夫职责重大、忠诚于公职,自己被留在冷清的空房里,与丈夫相见的次数很少,整天都在忙碌的织布中度过。这种情况与她表面的赞美形成鲜明对比,暗示了她对婚姻生活和社会地位的不满。当她提到丈夫嫌弃她织布太慢时,她用"非为织作迟,君家妇难为!"来表示她认为问题并不在于她的织布速度,而是婚姻中的权力结构和封建礼教对她的限制,暗示了她对婚姻生活和社会地位的不满,以及她在家庭中被忽视和边缘化的感受。这种语言表达了她对社会体制和家庭地位的不满,但以一种委婉、妇道人家的方式呈现出来。

这种赞美与不满之间的情感矛盾反映了刘兰芝内心的复杂情绪和社会地位的矛盾。她试图通过赞美自己来掩饰对婚姻生活的不满,同时也通过暗示不满来表达自己的苦闷和无奈。这种情感矛盾在她的语言中得到了淋漓尽致的展现,使得她的形象更加鲜活和真实。

2. 自我贬损与内心愤怒共融。刘兰芝对焦母说的话表面上看起来是自我批评和谦卑,实际上却隐藏着对焦母的不满和愤怒。她与焦仲卿告别之后,上堂拜别阿母。面对阿母的不停发怒,她先是贬损自己曾经的生活环境,说自己小时候生活在野外,生活环境简陋贫困。接着贬损自己缺少教育,

"本自无教训"，这似乎是在承认自己的不足，并因此感到自责和羞愧。又提到自己"受母钱帛多，不堪母驱使"，刘兰芝似乎在表达对焦母给予丰厚物质恩惠的感激，但紧接着表达了自己因受到焦母的驱使而承受的痛苦。最后提到"今日还家去，念母劳家里"，暗示自己虽然即将回到家中，但仍然为母亲的辛劳而感到自责和内疚。这种自我贬损通过表面的自责和谦卑，巧妙地反映了刘兰芝对焦母的不满和抗议，以及对现有家庭关系和社会风俗的深刻反思。但从全文来看，刘兰芝并非"生小出野里"，从她的嫁妆以及与丈夫辞别前对自己诗书琴艺俱佳的描述完全不符，她先贬损自己的生活环境，认为自己缺少教育，再表达自己接受母亲许多恩惠却未能报恩，以及因自己回娘家而造成母亲操劳的愧疚，四重自我贬损，一重接一重，由无法改变的生活现实到精神上的愧疚，充分表达了自己未能做好儿媳的内疚。

在与焦仲卿告别之时，刘兰芝自述了出嫁时带来的嫁妆，如精美的衣物、帐子和装饰品等，展示了这些物品的价值和美丽。这种描述并不是简单的夸耀，而是为了表达情感的需要。如此精致美观的用物，自然不是贱物，但刘兰芝自称"人贱物亦鄙"，认为自己地位低贱，因此自己所拥有的东西也变得微不足道，甚至不配迎接将来的人，这包含了深层的情感复杂性。这看似自我贬低的声音里包含了多少无奈、悲哀，甚至是对焦母不公的隐秘批判，反映了刘兰芝在面对自己无法改变的社会地位时所经历的情感挣扎。一个"贱"字,仿佛让读者看到焦母对刘兰芝根深蒂固的主观评判,将刘兰芝焊死在"无礼节"的耻辱柱上,感受到刘兰芝的辛酸与痛苦,伴随着对无力改变婆母驱赶自己的挫败感与愤恨。

3. 表面顺从尊重与内心反对相伴随。焦仲卿在母亲的逼迫下,只得满怀不忍来跟刘兰芝商量,希望她暂时回娘家,不久将会迎她回来。刘兰芝委婉回应,委婉而顺从的语言却表达不满和矛盾情绪:

> 勿复重纷纭。往昔初阳岁,谢家来贵门。奉事循公姥,进止敢自专?昼夜勤作息,伶俜萦苦辛。谓言无罪过,供养卒大恩;仍更被驱遣,何言复来还!

开头提出"勿复重纷纭"时,以礼貌的方式请求不再引起争执和纠纷。这种表达方式使得她的不满显得含蓄而温和。"往昔初阳岁,谢家来贵门",回忆告别娘家来到焦仲卿家,这里的"贵门"暗示了焦仲卿家庭的社会地位。通过这种回忆,刘兰芝表面上充分肯定焦家的社会地位,实际则暗示高门大户在对待儿媳时的不公正。"奉事循公姥,进止敢自专?"通过问句的形式表达了刘兰芝在这个家庭中是没有自主权的,必须完全遵循家庭长辈的指示和规范,而且刘兰芝也是按照这样的家庭要求去做人做事的。表面上表达的是刘兰芝个人对家长的顺从与尊敬，实际上却读到刘兰芝对于家庭剥夺个人自由的不认可，通过"敢自专"这个词语，暗示了任何尝试获得自主权的行为都是不被允许的，表达了自己的心酸与痛楚。"伶俜"和"苦辛"强调了侍奉焦母时的辛苦和勤奋，无论是白天还是夜晚，她都在持续地劳作。可见刘兰芝在物质和精神上都陷入了困境，同时也反映出即使辛勤劳作也难以改变刘兰芝在焦家的低下地位，甚至在辛勤劳作后仍落得被忽视和被驱遣的下场。整句共有四层意思：第一，刘兰芝对焦家的顺从与尊重，平时要小心翼翼地侍奉焦母。第二，尽管她尽心尽力地侍奉焦母，但仍然受到不公正的对待，表达了自己的无奈和无力。第三，刘兰芝遵守身为媳妇的准则，平时不辞辛劳，忍受孤独。第四，焦家虽为高门贵户，却让儿媳经受辛劳，未给予儿媳应有的尊重与公平。

刘兰芝自遣归家后，本与焦仲卿互相立下不离不弃的誓言，面对县令遣媒提亲，她不忍背弃自己的誓言，向阿母表达了自己内心的挣扎和无奈，希望能暂缓做出决定，以便深思熟虑。而兄长出于社会观念和对家族利益的考量，认为再嫁能够维护家族的名誉，又可获得夫贵妻荣的地位。兄长的主意显然忽视了刘兰芝的个人情感，只考虑富贵与地位，不在乎她受伤的心灵。面对兄长的逼迫，刘兰芝只能再次表示

同意与尊重:

> 理实如兄言。谢家事夫婿,中道还兄门。处分适兄意,那得自任专!虽与府吏要,渠会永无缘。登即相许和,便可作婚姻。

阿兄的干预,显然是封建家长包办一切的思想的反映,无个体,无自由,一切以家族利益和社会地位为前提,完全没有考虑到妹妹的个人情感和意愿。他的提议虽出于好意,但也显露出对妹妹个人选择权的忽视。刘兰芝愿意理解并遵从兄长的安排,可能是出于对兄长的尊重和顺从,"处分适兄意,那得自任专",一切但凭兄长做主。明明已与焦仲卿约定天长地久不改心意,却很快受制于兄长的决定,这反映了刘兰芝在面对兄长安排再嫁时痛苦的内心体验,她虽然表面上接受了家庭的决定,但内心充满了无奈和犹豫,感受到了自己无法自由选择的痛苦。

(二)刘兰芝人物语言双重性的影响

1.便于读者对刘兰芝、焦母形象进行多重性的解读。一方面,刘兰芝被认为是古代文学中最具反抗精神的女性形象之一,受到文学史家的高度赞扬。另一方面,近年的研究则提出,刘兰芝实际上是一位遵守礼节的女性,她虽然在婚后生活中遭遇悲苦,但仍旧保持节操,忍受婆母的虐待,直到对方的刁难和凌辱超出了她可以忍受的极限，才激发了她的反抗，以自请遣归的形式表达。刘兰芝的这种反抗，以及最终的自杀，被认为是在绝望中采取的消极手段，并没有从根本上挑战封建礼教和家长制，因此是一种"不彻底"的反抗。

在分析刘兰芝人物形象时，她通常被形容为聪慧、美丽、勤劳、善良的女性，但同时也有不少的研究指出刘兰芝刚烈的一面："在向丈夫诉苦的时候，她理所应当认为都是焦母的问题，'大人故嫌迟''君家妇难为'，她没考虑过自己的原因，甚至在情急之下说出了'妾不堪驱使，徒留无所施，便可白公姥，及时相遣归'的话，作为一个儿媳，她非常直白地提出让焦母遣送她回家……刘兰芝的过分刚强还体现在绝对不服输、不让步""她在封建礼教的框框条条中过于刚烈，习惯以自我为中心……刘兰芝过分追求本我的过程中，没能遵循'现实原则'，无法与自我形成协调。因此这样有棱有角的刘兰芝注定不能为当时的社会所容，她没能学会在这封建礼教中迂回周旋，于是得到这样一个悲剧的结局"[1]。

近年来对焦母形象的评价也不再单一化，而是对这一角色进行了重新解读。一方面，焦母在文学作品中被描述为一

---

1. 吴晓杭，齐雪艳.《孔雀东南飞》之刘兰芝形象新论 [J]. 名作欣赏，2021（29）.

个凶悍和冷酷的婆母,长期以来被看作封建恶势力的代表。然而,近年的研究不再倾向于将焦母单纯视为封建恶势力的象征,而是试图从心理和家庭关系的角度,探索她与刘兰芝之间悲剧冲突的深层原因。研究者考察了焦母的"变态心理""母恋儿"情结,以及对刘兰芝的迁怒可能源自家庭内部的"无子嗣"问题等因素。此外,焦母在造成焦刘夫妇悲剧后,所展现的追悔和痛苦也被提及,这促使人们重新评估她以往的行为。

在确认了社会政治背景和封建家长制的专权影响之后,这种研究强调了深入探索婆媳间矛盾冲突及其激化因素的必要性。这表明,尽管封建专制和家长制的压迫具有普遍性,但像焦母这样不仅压迫媳妇,还逼迫自己儿子,并最终导致他们双双自杀的极端案例,在封建时代也是相对罕见的。这一评价反映了学者对其家庭内部特殊因素的关注,以及对焦母形象多维度的理解。

2. 留给后世解读本诗主题的广阔空间。一种观点认为,这首诗反对封建礼教,控诉封建社会的婚姻制度罪恶,并对传统伦理的核心——孝道进行了批判;另一种观点则认为,诗中的矛盾冲突主要体现在封建家长的奴役压迫与刘兰芝反抗斗争之间,指出反对封建家长制是诗的核心主旨。还有观点认为,诗歌主要歌颂了一对青年男女的爱情,并为众多不幸的青年男女发声。近期,有研究者指出,诗歌所展现的是因婆媳不和而引发的家庭悲剧，冲突起源于刘兰芝夫妇无子嗣的问题，其冲突性质更侧重于感情层面，呈现出较为进步的婚姻观。

  这种语言上的双重性不仅反映了角色的心理复杂性，也体现了作者对封建礼教束缚下个体情感和自我表达冲突的深刻揭示。在特定的社会语境中，人物语言不仅仅是人与人之间沟通的工具，更是一种复杂的互动过程。这一过程超越了简单的信息交流，它涉及文化传承和认知结构的构建，反映了特定的社会背景和文化底蕴。语言的意识形态属性非常显著，因为它是说话者思想情感的载体，同时也是其世界观的反映。在刘兰芝的故事中，她的言语不仅揭示了她个人的情感和抗争，也映射出了当时社会的文化矛盾和个体的心理状态。通过对刘兰芝双重性语言的分析，我们可以深入理解其在特定历史和社会背景下的沟通行为，展示人物性格的复杂、内心的冲突，以及这种行为如何揭示了个体与社会、文化之间的动态关系。

（《孔雀东南飞》选入统编版高中语文教材选择性必修下册第一单元）

第二章

语言与思维：聚焦主题分析　挖掘思想深度

　　语言与思维的关系是复杂的。没有语言的思维在认知学上被认为价值不高，因为思维活动可以是内在的，但完全的内在性如果不能被谈论或者交流，那这种思维对我们来说毫无用处。[1]语言是人们进行交流的主要手段，也是人类表达思想的主要工具。人可以通过语言来表述自己的观点与概念，语言思维体现出复杂性、丰富性。就个体思维而论，语言能让我们描述自己的感受、想法，分享个人的经验，也能让我们学习他人的经验与知识，扩展知识视野，促进自己认知能力的提升。

　　文学作品的语言具有形象性、抒情性、生动性与变异性的特点，文学作品的语言与一般语言不同，是作家对存在

---

1. 加里·R.卡比，杰弗里·R.古德帕斯特.思维——批判性和创造性思维的跨学科研究：4版[M].韩广忠，译.北京：中国人民大学出版社，2010：6.

的一种独特的理解与思考。文学作品所呈现的思维表征是语言，但思维的表现形式多样，有逻辑思维、形象思维等。思维的内容主要包括对文本主题的理解，也涉及对文学作品的艺术性、美学价值与文化价值等方面的评估。因内容庞杂，本章主要聚焦主题分析，由此深度理解文学作品，提高思辨能力。

新教材中的名篇主题，往往聚焦文学作品所探讨的核心思想，如生死、爱情、和平、救赎、流亡与归属等。本章主要从人生主题、社会主题与哲学主题这三个层面来进行探讨。人生主题与生命个体的经历、个人的成长发展密切相关，主要是探索人与人之间的情感关系，分析个体在面对生活情境时所做的选择与思考；社会主题关注个体与社会的关系、群体关系、社会问题等，主要分析社会环境对人的影响，不同人群之间的关系，政治风云等；哲学主题是对世界、生命、价值、理性等基本问题的本原探索，思考个体存在的意义及本质，分析道德行为等。名篇常常会有多重主题，不同的读者会有不同的解读。因而人生、社会与哲学这三类主题之间会有交叉的关系，主题的交叉也反映了其复杂性。为了论述的需要，下述分类将侧重从其中一个角度进行解析。

分析文学作品的主题，并不是找出一个既定的答案就了事，而应是一个开放的、动态的过程。这个过程需要读者积极的参与与思考，在全面阅读的基础上，注意文中反复出现的词语、句子、情节等，识别作品的隐喻色彩，关注作品的语势与风格，确定作品想要表达的内容，了解作品的历史、文化与社会背景，并将作品表达的主题与现实生活相映照，分析主题的内涵，评估主题的现实意义。

第一节　探讨人生主题，延伸人生意义

中学语文新教材名篇承载了丰富的人生主题，如鲁迅《藤野先生》回忆了自己早年在日本留学时的一段心路历程，主要涉及自己与藤野先生的交往，传递了他对自己的深刻影响，抒发了由衷的感激与敬仰之情；《岳阳楼记》描写岳阳楼的景色，抒发了迁客骚人在观赏阴晴变化之景后产生的或喜或悲之情，表达了"不以物喜，不以己悲"的开阔胸襟以及"先天下之忧而忧，后天下之乐而乐"的政治抱负；秦观《鹊桥仙》借牛郎织女悲欢离合的故事，一反忧伤离别的情绪，表达了爱的坚贞不渝与独一无二；《烛之武退秦师》记叙秦晋联合攻打郑国，烛之武凭一己之力瓦解两国结盟，成功说服秦穆公退兵，展现了烛之武的智慧与勇气。名篇探讨人生主题，提供了不同的视角来看待人生问题，通过人物自身的经历与遇到的普遍性问题，带领读者认识不一样的情感与人生，促使读者思考生命的意义与价值，延伸人生的意义。

一、《天净沙·秋思》：色彩统一的思乡画卷

"马致远小令，以《天净沙》为最……明人辄喜摹此词，而终无佳者，于此见元人力厚。"[1]这段话强调明代之后很多人试图模仿《天净沙·秋思》这首小令，但都未能超越，表明此小令对后世的影响。王国维在《宋元戏曲史》中，对《天净沙·秋思》给予了极高的评价，称其为"纯是天籁，仿佛唐人绝句"[2]，高度评价了此小令的艺术成就，指出了其仿佛唐代诗歌一般浑然天成的艺术效果。《天净沙·秋思》巧妙承袭了唐诗风格，全诗无一"秋"字，却通过一系列细腻的名词排列，巧妙地描绘出一个萧瑟而凄清的秋日黄昏景象，整个作品色彩统一，情感深沉。这种高度压缩和凝练的文字，给予读者无限的想象空间。

《天净沙·秋思》之所以能够跨越百年，持续吸引着无数读者，并引发他们无尽的想象与情感共鸣，正是因为其简洁而通俗的表达方式背后蕴含深刻的情感和细腻的描绘。作者以"夕阳西下"开篇，不仅设定了整首作品的主色调，也通过对不同意象的精心选择，实现了画面与情感的高度统

---

1. 吴梅．顾曲麈谈 中国戏曲概论[M]．江巨荣，导读．上海：上海古籍出版社，2000：146-147．
2. 王国维．宋元戏曲史[M]．叶长海，导读．上海：上海古籍出版社，1998：103．

一,展现了其卓越的艺术才能。

(一)《天净沙·秋思》着色的统一

《天净沙·秋思》巧妙地通过一系列细腻描绘的景象——从"枯藤老树昏鸦"的近观景致,到"古道西风瘦马"的中景,再扩展至"夕阳西下"的远景,逐步展开,向读者展示了一幅动态流转的画卷。诗歌中的意象群落有很重要的作用,孙绍振先生说:"诗歌并不是以一个意象取胜,而是一组意象群落。如果每一个意象都有自己的特点,互不相通,就可能造成芜杂。因而意象群落必须是各个意象特点高度的统一,这种统一的纲领更具诗人的情感特征。瘦马和枯藤、老树、昏鸦、西风,高度统一在生命衰弱、情感悲凄的境界中。古道、瘦马,远离家乡(漂泊天涯),回乡艰难。西风,是秋风,秋风肃杀的联想相当稳定。没有正面说肃杀,而是把联想空间留给读者。古道,是古老的,自古以来游子的命运就是如此,与西风、瘦马组合在一起,在意脉悲凉的性质上和谐地延续下去。"[1] 诗歌不仅仅依赖单一意象,而是通过一系列相关联的意象来展开主题和情感。每个意象虽然有其独特性,但它们之间不能完全孤立,否则会导致混乱无章。意象群落的成功在于这些意象特点的高度统一,这种统一往往体现了诗人的情感倾向。而意象群落所呈现的颜色基调同

---

1. 孙绍振.《天净沙·秋思》:秋之乡愁[J].语文建设,2023(7).

样具有高度统一的特点,与整首诗所传达的情感一致。

《天净沙·秋思》的过人之处就在于它让读者的联想毫无难度可言。越没有难度的联想,引起的情感共鸣就越强烈。它用最简单的言语引发读者的想象,令读者无意识地跟它产生情感的共振。意象构成的画面是有颜色的,情感也是有颜色的。我们不妨摒弃所有的技巧,用最纯粹的方法去感受这首元曲,与之产生情感的共鸣,去欣赏它的颜色。毫无疑问,一句"夕阳西下",这首元曲的主色调已经定下,是夕阳的颜色。而前面的"枯""老""昏""古""瘦"也早为这一句的情感色彩做了铺垫,读者不会联想到绚烂的晚霞,只会觉得整个画面是灰蒙蒙的,透着黄色,是传统颜色中的缃色。从心理学的角度讲,"颜色与情绪之间的这种联结可能是由于人们隐喻性的思考方式"[1]。丰子恺先生也在文章中提到过颜色和人们情绪的关系:"形状和色彩有一种奇妙的力,能在默默之中支配大众的心。"[2] 提及黄色,大部分人第一反应是快乐、热情,但说到枯黄的落叶、面黄肌瘦,人们又感到抑郁焦虑和不健康。这是因为黄色只是一种色调,而色调所引起的情绪则由颜色的明度决定。"亮的颜色会自动地引出积极的评价,暗的颜色引出消极的评价。"[3]

---

1. 周静. 汉语情绪词的颜色隐喻表征及其对颜色知觉的影响 [D]. 石家庄:河北师范大学,2013.
2. 丰子恺. 活着本来单纯 [M]. 南京:江苏凤凰文艺出版社,2016:217.
3. 周静. 汉语情绪词的颜色隐喻表征及其对颜色知觉的影响 [D]. 石家庄:河北师范大学,2013.

因而，黄昏时刻的黄色明度不高，隐喻着忧郁的情感表达。"枯""老""昏""古""瘦"所代表的也是暗色，更容易使人联想到逆光下瘦弱的黑色剪影，同明度低的黄色一样，黑色也隐喻着忧郁的情感表达。暗淡的黄色成为整个作品颜色的主基调，其所隐喻的情感和作者想要表达的情感基调是完全统一的。

丧失生命力的藤蔓、树叶凋零只剩枝丫的苍老之树、枯槁树枝上的乌鸦、消瘦的马，羁旅漂泊失意怀乡的人，在夕阳西下的时刻出现在古老的道路上，拉出长长的影子，构成一幅失意、凄凉的画面，古朴沧桑感扑面而来，与后文"断肠"二字契合，情景交融。

仅从《天净沙·秋思》本身，或许难以充分领略作者在构建环境氛围与情感色彩上的精妙手笔。然而，将其与白朴的《天净沙·秋》进行对照，作者在调和景色与情绪、在细腻刻画与情感深度上的匠心独运便显露无遗。

孤村落日残霞，轻烟老树寒鸦，一点飞鸿影下。
青山绿水，白草红叶黄花。

白朴在前两句通过"孤村""落日""残霞""老树"和"寒鸦"这些透露着衰败厚重之色的物象努力营造凄清暗淡的景色，却以"轻烟"这一灰白的轻飘飘的物象打破沉重孤寂之感。意境的割裂导致情感断裂，使读者无法沉浸在作者所描绘的意境里，难以与之共情。"飞鸿影"为黑色，作者使之动起来，更以"一点"来形容，显得小巧灵动，与"飞鸿影"之沉重的黑色产生割裂。黑色显静，"下"为动态，在性质上产生对立。后两句点明"青""绿""白""红""黄"，其中"绿"和"红"是互补色，"青"和"黄"是对比色。互补色对比强烈，能够形成相互阻挡的效果，对比色的差异程度稍逊于互补色，但仍旧是对比明显的色彩搭配，容易使人感到兴奋。因而整个画面色彩亮丽又显得杂乱，五彩斑斓的画面使得整首元曲所营造的意境没有重点。而乱的不仅是画面的颜色，还有整首元曲的意境，以及作者的情感。白朴想要营造从冷寂到明朗的氛围，却因所选物象的颜色安排顺序不合理、没有侧重，以及色彩转变过于强烈而显得突兀、不自然。开篇是傍晚的凄清孤寂，结尾是一片喧闹嘈杂，于是颜色不统一，情感不统一，读者也难以入境入情。

此对比不仅凸显了《天净沙·秋思》在情感表达与环境描绘的融合上所达到的艺术高度，也突出了诗人如何通过细腻的笔触，将读者引入一个情感与色彩交织的世界。在这一过程中，作者巧妙地利用诗歌的意象和节奏，构建出一个既具有视觉冲击力又富含情感深度的艺术空间，使得作品的情感表达和环境营造达到了一个新的层次。

（二）"小桥流水人家"的中性色

单从意象和意境入手，大多数学者认为"枯藤老树昏鸦"与"古道西风瘦马"两句为暗淡之景色,而"小桥流水人家"为虚写,是江南的明丽景色,情感表达上为以乐写哀,更添作者悲秋之情。

暂且不提在"夕阳西下"的颜色统一下"小桥流水人家"该是什么颜色,就单以"小桥流水人家"一句认为它是乐景,难免牵强。古代的桥多为石桥和木桥,石桥是灰色,木桥多为棕色,一者为中性色,一者色泽暗沉。流水为透明色,随光而定,因而也算作中性色。"人家"在此处可浅显地理解为居住的房屋,古代普通百姓的屋子不会光鲜亮丽、五颜六色,而是朴实无华的色彩。独立看来,"小桥流水人家"一句是中性色,中性色在美术领域里起到调节的作用,它能配合其他色调,使得整个画面色彩和谐。

再谈"夕阳西下"中的"小桥流水人家",从美术的角度看,中性色在整个暗沉的环境色中会更加倾向于环境色。现实生活中,夕阳下的事物也是暗淡的,向阳的一面被阳光照亮,亮到反射出朦胧的雾气;另一面则处在黑暗里,在地面拉出长长的影子,暗色的面积远远大于亮色。因此,"小桥流水人家"一句算不得明丽的景色,与"枯藤老树昏鸦"和"古道西风瘦马"两句在颜色上保持统一。

最后,有学者认为"小桥流水人家"一句为明丽景色是因为其是想象之景,是作者在西北漂泊看到眼前景色思家而作。笔者并不认同此观点,在"枯藤老树昏鸦""古道西风瘦马"两句西北秋景中突兀地夹杂一句江南想象之景色来以乐写哀，正如影视作品幻灯片式生硬转场，音乐作品间奏戛然而止直接进入副歌，美术作品中水墨画出现素描。意境和情感依靠意象的组合营造，意象的割裂会导致意境画面的杂乱和所表达的情绪分层，尤其"小桥流水人家"下一句为更令人感到萧瑟凄凉的"古道西风瘦马"，若是在江南之景与西北之景间生硬切换，整首元曲萧瑟凄凉的画面和情感基调则荡然无存。正如胡立新教授评价白朴的《天净沙·秋》："前三句和最后一句的意象都是表现秋天的落寞萧条和静穆感，中间穿插'青山绿水'这一带有春景特征的意象，将诗情变得不伦不类。"[1] 元代盛如梓的《庶斋老学丛谈》中有三首无名氏的沙漠小词，其中之一前三句为"瘦藤老树昏鸦，远山流水人家，古道西风瘦马"[2]。比起《天净沙·秋思》在沙漠之景中插入江南景色"小桥流水人家"，倒是"远山流水人家"的开阔苍凉之色于整个意境中显得更为合理。学界对此无名氏是否为马致远的考据仍有争议，但笔者更偏向"小桥流水人家"一句是因传抄时的错误而留下的误笔。

综上，从颜色的角度感受《天净沙·秋思》，它的主色调是暗淡的黄色，与整首元曲所表达的羁旅漂泊之苦、思乡之

---

1. 胡立新. 从《天净沙·秋》细读《天净沙·秋思》的意境美 [J]. 高等函授学报（哲学社会科学版），2006（1）.
2. 盛如梓. 庶斋老学丛谈及其他二种 [M]. 上海：商务印书馆，1939: 38.

愁是统一的。

诗歌所体现的画面颜色与意象表达情感同理，并不是靠局部颜色取胜，而是依靠整个画面的颜色。如果每一组颜色都是互补色或对比色，就可能会造成情感的割裂、画面的芜杂，因而画面颜色需要高度统一，这也更能体现作者在其中蕴藏的情感。《天净沙·秋思》和《天净沙·秋》关于色彩的运用就是一个极为明显的对比例子。《天净沙·秋思》看似随意的意象罗列不仅在空间变换上由近及远、暗自用力，在物象的选择上也颇为考究，作者并非一板一眼写眼前所见之景物，"枯""老""昏""古""瘦"等形容词无一不在营造"断肠"之人的心境，同时压低了"夕阳西下"时分整个场景的颜色饱和度，将一幅灰蒙蒙的秋日黄昏画卷"不经意"呈现在读者眼前。《天净沙·秋》则显得"随意"许多，不同距离的景象糅杂在不同句子里，如中景的"孤村"和远景的"落日""残霞"在同一句里。色彩组合也只是将眼前所见一一呈现，"轻烟老树寒鸦"一白二黑，黑白为互补色，色彩对比过于强烈。后文的"青""绿""红""黄"使本就色彩丰富的画面更加丰富，显得凌乱。太多亮丽的颜色混在一起导致重点模糊，颜色的跳脱杂乱最终也导致作者的情感传递受到层层阻碍，读者对作品的感知和联想有一定的难度，作品的感染力被削弱。

《天净沙·秋思》还使用了唐诗的诗句模式，进行一连串无连词的名词排列，以这样高度压缩和凝练的写作手法，留给读者无限联想空间，前三句看似客观罗列意象，不着感情，却处处都是情感的暗示，"枯""老""昏""古""瘦"无不透露出生命的枯萎无力，营造出凄清孤寂的氛围，为最后一句"断肠人在天涯"的情感爆发奠定基础，将羁旅之苦、思乡之情推到最高处，情景融合，"深得唐人绝句妙境"[1]。

（《天净沙·秋思》选入统编版初中语文教材七年级上册第一单元）

二、《赤壁赋》中的"清欢"

苏轼的人生是清欢的人生。"清欢"一词，苏轼早在知密州时就曾提到过：

相逢不觉又初寒。对尊前。惜流年。风紧离亭，冰结泪珠圆。雪意留君君不住，从此去，少清欢。

转头山下转头看。路漫漫。玉花翻。银海光宽，何处是超然。知道故人相念否，携翠袖，倚朱阑。

《江神子》（冬景）[2]

---

1. 吴庚舜，吕薇芬. 全元散曲：广选·新注·集评（上）[M]. 沈阳：辽宁人民出版社，2000：247.
2. 谭新红. 苏轼词全集：2版 [M]. 武汉：崇文书局，2015：105.

此词是丙辰（熙宁九年）十二月，东武雪中送章传道作。这是一首送别友人的词，对尊（樽），雪情，离别，似乎与晏殊"四坐清欢，莫放金杯浅"，晏几道"清欢犹记前时共"，欧阳修"拟将沉醉为清欢"等的"清欢"之意犹有相似之处，"清欢"指的是与友人相处的欢乐宁静的时光，或是与友人共享淡泊生活的一种满足状态。此词中的"清欢"着重于对"欢"的追求、对"欢"的沉醉。

时隔几年，经历乌台诗案，苏轼分别在《满江红》和《浣溪沙》中再次描绘"清欢"的境界，此时的"清欢"非彼时之"清欢"，明显表现出对"清"的寻求。

> 忧喜相寻，风雨过、一江春绿。巫峡梦、至今空有，乱山屏簇。何似伯鸾携德耀，箪瓢未足清欢足。渐粲然、光彩照阶庭，生兰玉。
>
> 幽梦里，传心曲。肠断处，凭他续。文君婿知否，笑君卑辱。君不见周南歌汉广，天教夫子休乔木。便相将、左手抱琴书，云间宿。
>
> 元丰五年《满江红》[1]

> 细雨斜风作晓寒。淡烟疏柳媚晴滩。入淮清洛渐

---

[1]. 谭新红. 苏轼词全集: 2版 [M]. 武汉: 崇文书局，2015: 201.

漫漫。

雪沫乳花浮午盏,蓼茸蒿笋试春盘。人间有味是清欢。

元丰七年《浣溪沙》[1]

前一首词引用孔子赞美颜回的话语来赞赏董毅夫夫妇,借梁鸿孟光之事称赏董毅夫夫妇,同历风雨如同处富贵,同处忧患也不改其乐。后一首词,在斜风细雨中游赏山色,于淡烟疏柳处闲庭信步,蕴蓄了人生悠然自得的处世态度。雪沫清茶,翡翠春蔬,蓼菜茼蒿新笋,品茗尝鲜的喜悦与畅适,寄寓了词人清旷高雅的审美趣味。通观与《满江红》一词同年完成的《赤壁赋》,充满了"清欢"的味道。要分析《赤壁赋》中的"清欢",首先要明确"清欢"是指什么。

"清欢"首先是"欢",用在日常生活中,它是一种欢乐的情绪。"清欢"的底色是"清",而其表现形式则是"欢",以"清"为"欢"。那"清"之义是什么?"'清'是与'浑厚'相对的一种审美趣味,它明快而澹净,有一种透明感,像雨后的桦林、带露的碧荷、水中的梅影、秋日的晴空;也像深涧山泉、密林幽潭,有时会有寒冽逼人的感觉。""清的基本内涵是明晰省净。""其次应该说是超脱尘

---

1. 谭新红.苏轼词全集: 2版[M].武汉:崇文书局,2015: 297.

俗而不委琐。"[1]由此,"清欢"是指以气清色明为适意,以超凡脱俗为追求,超脱物质世界的俗欲,生活中宠辱不惊的态度。它应该是释然之乐,一种净化的境界。

《赤壁赋》选入统编版高中语文必修上册第七单元第16课,又称《前赤壁赋》。一共有五段。五段可分成三个部分,即第一段,第二、三、四段,第五段。

先看第一段,全文叙述之景是"清"。南宋文学家谢枋得对于《赤壁赋》的评价:"潇洒神奇,出尘绝俗,如乘云御风,而立乎九霄之上。"[2]"壬戌之秋,七月既望","壬戌"是指纪年,"七月""秋"则明确了季节是在秋季,"一年四季中,清原是与秋相连的——'清秋'岂非熟词?"[3]开篇即已定调"清","清风徐来,水波不兴",风是清风,舒适,带着点凉意,泛舟赤壁江水之上,江水清澈,水面平稳,几乎没有波澜,一派宁静祥和的氛围,让人感受到宁静致远的美好。"月出于东山之上,徘徊于斗牛之间",即已明确是晚上,月光皎洁,从东山升起,在斗牛星座之间缓缓移动。"白露横江,水光接天","白露"是夜晚的露水,在江面上形成一层薄薄的雾气,与月光和星光相映成趣。月光皎洁,映照水面,水面反射出的光线与天空相连接,江天合一,朦

---

1. 蒋寅. 古典诗学的现代诠释[M]. 北京:中华书局,2003:49-50.
2. 谢枋得. 文章轨范·卷七[M]. 郑州:中州古籍出版社,1991.
3. 蒋寅. 古典诗学的现代诠释[M]. 北京:中华书局,2003:39.

胧开阔深远。由此描绘了一个宁静、清新、深远、舒适的夜晚江景。方回在《冯伯田诗集序》中云:"天无云谓之清,水无泥谓之清,风凉谓之清,月皎谓之清。一日之气夜清,四时之气秋清。"[1]开头一段,三句景物描写,秋清,风凉,水清,夜清,月清,方回所谓自然之界六清,苏轼与客游于赤壁时景物兼有五清,清之至也。

第一部分中"欢"露"清"显。在"清静""清新"的夜晚背景下,苏轼与客游于赤壁之下,是为第一层"欢"。"举酒属客,诵明月之诗,歌窈窕之章",喝酒诵诗,文人风流之举,愉快放松之情,是第二层"欢"。面对这宁静朦胧的物质世界,由此生发开阔超脱的人生境界。"纵一苇","纵"是放任、自由的感觉,任意西东,表现了小船在广阔的江面上自由漂荡的情景。而"凌万顷之茫然",江面茫茫,呼应"白露横江",纵是如此,自由漂荡,足以穿越江面。实际是心情宽广适意带来的自由之感,得自由则能游万物。此情此景,船行如风,没有明确的目的地,给人一种自由飞翔的感觉。"遗世独立"和"羽化而登仙"则表达了一种超脱世俗,如仙人般逍遥自在的意境,以及宁静、和谐、超脱的美学境界。此一境界已超脱"清"的基本内涵,上升至超凡脱俗、飘飘欲仙的神仙境界,是为第三层"欢"。最后一层是"欢"之至。

---

1. 方回. 桐江集[M]. 阮元,辑. 南京:江苏古籍出版社,1988: 29.

"饮酒乐甚，扣舷而歌之"，强调了此时场景的"乐"之至，在欢乐氛围的影响下通过歌唱来表达此时享受到的生活的美妙。歌声美妙悠扬，绵绵延长，给人美的享受。

第二部分，"清"的情感凸显。伴随饮酒放歌的欢乐，歌词"桂棹兮兰桨，击空明兮溯流光。渺渺兮予怀，望美人兮天一方"将情感转为"渺渺兮予怀"的深远思绪与对远方美人的渴望。这种深远感将刚才欢乐的情绪拉进了一种孤独与复杂的思绪中，面对浩瀚江天时，苏轼内心涌起了无限感慨。"渺渺"将此在性延伸到无限的远方，无边无际的辽阔，虽有博大的胸怀足以容纳自然，但也让人陷入天地辽阔中的孤独与无常。"美人"之望是对人生无常与世事变迁的感慨与思考，虽然热爱与向往美好事物，但此时之"望"似乎也向外传递着无以到达的内心悲凉。

由此引来客吹箫和歌，箫声"呜呜然，如怨如慕，如泣如诉，余音袅袅，不绝如缕"，低沉而连绵，深远而哀婉，有无尽的哀怨与深深的思慕，动人心弦，又饱含着哭泣与倾诉，引人共鸣，酝酿着悠长、细腻、绵长、凄清的情绪。

接着，进入对"凄清"之声的辩论，客解说悲凉之因，"固一世之雄也，而今安在哉""哀吾生之须臾，羡长江之无穷。挟飞仙以遨游，抱明月而长终，知不可乎骤得，托遗响于悲风"。一是感叹曾经叱咤风云、权倾一时的历史英雄人物尽管在历史上留下了深刻的印记，最终还是难逃时间的淘洗，归于尘土，消失于历史长河之中，因而生发人生短暂、生命无常之感。二是感慨人生短暂和自然界永恒不变，即使想要与神仙一起遨游，与自然和谐共存，也只是一种美好的超脱愿望，现实却是无比残酷，反映了对理想与现实差距的深刻认知，带着一种对理想破灭的无奈与悲怆之感，情感深沉而复杂。此时哀念的产生与苏轼曾经提到的"留意于物"的态度有极高的相似性。"君子可以寓意于物，而不可以留意于物。寓意于物，虽微物足以为乐，虽尤物不足以为病，留意于物，虽微物足以为病，虽尤物不足以为乐。老子曰：'五色令人目盲，五音令人耳聋，五味令人口爽，驰骋畋猎令人心发狂。'然圣人未尝废此四者，亦聊以寓意焉耳。"苏轼主张对待外物采取"寓意于物"而不是"留意于物"的哲学态度。留意于物，就是对外物采取一种占有征服的姿态，试图将自己所渴望得到的事物全纳为己有，以满足个人的强大的欲望。过于关注与执着于外在世俗之物，导致人的精神受限，然而"人之所欲无穷，而物之可以足吾欲者有尽"，长此以往，"彼游于物之内，而不游于物之外"，则"可乐者常少，而可悲者常多""其祸有不可胜言者"。[1]

如果这样解释"凄清"之感，因景生情，释放了内心的不安与哀伤，可能会将情感引向更为悲怆的低谷，依此

---

1. 方小凤. 苏轼"清欢"生活美学思想研究 [D]. 南京：南京师范大学，2010.

思虑下去，只会放大"悲"，使其成为人生的主宰，显然不是"清欢"的境界。"清欢"实际是一种调和，是将现实生活中的"悲"与"苦"进行净化，不是去推翻某种情感，也不是去消灭任何一种情感，而是找到一种平衡。苏轼在赋中对客人的感慨进行了哲学上的反思，凄清悲凉的情感经过哲学反思，达到一种心灵的净化，提出了"自其变者而观之"和"自其不变者而观之"的观点。从变的角度看，一切事物都有变化性、无常性与瞬息性的特征，没有事物是永恒不变的；从不变的角度来看，一切事物皆有其恒常性、持久不变的一面。因而任何事物皆有"变"与"不变"两面，既是如此，世间万物自然就不能主宰人类的情感，人们都要从变化中寻找恒常，从恒常中欣赏变化，由此而看到哲学上相互依存、相互转化的平衡关系，在体验到生命短暂与无常之时找到内心的笃定与宁静，不被外界的变与不变左右个人的情感，从而达到心灵的自由与超然。正如苏轼在《宝绘堂记》中所说的"寓意于物"的态度。寓意于物，就是寄托情意于物，不是停留于对外物的占有心态，而是摒弃一切功利因素的干扰，无须执意于一时的祸福得失，诉诸本真的情感，"独与天地精神相往来"，那么"游于物之外，无所往而不乐"。游于物质世界之外，这恰恰诠释了"寓意于物"的人生态度，在物质世界中保持人生的超脱与诗意。"如果说'留意于物'是以无限的欲望索取有限的外物的话，那么

'寓意于物'则是以开放的视野来看待无限多样的世界，消解掉人对世界的占有欲望与僭越之心，保持住人在世界中的诗意栖息空间。这样，人们就不会固滞于对外物的欲求。"[1]

第三部分，听作者一番谈话，实际是听了作者关于"清欢"之言论，由"凄清之悲"转为开怀畅饮，悠然自得，实是偏向"欢"之境，表达了作者与友人畅饮欢聚后的自在与满足。整个画面充满了欢快、宁静的氛围，展现出一种与世无争、超然物外的清欢意境。这种"清欢"是通过人与人之间的真挚情感、自然环境的和谐融洽，以及对生活的知足和从容来实现的。其中，"洗盏更酌"表现了待客的热情与情谊，"肴核既尽，杯盘狼籍"则传达出酒宴结束时的满足与放松，而"相与枕藉乎舟中，不知东方之既白"则是全篇的点睛之笔，描绘了大家在船中酣然入睡、对时间不再关注的境界，充分体现了这一清欢时刻的忘我与逍遥。

（《赤壁赋》选入统编版高中语文教材必修上册第七单元）

第二节　揭示社会主题，反映时代精神

中学语文新教材诸多名篇映射社会的丰富面貌，折射时代的精神风貌，编织时代的风景，深刻探讨个体内心世界与

---

[1]. 杨存昌，崔柯. 从"寓意于物"看苏轼美学思想的生态学智慧[J]. 山东师范大学学报（人文社会科学版），2006(6).

社会环境之间的微妙复杂关系，引导人们去思考社会问题。比如巴尔扎克的作品充满对人性的反思与批判，对社会现实的关注与忧虑。《战争与和平》《安娜·卡列尼娜》分别有力地批判了战争的残酷、社会的不公。卡夫卡的《审判》《变形记》等作品深刻揭示了现代社会中人们的孤独与迷茫、对人性异化的担忧与无奈，让读者感受到现代社会的变形与荒诞。《芣苢》带我们穿越时代，观察古代妇女劳动的欢乐场面，感受满载而归的劳动之乐。《廉颇蔺相如列传》不仅是对古代历史事件的记录，对智勇双全的蔺相如的赞美，也是对人才重要性的强调。本节分析两篇教材名篇，为读者提供从文学作品认识与理解社会主题的视角。

一、《芣苢》：古代妇女田园劳作之和谐美

关于《芣苢》一诗，《小序》认为《芣苢》表现了后妃的美德，而《大序》则认为诗中表现的是在太平盛世中，妇人乐于生育的景象。清代方玉润认为："右《芣苢》三章，章四句。《小序》谓'后妃之美'，《大序》云'和平则妇人乐有子矣'。皆因泥读《芣苢》之过。……读者试平心静气，涵泳此诗，恍听田家妇女，三三五五，于平原绣野、风和日丽中群歌互答，余音袅袅，若远若近，忽断忽续，不知其情之何以移而神之何以旷。则此诗可不必细绎而自得其妙焉。

唐人《竹枝》《柳枝》《棹歌》等词，类多以方言入韵语，自觉其愈俗愈雅，愈无故实而愈可以咏歌。即《汉乐府·江南曲》一首'鱼戏莲叶'数语，初读之亦毫无意义，然不害其为千古绝唱，情真景真故也。知乎此，则可与论是诗之旨矣。《集传》云：'化行俗美，家室和平，妇人无事，相与采此芣苢而赋其事以相乐。'其说不为无见。然必谓为妇人自赋，则臆断矣。盖此诗即当时《竹枝词》也，诗人自咏其国风俗如此，或作此以畀妇女辈俾自歌之，互相娱乐，亦未可知。今世南方妇女登山采茶，结伴讴歌，犹有此遗风云。"[1] 主张应以田园情境和民间歌谣的视角来欣赏《芣苢》，从而领悟其中的美感。全诗展现了乡村妇女们成群结队，在平原上互相唱和、其乐融融的劳作情景。

（一）舒缓与和谐的节奏美

《芣苢》一诗中劳作的节奏与和谐贯穿始终，呈现出一种与自然融为一体的美感。

《芣苢》中的"采采芣苢，薄言采之"采用了叠词"采采"，传递了"鲜明茂盛"的视觉效果。反复吟唱"采采芣苢"，可以感受到采摘过程中的韵律与声响之美。这种重复的形式模拟了劳动者们一边采摘芣苢，一边有规律地工作的画面，让人仿佛置身于劳动现场，感受她们有节奏的动作

---

1. 方玉润.诗经原始（上）[M].李先耕，点校.北京：中华书局，1986：85.

声与自然之间的美好呼应。节奏的反复，表明劳动过程在有条不紊地进行，还展现了劳动本身的美感和秩序，表现出采摘苤苢时的节奏感和轻松感。这种重复的结构如同劳动的韵律，让人感受到一种有序、和谐的劳作氛围。劳动并非艰苦、单调，而是充满了自然的节奏与生命的律动，展现出劳动者与大自然的默契。从视觉角度来看，叠词"采采"描绘了苤苢生长的繁茂状态，充满生命力，给人以充实的自然画面感。这种充满活力的场景与劳动者采摘时的动态结合，生动再现了田野中的采摘场景，读者仿佛能看到绿意盎然的苤苢在微风中轻轻摇曳，整个画面层次感更强。从听觉角度来看，叠词"采采"模拟了采摘时有节奏的声音，带给人一种轻快、愉悦的感受。这种富有韵律的声响仿佛是劳动者与自然的对话，捕捉到了劳动中独特的美感。通过听觉的传递，诗歌中的劳动场景变得更加生动，情感表达也更为细腻，展现了劳动中的欢快与和谐。叠词"采采"不仅在传递视觉感受和听觉美感方面发挥了重要作用，还通过巧妙的语言运用，营造出一种充满活力、氛围愉悦的劳动场景，有效增强了文本的表现力和感染力，使得诗歌的情感和画面更加丰富动人。

诗中的"采采苤苢"不仅展现了个人的劳动节奏，还体现了集体劳动的和谐。通过这种有节奏的采摘活动，多个劳动者共同参与，展现了群体劳作时的默契与合作。大家步调一致，动作连贯，形成了一种集体的和谐感。这种劳动中的和谐不仅体现在动作的协调中，也体现在劳动者之间的情感交流上，她们一边劳作，一边互相配合，增强了劳动的愉悦感。

劳动的节奏与和谐也体现了人与自然之间的融洽关系。诗歌描绘的采摘场景发生在田野中，劳动者的动作节奏与自然的景色和谐统一。采摘芣苢的动作并不急促，正如其自然的生长一样，平缓而有序，这种节奏符合自然的规律，表现出人类劳动与大自然之间的默契。通过这种劳动场景，劳动者与大自然形成了一种和谐的共生关系。

"薄言"在诗歌《芣苢》中多次出现，虽然这个词并无实意，但在节奏和韵律上起到了关键作用。从节奏的角度来看，"薄言"通过轻盈的音节与反复的出现，既舒缓了诗歌的节奏，又为劳动场景营造出一种悠然自得、从容不迫的氛围。"薄言"作为虚词，为诗句提供了一种节奏的停顿与过渡。在连续的动词描写中（如"采、有、掇、捋、袺、襭"），这些动作充满了节奏感，描绘了紧凑的劳动场景，而"薄言"插入其中，就像是劳动过程中短暂的喘息或停顿，使诗歌的节奏更加从容平稳。这种节奏的松弛感也恰好反映了劳动者轻松、愉快的劳作情境。"薄言"在诗中不断重复，它的反复不仅有助于建立诗歌整体的韵律感，还形成了一种劳动的节拍感。就像劳动者在田间一边采摘一边哼着的歌谣，

"薄言"仿佛是每个采摘动作之间的空隙或节拍,让劳动的动作和语言相互呼应,呈现出一种有节奏的劳动美。诗歌因此充满了规律的韵律感,与劳动的重复性相契合。"薄言"本身音节短促,读来轻快,且由于无实际意义,其在节奏上显得轻盈。这个虚词为整首诗注入了轻松感,使劳动不显得沉重或烦琐,而是带着一种轻快的、充满活力的节奏。正如劳动者在轻松愉快的氛围中有条不紊地采摘芣苢,"薄言"的出现增加了诗句的灵动感,进一步强化了劳动过程中的愉悦情绪。"薄言"的反复使用使得诗句在节奏上更加连贯与统一,起到了桥梁的作用,连接了不同的劳动动作,使得整个采摘过程看起来不间断却有起伏。由此,诗句不仅在动作的转换上自然流畅,而且也为整体节奏的和谐统一提供了基础。它让读者在阅读过程中能体会到一种稳定的节奏感,仿佛目睹了整个采摘过程从开始到结束的平滑过渡。

(二)劳动的喜悦与满足感

从形式上看,《芣苢》看似重复简单,但实际上它包含了多层意义。诗中的"采采芣苢,薄言采之"这一句重复了六次,且动词逐次替换为"有""掇""捋""袺""襭",这些变化看似简单的无意义重复,细细品味则可感受到情感和场景的层层递进。

诗歌中的动词"采""有""掇""捋""袺""襭"分别描述了不同的采摘动作,展现了从采摘到收集、整理芣苢的整个过程。这些动词虽然都与"采摘"相关，但有细微差异，表明劳动的连贯性和复杂性。因此，这些看似重复的动词实际上描绘了采摘芣苢的不同步骤，使得整个场景更加生动。

首先，是劳动的开始与期待。"采"是整个采摘过程的起点，拉开了劳动的序幕。妇女们走进田野，看到茂盛的芣苢，内心充满了对丰收的期待和喜悦。这个动作充满了希望，她们在田间开始了采摘的第一步，内心期待着美好的劳动成果。

其次，是成果初现的惊喜。随着采摘的进行，"有"则象征着劳动成果的逐渐累积。她们开始看到自己手中的芣苢越来越多，内心充满了丰收的喜悦。这时的情感从期待转向惊喜，看到收获的芣苢，妇女们内心愈发充满了成就感，劳动变得更有动力。

再次，是专注与平静细致地劳动。"掇"描绘了妇女们小心采摘芣苢的过程。她们弯腰低头，逐棵将芣苢从地上拾起，动作轻柔而有节奏。这个阶段的劳动是细致的，充满了劳动的专注与平静，这种沉浸在劳作中的状态是劳动美的重要体现。

接着，是采摘的兴奋与加速。随着采摘的进展，妇女们发现芣苢越来越多，劳动变得愈发轻快与愉悦。"捋"表示她们成把成把地采摘，越采越起劲，动作变得愈加熟练，带有一种急切收获的快乐与兴奋。这个阶段的劳动带有明显的节奏感，体现了劳动者的欢快与轻松。

然后，是累积成果的愉悦感。"袺"字表现了妇女们的劳动成果开始超出她们的双手所能拿取的数量，因此需要用衣襟来包裹更多的芣苢。此时，她们已然收获了大批芣苢，劳动的满足感愈加显现。劳动者在这一时刻的情感由初期的期待转向了愉悦与成就感，丰厚的劳动成果让她们感到欣喜。

最后，是满载而归的满足。"襭"意味着妇女们将衣襟别在腰间，准备带着满满的收获回家。这个动作象征着劳动的圆满结束，妇女们心中充满了对劳动成果的欣慰与满足，脸上洋溢着满载而归的笑容。这个画面展现了劳动者从劳动中的忙碌走向最后的幸福与成就。

通过这六个动词，妇女们的采摘过程逐步推进，劳动的节奏与心情层次分明，诗歌中的情感也逐渐递进，反映了劳动者从开始到结束的心境变化：从期待到收获，从忙碌到愉悦。这不仅是劳动的过程，也是情感变化的过程。从最初的"采"，到后来更精细、更专注的"捋""襭"，这些词语的变化表现了劳动者在劳动中的专注与认真，让人能够感受到妇女们劳动中的喜悦，仿佛看到了特写画面中她们满怀希望地投入劳动，逐步感受到收获的快乐与满足。

动词的变换和句子的重复不仅是为了展现劳动的过程，同时也蕴含着隐喻的象征意义。芣苢是一种野生植物，古人将其视为繁衍、丰收的象征。诗中反复出现的"采采芣苢"

不仅表现了采摘的动作,更象征着生命的延续、劳作的成果与自然的恩赐。因此,这种重复实际上传递了古人对丰收的期盼和对生活的满足。

习近平总书记曾说"劳动创造了中华民族,造就了中华民族的辉煌历史,也必将创造出中华民族的光明未来"[1],《芣苢》中的田园劳作呈现出一种人与自然、人与人之间的深度和谐。通过诗歌中的持续动作与劳作的节奏感,展现了劳动的美感与内在的宁静和谐。

(《芣苢》选入统编版高中语文教材必修上册第二单元)

二、不拘一格降人才
——《廉颇蔺相如列传》之人才观

作为一篇史传文,《廉颇蔺相如列传》通过细腻的叙述和深刻的人物刻画,不仅呈现了蔺相如把握机会、勇敢出击与智慧应对的英雄形象,而且展现了其复杂多维的人格特质和深邃的思想品质。司马迁在《廉颇蔺相如列传》的文末"太史公曰"言及:"知死必勇,非死者难也,处死者难。方蔺相如引璧睨柱,及叱秦王左右,势不过诛,然士或怯懦而不敢发。相如一奋其气,威信敌国,退而让颇,名重太山,

---

1. 习近平. 习近平谈治国理政(第一卷)[M]. 北京:外文出版社,2018: 46.

其处智勇,可谓兼之矣。"[1]司马迁对"完璧归赵"与"负荆请罪"两个故事进行评述,在塑造蔺相如这个人物形象时,不仅仅是赞美蔺相如智勇双全,更是在赞美其作为一个理想士人所体现出的复杂人格魅力和高尚的道德情操。这种深刻的人物刻画,不仅丰富了历史人物的形象,也使得《史记》成为中国文学史上的一座丰碑,对后世产生了深远的影响。

历史是既定的故事,史书虽是客观记史,但史家撰史往往依自身的学识对诸多史料予以加工与编写,其裁剪后的模样一定程度上反映了作者的编写观。《廉颇蔺相如列传(节选)》所叙写的"完璧归赵""渑池之会""负荆请罪"三个故事,其中既有大国交锋的历史风云再现,也有各国统治者治国策略的侧影,当然更有为国能臣尽忠尽责的全貌,将统治者的应对与为国能臣的风范寓于历史风云之中。

司马迁通过对这些故事的叙述,巧妙地将统治者的治国方略和忠臣的壮举相互映照,从而构建了复杂而细腻的历史画卷。这幅画卷不仅展示了大国间的争霸和策略调整,更重要的是展现了人才在国家发展中的决定性作用。在"完璧归赵"中,蔺相如以其非凡的智慧和勇敢,成功地保护了国家的宝物,同时也维护了国家的尊严和主权;在"渑池之会"中,他通过智慧的谋略和策略,展现了外交策略和个人魅力

---

1. 司马迁.史记[M].北京:中华书局,1959:2451-2452.

在国际关系中的重要性;"负荆请罪"则是个人忠诚与牺牲精神的体现,展示了个人品德对国家和社会的深远影响。

因此,《廉颇蔺相如列传》不仅是对古代历史事件的记录,对智勇双全人物蔺相如的赞美,也是对人才重要性的深刻反思和宣言。司马迁通过这些故事,传达了一个明确的信息:国家的兴旺与人才的妥善使用密不可分,只有珍视和善用人才,国家才能真正实现长久的繁荣和稳定。善用人才,则国以兴;践踏人才,则国渐衰。这样的历史启示,对任何时代的统治者和领导者都具有重要的借鉴意义。

(一)人才评价明确

对一个国家发展来说,人才是很重要的因素。人才兴邦,它是"衡量一个国家综合国力的重要指标"[1]。因此,人才问题直接关系到国家兴衰与社会稳定发展与否,是国家战略发展的根本性问题。

重视人才战略,首先须得明确什么样的人才可成为国之重器。所谓人才,《现代汉语词典》解释为:"德才兼备的人;有某种特长的人。"[2] 从这一定义可知,人才应是德才兼备的人。儒家学派创始人孔子提出了"仁"是考核人才的必备品格,也是人才追求的最高境界。北宋司马光则认为:"才

---

1. 习近平.在欧美同学会成立100周年庆祝大会上的讲话[N].人民日报,2013-10-21.
2. 中国社会科学院语言研究所词典编辑室.现代汉语词典[M].北京:商务印书馆,2016:1096.

者，德之资也；德者，才之帅也。"[1]才能是德行的辅助，德行是才能的统帅。这明确指出德行是人才最核心的要求，是故"才德全尽谓之'圣人'，才德兼亡谓之'愚人'，德胜才谓之'君子'，才胜德谓之'小人'"[2]。《廉颇蔺相如列传》通过对蔺相如、廉颇的记述，委婉地传达了大忠大勇大智是人才核心的思想，意即智谋过人、勇敢担当、为国效力是为人才。

国之重才首先必须是忠诚之人。蔺相如不可谓不忠诚，清代焦袁熹云："蔺相如为缪贤画策，其料燕王之情令人感喟不能已。原相如本意盖不欲贤之亡逃，而劝使肉袒伏斧质请罪，正使不见赦而死，不愈于亡走燕，燕束缚之以归赵而死乎。况贤之罪，度非有重大不可赦者，请必得脱，相如料之审矣。相如之为人谋可不谓忠且正乎。"[3]鲜明指出蔺相如的忠诚之心。廉颇也不可谓不忠矣。廉蔺产生矛盾，后来廉颇负荆请罪的根本原因是出于爱国，否则蔺相如一番忠君之言不可能引起廉颇的共鸣。蔺相如也好，廉颇也好，其共同的思想基础是爱国忠君。正如唐代司马贞赞云："清飙凛凛，壮气熊熊。各竭诚义，递为雌雄。和璧聘返，渑池好通。负荆知惧，屈节推工。安边定策，颇、牧之功。"[4]对蔺相如、

---

1. 司马光.资治通鉴[M].胡三省，音注.北京：中华书局，1956：14.
2. 司马光.资治通鉴[M].胡三省，音注.北京：中华书局，1956：14.
3. 焦袁熹.此木轩杂著·卷一[M].清嘉庆九年刻本.
4. 司马迁.史记[M].北京：中华书局，1959：2452.

廉颇、李牧三人的忠义之心与英雄气概给予了高度评价，站在国家层面，肯定三人各自出力保家卫国的精神与情怀，同时表达了对蔺相如智勇双全、顾全大局以及廉颇与李牧建功立业的敬佩与赞叹。

当然，人才也应是智勇双全之人。蔺相如面见赵王，面对赵国无人接受使命出使秦国的情况，自告奋勇，毅然承担捧璧出使的重担，是勇；秦廷之上，如约交换后，秦王玉璧在手，暴露无意换城的真面目，蔺相如设计取回和氏璧，"持璧却立，倚柱，怒发上冲冠"，严辞呵责秦王无理，作势"与璧俱碎于柱"，暂时保住了和氏璧，也誓死捍卫了大国的尊严，亦是勇；渑池之会上，秦王意欲羞辱与扣留赵王，为维护赵国威严，蔺相如挟秦王以死相逼，同样是勇。大勇之人，亦有看得见的智慧。为缪贤出计献策，缪贤直接评价蔺相如"其人勇士，有智谋"，开篇借他人之口，其大智大勇的形象呼之欲出，不闻其声已闻其名。面见赵王，审时度势，分析强弱形势，显其见识。窥见秦王无意还璧，设计取回和氏璧，有理有节地与秦王展开斗争，最终保全和氏璧，机智从容。赵国与秦国的每一回交锋，蔺相如都审时度势，快速做出应对。廉颇因蔺相如地位居于其上，内心不平，产生嫌隙。且看蔺相如的处理手段：一是避其锋芒，不与之争列；二是采取了冷处理办法，等待出奇效，让众人在廉蔺矛盾中自己做出判断；三是陈其心迹，当蔺相如的门客不忍如此羞辱，认为蔺相如一味退让，恐惧畏事，不是他们所仰慕之人，请求辞去，蔺相如才全盘托出自身退让的原因，"以先国家之急而后私仇"，适时举起爱国大旗。在此种场合一般人尚且承受不住，何况一心为国忠诚的廉颇大将军。此时的隐忍退让更是大智慧。无论是国际争端，还是内部矛盾，都足见蔺相如的聪明睿智与勇敢。

司马迁借蔺相如这个人物，明确表达了人才须是大忠大勇大智之人。

（二）慧眼识才选才

天下人才何其多，是否真正的人才，还需要细致辨别。嘴上夸夸其谈，其实腹内草莽，何来的真才实学？作为领导者，辨才识才选才是其基本的领导职能。领导者当以一双慧眼来发现人才，重用人才。因此要树立正确的人才观念，不拘一格降人才，不以出身论人才，应以功绩与德行作为考核中心。

首先，选才不以出身为出发点。卑微的出身不应该成为英雄的绊脚石，应以正确的态度看待并任用人才。缪贤乃一宦官，向国君进言献策，赵王却以求贤若渴的态度予以接受。蔺相如是缪贤的舍人，那身份地位当然低微。但一经缪贤推荐，得知蔺相如智勇之举后，赵王立即召见，知人善用，果然取得了此次外交的大胜利。赵奢，本是一征收田租的小官，收租税时秉公执法，不畏权贵，即使是平原君家,也无例外,从而赢得了平原君的信任,以之为贤,荐给赵王。赵王任用他治理国赋,国赋大平,百姓富实,国库充实。赵王见其大将智慧,任用他为将。后来领兵作战的赵奢设计纵兵,大破秦国军队。

其次,识才须经过一番考验才知其是否真金白银。推荐之言不可轻信,须得经过自己一番考验才知可否任用。缪贤向君王开口推荐,赵王立即反问,"何以知之"一语见其明显的政治意识,面对臣子所言,也不轻信。其后亲自面见,又考察一番,在"给不给璧"与"秦王取吾璧,不予吾城"两个问题上考察蔺相如的智慧。当然,蔺相如在解决问题上的决断与智谋正如缪贤所言,赵王见其机智,才委以重任。

最后,对于为国做出贡献之人,还要善于激励。蔺相如"完璧归赵"后,赵王认为"贤大夫使不辱于诸侯,拜相如为上大夫",渑池之会上蔺相如有力打击了秦国的士气,保全了赵国的声威。回国后,赵王论功行赏,因为蔺相如所立功劳最大,立即授予蔺相如"上卿"之高位。在每一次国家面临困难并解除困境后,赵王都针对臣子所做的贡献,给出合适的奖赏,以此来激励良才。赵奢在政治上展现政治才能,后在军事上又以奇计大破秦军,赵王赐予赵奢封号"马服君",与廉颇、蔺相如同列。

(三)人才环境宽松

留住优秀的人才离不开创设宽松的人才环境。宽松自如的人才环境对人才发挥才能、服务于社会与国家起到了极大的作用。试想，社会环境恶劣，人才没有施展的空间，即使有人才在，终有一天他们也会噤若寒蝉。当然这也会限制人才创造力的发挥，从而浇灭人才为国效力的火热爱国心。因此，统治者营造良好的人才环境，为人才提供宽松的政治自由度，信任他们，重用他们，才是国家强基之本。

第一，容许人有错。秦王愿以十五城换和氏璧，无人承此重任，宦官缪贤为君分忧，不惜将自己曾经想逃国的杀头大罪说给赵王听。赵王不以其离国之事而生嫌隙，宽大为怀，了解臣子为主分忧的急切与爱国护主之用心良苦，丝毫不被此影响自己的判断，"于是王召见"一语即见其态度。缪贤能将此等私密大事甚至可以说是杀头大罪和盘托出，侧面衬托了赵惠文王贤明的一面。

第二，在国家大事上，不专权弄权，放下姿态，广开言路，愿意倾听众人的意见。面对缪贤的推荐，一句"何以知之"，在面见蔺相如之时，"可予不"和"不予我城，奈何"的询问，就像《鸿门宴》中刘邦问谋士张良"为之奈何"之语，紧急时刻察纳雅言，听从别人的意见。赵惠文王不愧是一代明君。与赵惠文王形成强烈对比的则是其子孝成王，在用人问题上，赵孝成王主观臆断，不听取臣子的意见，一意孤行，罢免廉颇任用赵括，致使长平之战惨败。

第三，要包容偏才。对忠勇之才不苛责。领导者如能拥有"将军头上能跑马,宰相肚里能撑船"的气魄与胸襟,使人能尽其才,必会出现百事兴的局面。赵国备受秦国欺凌,在强大的虎狼之师面前,赵国凭借弱国之势,只能接受强国渑池之会的安排,秦国攻赵在前,如不接受会盟邀请,也许就是覆亡的结局。无奈之下,赵国国君赵惠文王出行赴会。临行之际,"廉颇送至境,与王诀曰:'王行,度道里会遇之礼毕,还,不过三十日。三十日不还,则请立太子为王。以绝秦望。'王许之"。秦王提出君王会盟是假,实际借此羞辱甚至扣押赵王是真,此时赵王一去可能就面临覆国的厄运。但在君臣合议之下,赵王仍然选择为国一试,这是一国国君的气魄。此时廉颇挺身而出,表明与国同呼吸共命运的态度,展现了大将以国事为重的风范。正如李晚芳评论说:"观其与赵王诀,如期不还,请立太子以绝秦望之语,深得古人社稷为重之旨,非大胆识,不敢出此言,非大忠勇不敢任此事。"[1]但是这一番话,对臣子而言,却有很大的危险性。这是在跟君王对话,常言道,伴君如伴虎,君王的心思难以揣摩,哪句话不合其心意,就可能被杀头。可廉颇直接提出做好换君王的准备,谁能有勇气说出这一番话?自古以来,提出换君王实是大忌,廉颇为国之心如此,难免不使人为他捏一把汗。这也正是廉颇可贵之处,置自身安危于不顾,全

---

1. 司马迁.读史管见[M].李晚芳,编纂.赵前明,凌朝栋,整理.北京:商务印书馆,2016:140.

然为国考虑如此，这是先国家而后私仇的最好注脚。臣子敢言如此，并没有受到君王责罚，简简单单的三个字"王许之"，表明了赵王的态度，这真是君王风度、王者风范。对待忠臣勇士，能以包容的态度与开阔的胸怀予以接受，并对他们的一片赤诚果断表态。有着这样的国君，作为国之能臣，岂不感慨于心，立下誓言一片冰心只为君。

反观赵孝成王，与其父相比，对待廉颇的态度相差太大。廉颇领军攻秦，秦军多次打败赵军，但廉颇任凭秦军如何出言挑战，坚守阵地不出战。后赵孝成王却听信秦军的离间之言，令赵括换廉颇。秦军以离间之计成功地打破了君王与老臣构建的安全壁垒。廉颇老将之心，忧心烈烈。

廉颇对蔺相如受到提拔后的态度，以及渑池之会前他一心护国之言，都可见其人过于耿直。赵王与蔺相如都能容忍其脾性，取其所长。因而，赵惠文王执政时期，赵国一度强盛。正如陆贽曾言："人之才行，自昔罕全，苟有所长，必有所短。若录长补短，则天下无不用之人；责短舍长，则天下无不弃之士。加以情有憎爱，趣有异同，假使圣如伊、周，贤如墨、杨，求诸物议，孰免讥嫌？"[1]

因此，为人君，用人才，须得明白做臣子的苦心谋划，为部下创设一个良好的施展才华的空间，看到臣子突出的

---

1. 陆贽. 陆宣公全集[M]. 上海：世界书局，1936：103.

长处，包容其因性格耿直而带来的小瑕疵，容忍其无伤根本的不足。那么天下才子，熙熙攘攘，才会为君而来，为国而为。

《廉颇蔺相如列传》通过蔺相如、廉颇的故事，表明智谋过人、勇敢担当、为国效力的人理应成为国家发展路上的重才，不仅如此，统治者还应善于任用人才，不拘一格降人才，并为人才提供宽松的政治环境。司马迁用史实向人们陈说了人才的重要性，以及统治者重视人才的必要性，从而批判了暴虐昏庸的君王，这也是他借史发愤的目的所在。

（《廉颇蔺相如列传》选入统编版高中语文教材选择性必修中册第三单元单元学习任务）

第三节 探析哲学主题，提升思辨能力

有些文学作品通过多种形式来探索个体存在的目的与意义，思考善恶道德行为的基础，关注意识与心灵，探究时空如何影响个体的存在与经验，反思死亡的本质与意义，生与死之关系等，引发读者对生命、宇宙的深层次思考。中学语文新教材包含了不少探讨哲学主题的名篇，《论语》是儒家思想的经典，通过孔子与弟子的对话，阐述了仁、义、礼、智、信等伦理道德观念。教师可以通过对具体语句的分析，探讨这些道德理念如何与个人行为、社会责任和人际关系相

关联。《庖丁解牛》通过庖丁解牛的故事，表达了庄子对于养生之道、人与自然和谐相处的哲学思考。阅读《庄子》应理解庄子的哲学智慧，从隐喻和象征中发现生活与存在的深刻含义。《赤壁赋》通过苏轼与客人的对话，探讨了宇宙万物的变化与不变，引发了对于时空和个体存在的思考。文学作品中的哲学主题往往涉及个体在时间和空间中的存在感，如死亡、永恒和无常等议题。对于蕴含哲学主题的名篇，教师应帮助学生深入理解这些作品中的深刻思想，激发学生对生命、道德、宇宙等问题的思考。这不仅是对文本内容的学习，也是对学生思维能力的全面培养。通过文本中的哲学探讨，学生可以学会如何面对现实中的复杂问题，从而获得更为深刻的生命体验和智慧。

一、一次超越时空阻隔的精神逍遥
——《水调歌头·明月几时有》的时空意识

在文学作品中，时空意识不仅是对物质世界运动和变化的表达，更是作家创作中对人的内心世界、情感经历以及哲理思考的深刻映照。文学作品通过对时间和空间的特殊处理与再现，构建出一个独特的审美世界，使读者能够超越日常生活的经验，进入一个情感与思想交织的艺术空间。

《水调歌头·明月几时有》是苏轼在中秋之夜与友人欢

聚饮酒之后所作，流露出对时光流逝、人生离合的感慨以及兄弟深情等复杂情感。借助月亮的不变和变化，人与自然的关系，通过时间和空间的客观形式——过去、现在、将来与长度、宽度、高度——反映了物质世界的运动和变化，构建了一种独特的时空意识。诗中，苏轼通过艺术想象，改变了这种时空客观序列，使之成为心灵和情感的映射，展现了一种超越物质世界的时空意识与精神思考，体现了诗人对人生、情感以及宇宙真理的独到见解。

（一）"明月几时有"：探问时空之谜

词作一开篇辟天而来，一句话发问："明月几时有？把酒问青天。"这样的问句可以追溯到屈原《天问》。《天问》一诗直接提出了对古代起源、世界形成、宇宙规律的探问，如"遂古之初，谁传道之？上下未形，何由考之？"，这些问题不仅涉及时间的起源，也触及空间的无边界性，展现了对时空的思考和意识。还提出了关于阴阳、自然、社会等方面的问题，如："明明暗暗，惟时何为？阴阳三合，何本何化？"[1]这些问题，反映了对自然界和社会现象的探索，涉及对时间的流逝和空间的变化的疑问。《天问》中的诗句直接针对人类对时间和空间的认知难题质疑，旨在探索人类与时空的关系，对天地万物的存在与人的生存提出问题，反映了

---

1. 吴贤哲.楚辞今选校注[M].北京：民族出版社，2013：119.

对时空之谜的探索和思考。

在一千多年后的宋代，苏轼之问，与屈原之"天问"有异曲同工之妙。苏轼针对月亮诞生的时间质疑，月亮作为自然界中常见而又富有变化的象征，它的圆缺变化不仅关联着时间的流逝，也与人们的情感和生活紧密相连。在传统中国文化中，明月通常是思念和团圆的象征，因此这句话也暗含了对亲人、朋友的思念之情。苏轼对"明月"的追问，实际上是在反思人生的无常和宇宙的恒常，隐含着对永恒生命的渴望和向往。从时间意识的角度来看，这句体现了一种对永恒与变化之间关系的理解，由此向我们传达了一个哲学思想：世间万物，包括明月这样看似永恒的事物，实际上都是变化和无常的。这里的月亮不再是每夜都存在的恒常象征，而是变化无常的，它有时圆，有时缺，象征着时间的流逝和生命的短暂。这反映了诗人对生命有限性的深刻理解以及对时间流逝的感慨。从空间意识的角度来看，"把酒问青天"则表达了诗人对宇宙和人生的疑问与探寻。在这里，"青天"既是天空的具体化身，也象征着更广阔的世界或宇宙的秩序。把酒问天，是诗人在面对宏大的宇宙时的一种人文姿态，是他对生命意义、宇宙真理以及人之命运的探求和思考。诗人通过把酒问天这一行为，建立了一个连接人类个体与宇宙整体之间的桥梁，表达了人类对于宇宙秩序的敬畏和对生命意义的追问，传达了一种超越时间和空间限制的人文精神和生命态度。

(二)"天上"与"人间":从理想回归现实的时空穿梭

在中国传统文化中,"天上"往往象征着高高在上的朝廷和权力,或是理想化的、超凡的境界;"人间"则代表现实生活,特别是普通百姓的日常。这一视角的变化反映了苏轼从理想世界回到现实的思考过程。

在《水调歌头》的开头,苏轼面对明月,抒发了对宇宙时间和个体生命的思考:"明月几时有?把酒问青天。"这里的"青天"象征着无边无际的宇宙,带有理想化、超越现实的意味。苏轼对月亮的凝望带有一种哲学性的遐思,他在月亮永恒不变的循环中思考着人类生命的短暂和不确定性。在这部分,苏轼的视角更多是天上的,带有一种超脱尘世的意味。苏轼对"青天"遥问"明月",并继续追问"不知天上宫阙,今夕是何年",这是一种对天上琼楼玉宇的遐想,他试图搭起时空的桥梁,以探寻此刻的真实。这一连串的疑问,反映了他身处朝廷之外、日渐远离政治中心的困惑。在他看来,"何年"不仅是对时间的追问,更是对朝廷现状的质疑。这个词看似简单,实则蕴含了朝廷内部势力盛衰变迁的种种。

诗人的眼界超越了尘世的热闹,将空间延伸到"天上宫阙",遥想"天上宫阙"的变化,怀着重返圣殿的渴望,希冀借助春风之力回归那片圣地，以实现其崇高的政治抱负。然而，往昔在"天界"所遭受的种种艰难挑战，不免令人心生忧虑。这份忧虑并非源自凡尘的物质匮乏，而是源自对超越时间和空间的未知以及难题的忧虑，对于朝廷那充斥着政治角逐的官场环境可能带来的政治黑暗与腐败深感担忧。这一矛盾的心境，折射出他对于回归朝廷的矛盾心态。苏轼在朝时，朝廷中的新旧党争，让"好议论"的苏轼两面不讨好，备受压迫与打击，从此就可以瞥见其中的艰难与险阻。高处的琼楼玉宇有着难以忍受的寒冷，在华丽和辉煌的外表下，权力中心的人物常常需要面对比普通人更为复杂和艰难的选择和决策，这种"高处不胜寒"的感受，既是对权力的警醒，也是对处于权力中心人物心境的同情和理解。既表达了权力高位所伴随的风光背后隐含的孤独和困苦，又反映了对权力和责任的深刻思考。

"起舞弄清影"是苏轼内心情感的外射，在清风明月下起舞，超脱尘世，如同仙境一般。跟人间相比，虽身在权力中心，甚有清寒之意，《铁围山丛谈·卷三》记载《水调歌头》一词的神仙意境：

歌者袁绹，乃天宝之李龟年也。宣和间供奉九重，尝为吾言："东坡公昔与客游金山，适中秋夕，天宇四垂，一碧无际，加江流澒涌，俄月色如画，遂共登金山

> 山顶之妙高台，命绹歌其《水调歌头》曰：'明月何时有？把酒问青天。'歌罢，坡为起舞，而顾问曰：'此便是神仙矣。'吾谓文章人物，诚千载一时，后世安所得乎？"[1]

以《水调歌头》一曲来表达对当时欢聚时刻的无限畅想与心灵的极致享受，仿佛达到了神仙般的境界，却未体味神仙之清苦。

政治上无出路，"天上宫阙"孤独又清冷，词人通过想象，将自己置于月宫之中，与仙子嫦娥共舞，虽然体验着超越凡间的浪漫与惬意，然而却有一种清冷之意。与其在"天上"孤独地"起舞弄清影"，不如在"人间"即地方上为百姓谋福祉，后者更有价值感和成就感。可见苏轼虽然遭到贬谪，身处失意之地，但并未消沉，反而在这种处境中找到了新的人生价值和成就感。这种反思不仅体现了苏轼对个人命运的深刻理解，也展现了他对社会责任的高度担当。

"天上"与"人间"的时空转移，象征了词人内心世界在不同时空之下的复杂心境，在遭遇政治冷遇的同时，他在地方的实践却显示了其深厚的人民情怀，这与"人间"这一象征紧密相连。苏轼的地方政治实践不仅为他带来了个人

---

1. 蔡絛.铁围山丛谈[M].冯惠民，沈锡麟，点校.北京：中华书局，1983：58.

的满足感和成就感，也深化了他对"天上"和"人间"的理解，将其转化为一种对权力、政治和个人价值的深刻反思。

（三）"千里共婵娟"：时空逍遥与自由

"但愿人长久"反映了人们对亲人朋友健康长寿的祝愿，希望与亲人朋友的关系能够持久。在中国古典文学中，月亮常常被赋予团圆、思念和清雅等象征意义。苏轼在这句诗中提到的"婵娟"，即美丽的月亮，用以象征遥远的亲情和友情。"千里共婵娟"表达了即使身处千里之遥，因人们心灵上的相连和情感上的共鸣也仍然如同在一起欣赏美丽月光一样，无远弗届，情感不因距离而改变，表达了一种强烈的情感联结——即使是千里之遥，人们的心灵和情感仍然能够通过赏月这一行为而紧密相连。这种情感的连接不受物理空间的限制，体现了一种情感上的时空自由。

"千里共婵娟"不仅仅是个人情感的体现，也是中华文化长久以来对月亮的崇敬和情感寄托的一种表达。月亮在中国文化中象征着团圆、美好和富有，跨越了时间的长河，这一文化传承和价值观的传播，也是一种文化层面的时空自由。

"千里共婵娟"也表达了一种对自由的向往，即在广阔的时空中逍遥自在，不受约束。陈鼓应先生在《老庄新论》中说："《逍遥游》提供了一个心灵世界——一个辽阔无比的心灵世界；提供了一个精神空间——一个辽阔无比的精神空间。人，可以在现实存在上，开拓一个修养境界，开出一个精神生活领域，在这领域中，打通内在重重的隔阂，突破现实种种的限制网，使精神由大解放而得到大自由。"[1] "千里共婵娟"与"逍遥游"有同样的精神追求，它表达的是虽然身处不同地点，人们依然能够在精神上共享同一个美好时刻——赏月。这种共享不仅仅是对自然美景的欣赏，更是一种心灵上的相遇与交流。无论人们身处何地，通过共同的文化实践（如赏月）和情感体验，他们都能够在精神上相聚，共同构建一个超越物理限制的精神空间。通过内在精神的修养和开拓，人们可以突破现实生活中的种种限制，获得更广阔的精神自由。

这种时空逍遥的思想和对自由的追求，反映了宋代文人对生命意义和宇宙真理的深刻探索，更深层地体现了他们对心灵和精神自由的追求。这种追求不仅仅是对个人内在世界的探索，也是对人与人之间精神连接和共鸣的一种渴望，展现了人类对精神自由和内心世界无限扩展的永恒追求。

（《水调歌头·明月几时有》选入统编版初中语文教材九年级上册第三单元）

---

1. 陈鼓应. 老庄新论 [M]. 北京：商务印书馆，2008：201.

二、从观月之妙到心境融合

——《念奴娇·过洞庭》的心境转化

张孝祥《念奴娇·过洞庭》一词，历来都有着极高的评价。魏了翁在《跋张于湖念奴娇词真迹》中有言："洞庭所赋，在集中最为杰特。"[1]他认为张孝祥《念奴娇·过洞庭》一词在所有描写洞庭湖的作品中是最杰出最独特的。查礼在《铜鼓书堂词话》中也有言："《念奴娇·过洞庭》一解，最为世所称诵。"[2]周密选《绝妙好词》，将《念奴娇·过洞庭》置于卷首。这首词在《宋词排行榜》上排名第四十七，足以见其在后世传播中的影响之大。[3]

这首词的独特之处在哪里？黄蓼园曾从写作技巧来赏析这首词的艺术特点。他说："写景不能绘情，必少佳致。此题咏洞庭，若只就洞庭落想，纵写得壮观，亦觉寡味。此词从开始说至玉界琼田三万顷，题已说光，即引入扁舟一叶。以下从舟中人心迹与湖光映带写，隐现融合，不可端倪，镜花水月，是二是一。自尔神采高骞，兴会洋溢。"[4]强调了在咏景之作中，单纯的写景如果没有融入情感，纵然描写再

---

1. 魏了翁. 鹤山题跋[M]. 北京：中华书局，1985：10.
2. 张孝祥. 张孝祥词笺校[M]. 宛敏灏，笺校. 祖保泉，审订. 合肥：黄山书社，1993：15.
3. 王兆鹏，郁玉英，郭红欣. 宋词排行榜[M]. 北京：中华书局，2012：目录.
4. 张孝祥. 张孝祥词笺校[M]. 宛敏灏，笺校. 祖保泉，审订. 合肥：黄山书社，1993：15.

精美，也会显得平淡乏味。而通过将景与情融合，景中有情，情中有景，作品才能达到更高的艺术境界。《念奴娇·过洞庭》的作者在写作中巧妙地将景物描写与情感抒发结合起来，使得整个作品充满了生机与神韵。词的情感表达不是直接的，而是通过景物的变化与人的心境来完成的。这种隐现交织、难以捉摸的情景，正是诗词创作中追求的"兴会洋溢、神采飞扬"之境界。

（一）未到洞庭：仕途失意心绪难平

在未到达洞庭湖之前，张孝祥是一种怎样的心境呢？关于此词的背景，宛敏灏先生在《张孝祥词笺校》中说："此词作于尚未知潭州（长沙）以前，守静江（桂林）甫及一年，《宋史》称'治有政绩，复以言者罢'……试参阅另一首《念奴娇》（星沙初下）中'一叶扁舟，谁念我，今日天涯飘泊？平楚南来，大江东去，处处风波恶'等语，则此时心情可知。尽管'稳泛沧浪空阔'，也还感到'短发萧骚襟袖冷'嘛。"[1]反映了张孝祥在政治斗争和个人流亡中的孤独与无助。他的孤独无助可从他的独特经历来解释："南宋孝宗初年，在对金和与战的问题上，朝廷议论纷纭。宰相中汤思退主和，张浚主战。张孝祥登第，出汤思退之门，思退也颇提拔他；张浚志在恢复，孝祥赞同，张浚也推荐他。张孝祥在孝

---

1. 张孝祥.张孝祥词笺校[M].宛敏灏,笺校.祖保泉,审订.合肥:黄山书社,1993:15.

宗召对时，痛陈国家委靡之弊，并且说：'靖康以来，惟和、战两言，遗无穷祸，要先立自治之策以应之。'又陈二相当同心协力，以副陛下恢复之志。于是论者遂谓孝祥出入二相之门，两持其说。"[1]张孝祥的这种处境，使他被认为曾投于两位宰相的门下，并且在理论上同时持有两种主张。尽管他试图调和两方意见，力图为国家找到一条可行的出路，但这种立场也使他在政治上处于两难境地，因而在两边都不受待见，我们从他的政治经历可见其政治之途的艰难。

　　张孝祥在隆兴二年（1164）因政事受到弹劾，被罢官。乾道元年（1165）被任为广南西路经略安抚使，尽管他在任期间治理有方，但很快又因受到弹劾再次被罢。乾道二年（1166）六月，张孝祥在北归途中途经湘江时作《水调歌头·泛湘水》，词中有言："唤起《九歌》忠愤，拂拭三闾文字，还与日争光。"通过借用屈原的典故，深刻地表达了他报国无门的困境和愤懑。屈原的忠诚与挫折成为张孝祥心境的象征，词中通过屈原的悲壮，映射了他个人在政治斗争中的无奈与深切的爱国情怀。随后，张孝祥在祁阳期间，观摩了浯溪摩崖石刻中颜真卿所刻的《大唐中兴颂》。在《读中兴碑》中，他沉痛地写道："北望神皋双泪落，只今何人老文学？"这句诗反映了他对国家历史的沉痛回顾。继续北上

---

1. 缪钺、叶嘉莹.灵溪词说[M].上海：上海古籍出版社，1987：374.

至衡州时，张孝祥作了《七夕》一词。词中写道："往来不敢怨道路，迎送但知惭吏卒。年年七夕有定时，我行属天那得知？"这一句流露出他对命运无常的深刻感叹。在传统节日的背景下，他表达了对个人命运的深刻无奈，及对自己身在官场的自责与羞愧。"乾道二年（一一六六）七月，孝祥罢静江府北归，以中秋之夜经过洞庭，系舟金沙堆下。'天无纤云，月白如昼'，登览屈大夫庙。"[1]

经此梳理，可知张孝祥在离任北归初期，心情复杂且低落。他在仕途上经历了挫折，尤其是在国家命运多舛、主战与主和的争议中，他的政治立场并未得到完全认同。因此，他的离任带有某种失意与不甘。正是在这种复杂的情绪中，张孝祥泛舟洞庭湖。

（二）观月之妙：洞庭之景的澄澈与壮丽

在《念奴娇·过洞庭》中，张孝祥描绘了洞庭湖的壮丽景色，场面恢宏，气势磅礴，充满了动静结合的美感。

词作开篇即描绘了洞庭湖的辽阔与宁静，"洞庭青草，近中秋，更无一点风色"，洞庭湖辽阔无边，湖边青草葱翠，即将迎来中秋时节，湖面却没有一丝风动，显得异常静谧。这种静态的景象使人感到自然的广阔无垠，在宁静中反映出一种深沉。

---

1. 张孝祥. 张孝祥词笺校[M]. 宛敏灏, 笺校. 祖保泉, 审订. 合肥：黄山书社，1993: 14-15.

"玉鉴琼田三万顷"这一句,直接将洞庭湖比作"玉鉴"和"琼田","玉鉴"与"琼田"是对湖面的比喻。"玉鉴"形容湖面如同一面巨大的玉镜,光滑而清澈;"琼田"更进一步,将湖面描绘成一片广阔的玉田,带有一种温润的质感。美玉的水头足,即玉质透亮、内在的光泽感充足,正是湖水在静谧月光下的状态。通过这两个意象可以感受到,湖水不仅是平静无波的,还充满了玉石般的通透与润泽,赋予了湖面生命般的质感,使其充满灵动和美感,展示出洞庭湖的浩渺无垠、清澈纯净。三万顷的广阔面积与玉石般的湖水质感相结合,营造出宏大的视觉效果,使读者感受到一种雄浑壮丽的美。

"素月分辉,明河共影"描绘了月光与银河的辉映。素月指的是天上洁白的明月,而明河即银河,象征着夜空中的星河之光。张孝祥通过一个"共"字,将天上的银河与湖中的倒影紧密连接在一起,使湖面如同镜子一般,将月光与银河的光辉全然映入其中。湖水不再只是静静的水面,它成了天上银河的延续,似乎天地之间并无分隔。一个"共"字,不仅表现了天上与湖中、实与虚的共生关系,还凸显了整个画面的对称与和谐:天上的银河明亮如同水中的倒影,天与水、月与河相映成趣。这种描写使得整个景象在静谧中显得壮丽宏大,湖面仿佛与浩瀚的宇宙融为一体,天地万物都在这片宁静的湖面上交汇。上下通透的澄澈世界,宛如一个巨大的镜像空间,天地间万物在此静默相映,壮丽而深远。

张孝祥通过对洞庭湖月夜的描写,展现了大自然的雄壮与广阔,湖光与月色交相辉映,动静结合,静中有动,虚实相生。通过将天地、月光、银河、湖水等元素糅合在一起,创造出一个壮美、浩渺的自然场景,使读者仿佛身临其境地感受到大自然的磅礴气势与澄澈静美。这种壮丽景色不仅表现了自然的美,也映射了词人内心的豪迈与旷达,使得全词情景交融,意境深远。

(三)心境融合:澄澈冰雪之心

面对洞庭湖"澄澈"之景,张孝祥找到了与景物的共鸣,这不仅仅是一种视觉上的感受,更是一种心灵上的契合。张孝祥为人光明磊落、坦坦荡荡,始终坚持"诚"的准则。面对权势的诱惑,他不屈从,而是忠于自己的内心。因此,当他看到洞庭湖澄澈如镜、上下通透的景象时,仿佛看到了自己,这种"表里俱澄澈"不仅仅是湖水的状态,更是他内心品质的反映。在经历了仕途失意后的北归途中,张孝祥的心情本是复杂低落的。然而,湖水的清澈与自然的宁静唤起了他内心的共鸣,让他感觉仿佛遇到了一个"知己"。这种与景物的精神契合使他的低落情绪逐渐消散,取而代之的是一种心灵的喜悦与释怀。这份情感,正如他所言,是一种"悠然心会,妙处难与君说"的深刻体验,超越了语言的表达,只能在心灵中默默体悟。

"孤光自照"和"肝肺皆冰雪"展现了张孝祥深刻的孤独感与清明的内心世界。"孤光"不仅仅是洞庭湖的月光，它更象征着这些年始终照耀在他身上的孤寂之光，烛照着他内心无法排遣的孤独感。虽然他孤身一人面对世事沉浮，但他并没有沉溺于洞庭的美景，而是通过"肝肺皆冰雪"自证其高洁的品格。如果说"表里俱澄澈"是他对外在景象的描绘和自我认同，那么"肝肺皆冰雪"就是他内心更深层次的自我证明——如冰般寒冷清澈，似雪般洁白无瑕。

这一比喻不仅是对他人格品质的高度肯定，也是一种孤高的象征。在经历岭南的政治沉浮之后，张孝祥虽身处边陲，心中却仍怀忠义。他心胸坦荡、肝胆照人，面对国家的内忧外患，他无法袖手旁观，却又因政治打击而报国无门，这种矛盾激发出他内心的孤愤。

然而，张孝祥的心境并没有止步于这种悲凉的自怜。"短发萧骚襟袖冷"这一句描写了他外在的孤寂与落魄，短发稀疏、衣襟袖口微凉，仿佛秋叶般萧瑟。然而，这一外在的苍凉形象并未使他沉沦，反而为"稳泛沧浪空阔"做了铺垫。他内心深处依旧坚定不移，尽管现已深受风霜的侵蚀，但他的气度和操守并未因此改变。正是因为他的高洁与刚毅，他才能在"沧浪空阔"中以一种稳健的姿态面对人生广袤的湖面。一个"稳"字，表现出张孝祥内心的宁静与坚定，即便在外在的风霜和内心的冷傲之间，他仍然能够保持一种从容不迫的姿态。这与他"肝肺皆冰雪"的自证形成了内外呼应，展示了他在困境中的淡定和从容。

（四）内心超越：物我两相忘

张孝祥在《念奴娇·过洞庭》中，通过"稳泛沧浪空阔"展现了豪迈的胸襟和气度。此处的"沧浪空阔"不仅指广阔的洞庭湖水，更是对无限广大的空间的描写，体现了词人心境的开阔和超然。张孝祥不仅仅停留于眼前景象，他将视野扩展到更为宏大的宇宙。在这种宏观视角中，他追求的不只是对自然景色的描摹，更是心灵层面上的一种超越，超越自我与现实困境，达到一种精神上的平和与升华。

"尽挹西江，细斟北斗，万象为宾客"，此句极具浪漫主义色彩，展现出一种豪放的气概。"尽挹西江"是说吸尽浩荡的江水为酒，而"细斟北斗"则是用北斗星作酒器，斟酒畅饮。张孝祥不仅吸尽西江水，以北斗为杯，更是邀请天地万象为宾朋同饮，这种想象已经超越了现实中的空间限制。张孝祥此时的活动范围已经扩展至宇宙的每一个角落，物我交融，人与自然的界限消融无形。这种"充溢"宇宙的姿态标志着他超越了对自然景色的简单欣赏，进入与天地万物相通的境界。

与词的上片相比，这种超越尤为显著。上片中，张孝祥在欣赏洞庭湖的澄澈晶莹时，仍然是"着我扁舟一叶"，表明他在特定的空间中感受到美景的澄澈。然而，当他从洞庭湖的美景转向"尽挹西江，细斟北斗"的想象时，已经不再局限于此地的景象，而是跨越空间，进入到一种无界的存在状态。这是张孝祥从对自然景色的欣赏，转变到在精神上超越自然的过程，体现出他对天地万物的深入理解和融通。

不仅如此，张孝祥还在时间上实现了超越。在他对天地忘情的时刻，他发出"扣舷独啸，不知今夕何夕"的感叹，已经完全脱离了现实中的时间线索。词的开篇提到"近中秋"，为作品定下了一个确切的时间背景。然而，随着情感的深入，张孝祥从洞庭湖的澄澈之景联想到自己在岭南的岁月，经年孤光自照，但到了最后，他完全抛开了这些人世间的时间束缚，进入一种无时无刻、无地无处的状态。这是对时间的超越，也是一种对个人遭遇的超然态度。

通过这双重超越，张孝祥实现了"物我两忘"的哲学境界，寻得了内心的平静与永恒。这种境界体现出一种"宇宙意识"，即超越时空的哲学层次，展示出词人精神的广度与深度。"宇宙意识"不仅让人与宇宙融为一体，也赋予了个体与天地平等的对话权。人在宇宙中不再显得渺小，宇宙也不再不可逾越，人与自然、人与宇宙相互交融，这种"天人合一"的意识让张孝祥摆脱了世俗的局限，进入类似宗教中的"顿悟"或"得道"的状态。

张孝祥的《念奴娇·过洞庭》展现了一种独特的精神历程。通过对洞庭湖澄澈美景的描绘，词人逐步超越现实中的愤懑和孤寂,达到了与自然、与宇宙交融的境界。这种从"表里俱澄澈"到"万象为宾客",再到"扣舷独啸,不知今夕何夕"的心境变化,显示了词人精神上的升华。最终,张孝祥超越了个人的遭遇,进入一种超脱时空的哲学境界,体现了他对宇宙和人生的深刻理解,也表现了他"物我两忘"的超然态度。

(《念奴娇·过洞庭》选入统编版高中语文教材必修下册古诗词诵读)

第三章

语言与审美：品鉴名篇特征　彰显文本之美

《高中语文课程标准（2017年版2020年修订）》在核心素养部分提出："审美鉴赏与创造是指学生在语文学习中，通过审美体验、评价等活动形成正确的审美意识、健康向上的审美情趣与鉴赏品位，并在此过程中逐步掌握表现美、创造美的方法。"重在培养学生在语文学习中体验美、欣赏美、评鉴美以及表现与创造美的能力，从而形成高雅的审美情趣与品位。课标在"课程目标"中被详细分解成三个目标："增进对祖国语言文字的美感体验""鉴赏文学作品""美的表达与创造"。从文本解读这个视角来看"审美"层面的核心素养，既要"感受祖国语言文字独特的美，增强热爱祖国语言文字的感情"，又要"感受和体验文学作品的语言、形象和情感之美，能欣赏、鉴别和评价不同时代、不同风格的作品，具有正确的价值观、高尚的审美情趣和审美品位"，还要能将鉴赏美的内容表现出来，"能运用祖国语言文字表达自己的审美体验，表达自己的情感、态度和观念，表现和创造自己心中的美好形象；讲究语言文字表达的效果及美感，具有创新意识"。因而在教学过程中，可以简洁地将审美的过程归纳为"感受美，体验美，鉴赏美以及表达美"四个方面。感受美要依托于语言文字，体验文学作品所传达的美，评价与鉴别文本所体现出的美，由此能运用祖国的语言文字来表达感受、体验并鉴赏美。

"审美"，是一种人类与美之间的特殊关系，而美本身并没有单一的定义。不同的人可以看到不一样的美，从不同的角度也许看到的是不一样的美。艺术作品的美，如何感受得到？宗白华先生说："你的心不是'在'自己的心的过程里，在感情、情绪、思维里找到美；而只是'通过'感觉、情绪、思维找到美，发现梅花里的美。美对于你的心，你的'美感'是客观的对象和存在。你如果要进一步认识她，你可以分析她的结构、形象、组成的各部分，得出'谐和'的规律、'节奏'的规律、表现的内容、丰富的启示，而不必顾到你自己的心的活动，你越能忘掉自我，忘掉你自己的情绪波动，思维起伏，你就越能够'漱涤万物，牢笼百态'，你就会像一面镜子，像托尔斯泰那样，照见了一个世界，丰富了自己，也丰富了文化。"[1]强调审美是一种主观的情感体验，是通过情感、思维等多种途径，去发现作品或自然中的美。这一过程既是个人情感的投射，也是一种客观的审美体验。审美过程是通过对作品细节的关注与感知，忘记个人的情感波动与思维起伏，像一面镜子一样去"照见"世界。

中学语文教材名篇具有典范性，有突出的体裁特征，我们应了解不同名篇形式与名篇背景知识，仔细观察体味作品细节之美，尝试感受作品传达的情感与气韵之美，分析名篇的技巧与方法，感受文本的意蕴，从而深入理解与欣赏名篇之美。

第一节　感受气韵之美

"气韵生动"是中国古典美学的核心概念之一，尤其在绘画和文学创作中具有重要的地位。谢赫在《古画品录序》中提出"六法"："六法者何？一气韵生动是也；二骨法用笔是也；三应物象形是也；四随类赋彩是也；五经营位置是也；六传移模写是也。"[2]将"气韵生动"置于首位，因为它是创作品评的最高准则，也是其他五法的纲领与统帅。这表明了其在评画和创作中的至高地位。这一概念不仅强调艺术作品的

---

1. 宗白华.美学散步：插图本[M].上海：上海人民出版社，2005：24-25.
2. 郭廉夫，郭渊.中国色彩简史[M].重庆：重庆大学出版社，2021：82.

形式美感,更关注其内在的精神与生命力。

从绘画角度看,气韵生动是指艺术家通过笔墨技巧和构图方式使作品展现出生命的流动感和人物的精神气质,达到一种超越形象表层的传神之境。具体而言,笔墨的浓淡疏密、构图的虚实变化,都要与表现对象的内在气质相和谐,从而使画作富有生机与活力。这不仅仅是技巧上的追求,更是对艺术家艺术情感与精神境界的反映。

从文学创作的角度看,气韵则表现为作品语言的流转和意境的生动,它既是一种美学的意蕴,也指一种圆满浑融的艺术理想境界。《说文解字》解释"韵"为"和也"[1],司空图在《二十四诗品》中提出的"韵外之致""味外之旨",指的是文学作品中超越字面意义的意蕴与深度,追求一种"远出"的美感。气韵体现在文学作品的文字间,表现为语言的自然流动与精神的浑融,最终让读者感受到文本内在的生命力。作为一种文法与文学效果,"气韵"追求浑融、流转,追求文本的活力与生机,体现了作品的灵魂与生命力,是艺术生命的至境。

总体而言,"气韵生动"不仅是一种技术标准,更是一种艺术境界的追求,它体现了艺术作品内外统一、形神兼备的完美理想。这种理想在中国古典艺术中影响深远,成为评

---

1. 许慎. 说文解字注 [M]. 北京:中华书局,1963:58.

判作品的最高标准。无论是绘画还是文学，气韵的美都关乎作品的灵魂，是艺术生命力的体现。

品味"气韵之美"是一种深层次的审美体验，既要感知作品的外在形式，也要领悟作品的内在精神与气质，意即在语言、意境、情感与思想之间找到一种流动的生命力与韵律感。

一、体含飞动之势　营造动感之境
——细读《破阵子·为陈同甫赋壮词以寄之》

辛弃疾是南宋词坛雄豪英武、叱咤风云的侠士词人，被清代词学家陈廷焯称为"才大如海，只信手挥洒，电掣风驰，飞沙走石，真词坛第一开辟手"[1]。辛弃疾之词有飞动的气韵，前人早有论及。陈廷焯评辛弃疾词曰："词意殊怨，然姿态飞动，极沉郁顿挫之致。"[2]这句评论直接点出了辛词的飞动之态以及由此造成的艺术效果。《赌棋山庄词话》曾云："稼轩是极有性情人。学稼轩者，胸中须先具一段真气、奇气，否则虽纸上奔腾，其中俄空焉，亦萧萧索索如牖下风耳。"[3]"辛弃疾笔下的景物和场面也多飞动壮观。"[4]这些评价肯定了辛弃疾

---

1. 孙克强，杨传庆.《云韶集》辑评（之一）[J].中国韵文学刊，2010（24）.
2. 陈廷焯.白雨斋词话[M].杜未末，校点.北京：人民文学出版社，1959：23.
3. 刘荣平.赌棋山庄词话校注[M].厦门：厦门大学出版社，2013：25.
4. 郭预衡.中国古代文学史（一）[M].上海：上海古籍出版社，1998：218.

词中流动的奔腾真气与飞动之态。辛弃疾的《破阵子·为陈同甫赋壮词以寄之》被选编在统编版初中语文教材九年级下册第三单元，是初中语文教科书中的经典篇目。此词作极具飞动之象，展现了一种激荡飞扬之势，彰显了一种飞扬跃动的美学，它不仅仅携带着飞翔的意象，其中对动态画面的流畅描绘，更是时间流转与进展的艺术表现，其结构跳跃而充满变化，呈现出一种跌宕起伏的和谐。这种飞扬跃动的力量，使得整个构思在视觉与感官上都呈现出一种飞动之美，引领读者感受到飞扬跃动之中蕴含的既有力度又充满和谐性的美。

（一）飞动奔腾的意象

诗词要具飞动之美，其意象应具有神采飞动的特点，形成飞动的艺术效果。《破阵子·为陈同甫赋壮词以寄之》选择飞动奔腾、令人振奋、奇伟不凡的诗词意象，通过这些精心雕琢的意象，构建出一种令人心潮澎湃、仿若身临其境的飞动艺术效果。

上阕开篇"醉里挑灯看剑"一句，以其独特的"剑"意象，展现了一种刚中带柔、轻盈而洒脱的美学境界。它的特征是刚柔相济、飘洒轻快。此剑，非凡俗之物，而是文人墨客所钟爱的精神象征，它以修长光洁的姿态，映射出儒家的温文尔雅；以其刚毅冷峻的形态，抒写着作者心中的坚定和决断。所谓"剑似飞凤"，轻灵潇洒，动感飘逸，演练起来像一只绚丽的飞凤。这比喻不仅仅赋予了剑以轻灵潇洒的动态美，更像是一幅生动的画面，将剑的舞动变成了空中绚烂飞舞的凤凰，充满了动感与飘逸的艺术魅力。李贺诗言"角声满天秋色里"，在肃杀的秋日时节中，通过角声的哀厉高亢，勾勒出一幅悲壮且充满力量的画面。这"角"之意象，不仅仅是声音的传递，更是一种时代的呼唤，反映了作者对于人生苍凉、英雄末路的深刻感慨。它是人心中不屈不挠的战歌，通过这一声声角响，传递出一种超越生死的振奋情绪，展现了诗人在理想与现实冲突中那份不灭的希望和坚持。

"八百里"是引用典故，源自晋朝王恺所有的名为"八百里驳"的珍稀牛。此处以"八百里"喻指珍贵之物，将名贵之物分给将士们，显得豪气十足。若从"方圆八百里"的视角解读，诗中描绘的"将烤肉馈赠方圆八百里士兵"的场景，无疑让人心中浮现出一幅无边军营中士兵畅饮畅食的豪放图景，其夸张与豪迈之情溢于言表。通过这一典故的巧妙运用，诗人成功地引导读者的想象，使之仿佛亲历了辽阔军营中的壮观景象。

"塞外声"，并不特指某种音乐，而是泛指战场上奏响的所有军歌。"塞外"两字，瞬间拓展了广阔的视野与胸怀，让人感受到边塞之外那股磅礴的气势与开阔雄浑的意境，唤起了对广袤无边疆场和浩瀚无边沙海的遐想。

下阕"马作的卢飞快"一句中的"的卢"是一种烈性快马，这是一种极速疾驰、勇猛异常的马种，象征着快马奔腾、飞跃平原、横扫千军的英勇气概。"弓如霹雳弦惊"中的弓箭,是军事类诗歌的常见意象,与笨重的长矛、坚固的铁盾相比,弓箭以其独有的轻盈与敏捷,成为战场上具有远程射杀效用之物。说到弓箭,一般人们想到弓箭的形状,比如苏轼《江城子·密州出猎》中的"会挽雕弓如满月,西北望,射天狼",写出了诗人聊发少年狂,依旧能拉弓如满月去射杀猎物,展现了诗人挥洒自如的英雄本色,透露出诗人希望能够为国效力、保家卫国的壮志豪情。此外,卢纶的《塞下曲》"欲将轻骑逐,大雪满弓刀"一句,不着一字写战争场景,以极简的笔触勾勒出一幅壮阔的战争景象,能让读者想象出一幅战场上雪花与兵器交织、金戈铁马的追逐画面来。此处并没有写弓箭的形状,而是采用弓箭本来的样貌给人带来的薄、小的感觉去衬托雪之大、战之急。这种精妙的表达让读者的想象力得到了极大的激发。还有一种常见的写法就是写拉弓射箭时的声音,比如王维《观猎》中的"风劲角弓鸣,将军猎渭城",在疾劲的风声中夹杂着弓弦的声音,描绘了将军威武的形象与猎场上狩猎的生动场景,展现出将军高超的技艺。辛词《破阵子》也描写了万箭齐发时弓弦如霹雳一样巨响的声音,震撼无比,让读者联想到万箭齐发如雨点的画面,弓箭划破长空射落下来,既有视觉的冲击也有听觉的震撼。这个场面极具攻击性和飞动性,呈现了一场千军万马奔腾,万箭齐发如霹雳的视听盛宴。

意象的飞动奔腾效果，不仅源自意象本身的奔腾之气，还得益于词作中那些充满张力与动感的动词。这些极富气魄的动词不仅修饰了意象，更是赋予其一种无形的气势和飞扬之态，渲染飞动之色，从而加深了意象飞动的艺术效果。"醉里挑灯看剑，梦回吹角连营"一句中的"挑"字本义为拨动，挑动灯芯使灯火更明亮。"挑"在此处不仅仅局限于其字面上的"拨动"，还融入了"挑剑"的气势。"挑剑"是剑术中的一种基本技法，由下向上为挑，力达剑尖，动作完成以后，剑尖朝前上方，是一种进攻性剑法。让人不由得想象诗人是用剑尖挑亮灯火，而后剑尖回旋到眼前，诗人顺势开始观摩宝剑。整个动作行云流水，一气呵成，极具动感。"吹角"，在苍茫大地上透过战场上号角声声的召唤，勾勒出了一幅幅连绵不绝的军营图景，声音穿透雾霭，激荡人心，仿佛将读者置于那令人心潮澎湃的历史瞬间。

"五十弦翻塞外声"，"翻"字的选用更是巧妙，极具飞动性与灵活性，其本义是"鸟飞"，引申为演奏，将本义与引申义相联系，不仅指物理上的飞跃和翻转，也隐喻着乐曲中那种激烈而雄壮的气势，以及演奏者手指灵巧变幻的技巧，从而让乐曲的动感和力量跃然纸上，可见乐曲的激烈与雄壮有力。

"沙场秋点兵"，"点兵"，在秋色肃杀时节，来一场声势浩大、杀气腾腾的军队检阅，可以想象军队驰骋沙场时威武雄壮、所向披靡之势。

作者使用这些极富飞动性的词来修饰词中意象，使得每字每句都饱含力量，充满了动感和生命力，让读者在阅读过程中能够感受到那种跃动于历史长河中的英雄气概。

(二)雄浑流畅的画面

《破阵子》一词借由细腻且连贯的动作描绘，营造了雄浑激荡的情感画面，构建了一个充满动态美与情感张力的艺术空间。

首先，诗人擅长使用一系列紧凑且连续的动词，精确捕捉了飞动意象的活力，把飞动的画面描绘得酣畅淋漓，动作轻快如飞，画面具有流动之势。首句刻画了诗人在半夜挑亮灯光，仔细观摩剑的情景，营造出一种静谧且紧张的氛围。下一秒画面快速切换，诗人仿佛瞬间已置身在号角声不断的连片军营里。这里连用了醉、挑、看、梦、吹、连六个动词，酒酣人醉之际，动作一气呵成，没有半点拖泥带水，画面的衔接十分流畅。这种动作的连续性和情景的迅速变换，不仅加强了画面的动感，也深化了诗中所蕴含的情感深度，使得诗歌的表现力更加雄浑而激荡。

其次，作者善于描绘不断变换飞动的画面。上阕呈现四幅画面，首句是一幅末路英雄醉酒赏剑图。深夜寂静之时，英雄人物醉酒之后孤独地坐在昏黄的灯光下，挑灯把玩着一把锋利的剑，气势如虹。这个场景不仅仅是一位醉酒之后的壮士对冷冽武器的欣赏，也是他内心深处对往日沉重记忆和未曾言说的辛酸的沉思。这幅画面，虽静谧，却暗藏着一股突破沉默的气势，如同一道穿透夜幕的闪电，显露出英雄的无奈与深沉的伤感。紧接着，以"梦回"一词转换时空，场景如梦境般跳转，实现画面的跳跃，带领我们进入一幅军营生活的热闹画面。士兵围坐一处喝酒吃肉，一曲壮烈的歌曲在空气中回荡，一幅壮气凌云的画面跃然纸上。然而，画面突破了静态的限制，铮铮作响的塞外声穿透画面，突破画面的二维性，增添了画面的立体感。紧承上句，上面刻画的三个画面融合进一个更加宏大的场景中——"沙场秋点兵"，一支庞大的军队在进行秋季的点兵仪式，士兵们穿着战袍，整齐划一地排列着，面向军旗军鼓，庄严且肃穆。虽然四幅画面依次呈现，但因其同处于战争视野下，故在多层次的同时又保持了一致性，不至于让画面杂乱无章。词的下阕进入战场上的厮杀，随着战争序幕的拉开，一场动感十足的战役画面展开，伴随着万马奔腾的壮阔气势和战鼓如雷的震撼，密集的箭雨如同暴风骤雨般铺天盖地而来，其声音震耳欲聋。在这激昂的氛围中，马匹的灵动与速度得到了极致的体现，闻名遐迩的的卢，其迅疾如风的姿态，为战场增添了一抹独特的激情。战场上箭如雨下，响如霹雳，整个画面的流动性强，使人仿佛目睹了一场战场硝烟。战士勇猛冲锋，敌军接连倒下，残败之兵溃不成军，场面一片狼藉。而在这肃杀气氛中，一位将军率领着士兵，身先士卒，乘着胜利的东风，迅速结束了战斗。战后，凯旋之歌响彻云霄，人们欢呼雀跃，庆祝胜利的到来，令人不禁想起辛弃疾纵马奔腾、直入敌营、捉拿叛贼张安国的画面，刻画了一个胜利归来，赢得名誉的将军形象。

上下两阕五幅画面紧承相接，打破时间与空间的限制，切换自然迅捷。

（三）流转行进的时间意境

要想达到动感之美，就应有动态性意境。什么是"动态性意境"？张同铸先生认为它具有历时性，"要求读者的感观（想象）跟随着所描述的事件作向前（向后）运动，在动作时间序列的不断变化中获得审美快感，这是一种'动'的快感"[1]。流转行进的时间意境是指随着时间向前或向后变化而形成审美意境。

辛弃疾善用虚实结合之法，巧妙地凸显时间的流转。全词以实景开篇，随后穿梭在虚幻与现实之间，呈现了一幅时间流动的画卷。首句诗人独自挑灯看剑，这一举动流露出惆怅无奈之感，此剑曾助自己杀敌四方，横扫战场，而今只堪观摩打量，显露出对往昔战功的缅怀与对现实的无奈反思。实写现实，醉酒之中，恍惚意态，人生意气，浮想联翩。第

---

1. 张同铸.从几首唐诗看动态性意境[J].古典文学知识，2002（5）.

一句本是时间的向后运动,第二句由一"梦"字瞬间把读者带入一个虚构的向前的时间维度,在这重回忆中,时间是向后流逝的,诗人在酒后的迷离之中,梦回战场,奋勇杀敌,赢一个流芳百世。虚写中的畅快淋漓,再现了作者在战场之地无人能敌的英雄气概,此时运用夸张手法营造动态性时间意境。到最后一句,时间序列又由丰富的想象转而回到残酷的现实,诗人梦境虽美,终是幻灭,现实千般痛苦,白发丛生,眼前的金戈铁马都化为乌有,理想粉碎的悲壮感瞬间裹挟住诗人,令诗人陷入深深的悲哀之中,也令读者窒息,感受到一种强烈的时代错位感与理想的破灭。全词的三层转折实是时间的流淌,进而营造出流转行进的时间意境,呈现了丰富的情感变化。这一声哀叹饱含作者平生的不得志、满腔的爱国情意以及时间流逝壮志仍在的高亢与激昂。因而整首词极具跳跃性,以其跃动的时空感,从一个人的孤独经历到一场战争的厮杀情境,再回到一个人的寂静,时间的流动感被不断充盈拓展,而复杂的情感也在流动中得以充分展现。

(四)跳跃跌宕的结构意脉

辛弃疾《破阵子》一词的飞动之势,不但体现在画面、意境等方面,还体现在诗词结构上。辛弃疾善于运用跳跃顿挫的结构,写出一种情感起伏的流动之美。

关于辛弃疾词作的跳跃顿挫之法,郭预衡先生曾说,辛弃疾"善于运用跳跃、顿挫之法,增加时空的跨度和感情的起伏"[1]。何为顿挫之法？唐彪《读书作文谱》曾有言："文章无一气直行之理，一气直行，则不但无飞动之致，而且难生发。故必用一二语顿之，以作起势，或用一二语挫之，以作止势，而后可施开拓转折之意，此文章所以贵乎顿挫也。"[2]《破阵子》上阕五句与下阕四句一直高开，开篇以"醉"字开笔，意气全开，酒意渐浓，酣畅淋漓，意含无限辛酸之苦。醉酒的背后真意是什么，"醉里挑灯看剑"就为我们撕开了醉酒之面纱，此时夜深人静，"挑灯看剑"，是不平，是怀念。不平的是剑归鞘，在飘摇年代被放逐、被搁置；怀念的是那战场厮杀，是保家卫国的慷慨意气。好男儿该意气风发，挥洒疆场，实现平生之志，一直到"赢得生前身后名"，气势一泻千里，从冲天热烈的点兵、战场英勇的厮杀到功成名就，一气呵成，情感已经到最高潮，再无可说。而最后一句"可怜白发生"运用跳跃之法，突然一转，以顿挫之法留不尽之意，使得前面所描绘的一幅幅英勇杀敌的画面瞬间化为虚有，仿佛黄粱一梦。诗人从梦中醒来，独坐灯前，长叹一声，全词最后以伤感之词作绾结，意脉陡转，由壮转悲，饱含着无限遗憾与无奈。前九句越写得酣恣淋漓，后一句的失望就越发加强。这样的结构画面看起来让人觉得突兀，情感变化之大，似乎不可接受，但正是虚写中的幻境与实写的

---

1. 郭预衡. 中国古代文学史（一）[M]. 上海：上海古籍出版社，1998：219.
2. 唐彪. 家塾教学法 [M]. 赵伯英，万恒德，选注. 上海：华东师范大学出版社，1992：120.

现实，造成一种极大的反差，不仅毫无疏离之感，反而增添了无穷的气势，由最高潮的战场厮杀与人生功成的意气风发到最低谷的现实悲境，大开大合，显得无比雄浑壮阔，极具流动感与生命力量感。

正是结构腾扑的意脉流动，给我们营造了一种悲壮的情感意蕴，其中陡转曲折、微妙隐约的情感耐人寻味。

（五）结语

辛弃疾是文武双全的英雄，在诗词创作上，既可"肝肠似火"，亦可"色貌如花"。《破阵子》就是一首"肝肠似火"的诗词，痛快淋漓，纵横博大，在空生白发的情况下，他仍旧能生发出雄心壮阔的想象。诗人传达的情感虽然沉重，但行文实为奔放。诗词中所选取的意象、所刻画的画面、所营造的意境以及全词的结构意脉都表现出飞动奔腾的浪漫主义精神。

（《破阵子》选入统编版初中语文教材九年级下册第三单元）

二、《师说》：如潮的气势之美

南宋李涂在《文章精义》中说"韩如海，柳如泉，欧如澜，苏如潮"[1]，概括了唐宋四大家散文的风格特征。韩愈的

---

1. 陈骙，李涂.文则·文章精义[M].刘明晖，校点.北京：人民文学出版社，1960：62.

文章被形容为"如海",展现出磅礴的气势,雄伟壮丽。韩愈的诗文气势磅礴,唐末司空图曾评韩诗曰:"其驱驾气势,若掀雷扶电,撑抉于天地之间,物状奇怪,不得不鼓舞而徇其呼吸也。"[1]司空图用"掀雷扶电"来形容其诗文的雄伟气势,体现出韩愈作品中那种充满力量和震撼的气质。韩愈的《师说》作为其代表作之一,结构严谨,气势连贯,从开篇到结束一气呵成,贯穿着如海浪般的力量。文章不仅通过富有逻辑的论述说明了为师之道的重要性,而且在字里行间传递出一种不可忽视的个人风格,尤其在语势的推进和层层递进的论证中,充分体现出他对社会文化的责任感与担当。

(一)维护教统的强大勇气

韩愈以强大的勇气面对颓废的时代风俗,不顾耻师之风与社会舆论的压力,毅然提倡尊师重道,重振儒家教统。他在道丧文弊的时代,勇敢倡导古文运动,以文为武器,直接挑战士大夫的耻师观念,扛起复兴儒学的旗帜,展现了不畏流俗、坚毅无畏的精神力量。

韩愈曾因《论佛骨表》激怒唐宪宗,险些被处死,最终被贬至遥远的潮阳,这一事件体现了他对儒家教义的忠诚。他高举古文运动的旗帜,以超凡的勇气发起了这场文坛革新,挑战了当时占主流的骈文,承担了重振儒家道统、恢复

---

1. 司空图.荟珍集:二十四诗品[M].杭州:浙江古籍出版社,2023:38.

简朴文风的责任。

《师说》的写作缘由是为赠李蟠,因李蟠"能行古道,不拘于时"。这里的"古道",不仅可以理解为从师之道,更可以指儒家之道与古文之道;"时"则既是指士大夫耻学于师的社会风气,也可隐喻当时流行的骈文时风。韩愈维护教统的强大勇气首先体现在他与"时"的斗争中。他不仅要捍卫儒家学统,还要挑战整个时代衰颓的文学风尚。在当时,韩愈的古文运动得不到广泛认同,甚至遭遇猛烈的批评与嘲笑,然而他"益坚"不屈,继续倡导古文,挑战浮华空洞的时文。

唐代"耻学于师"的社会风气,与韩愈同时代的吕温曾有文记载:"魏晋之后其风大坏,学者皆以不师为天,纵独学为生知,译疏翻音,执疑护失,率乃私意,攻乎异端……其先进者亦以教授为鄙,公卿大夫耻为人师,至使乡校之老人,呼以先生,则勃然动色。痛乎!风俗之移人也如是。"[1]魏晋之后,社会风气发生变化,士人对从师求学的态度发生了显著转变。随着社会风气的变化,人们的价值观和行为准则发生了严重的偏离,不再尊重师道,整个文化界和学术界因此受到了极大的影响。

魏晋以来,师道颓废,已是公认的事实。与整个社会

---

1. 孙培青.隋唐五代教育论著选[M].北京:人民教育出版社,1993:474.

流俗对抗，需要很大的勇气，韩愈勇敢指出流弊，对唐代士大夫群体耻于从师的风气展开了毫不留情的批判。他在《师说》中痛斥那些耻学于师的士人，犀利地指出，"圣益圣，愚益愚"，批评他们不仅愚昧，还丧失了从师学习的基本常识。这种充满锋芒的文字犹如鞭子，狠狠抽击当时的士大夫之族，使韩愈成为"全民公敌"。柳宗元在《答韦中立论师道书》中直接指出韩愈面临的困境："今之世，不闻有师，有辄哗笑之，以为狂人。独韩愈奋不顾流俗，犯笑侮，收召后学，作《师说》，因抗颜而为师。世果群怪聚骂，指目牵引，而增与为言辞。愈以是得狂名。居长安，炊不暇熟，又挈挈而东，如是者数矣。"[1]尽管被人非议，韩愈在逆风之中仍坚持恢复师道、弘扬儒学，表现出强大的勇气和不屈的精神。

韩愈不仅勇于直陈不尊师道的现实流弊，在实践中也同样力行不辍。他敢于"抗颜为师"，培养了张籍、李翱等大批后学，这种实干精神为后世师道复兴奠定了基础。苏轼赞誉韩愈"文起八代之衰，道济天下之溺"，高度赞扬了韩愈在思想和文化复兴上的巨大贡献，认为他不仅挽救了衰落的文学风气，更在化解社会道德和教化的危机中发挥了重要作用，成为中华文化重振的中坚力量。《师说》正是韩愈高举

---

1. 柳宗元.柳宗元集校注[M].尹占华，韩文奇，校注.北京:中华书局，2013: 2177.

教统大旗、复兴师道的标志性作品。他不仅恢复了尊师重道的传统，也通过这一篇文章，为儒家道统的延续发出了时代最强音。

韩愈的勇气不仅体现在他对抗时文、批判耻师风气上，还展现在他对整个社会风气的深刻反思中。他倡导的古文运动挑战了骈文风尚，他的师道主张挑战了士大夫的虚荣心，他对道统的维护挑战了佛道盛行的信仰结构。韩愈所做的不仅是文化的复兴，更是对整个社会价值观的重构，体现了他作为一位文化巨人的责任感和使命感。

韩愈的孤勇还体现在他对个人名利的无视，更体现在他敢于肩负起振兴儒家道统、重塑师道尊严的历史责任。他无惧流俗、勇担道义，凭借强大的文化自信与责任感，以一己之力掀起了唐代的古文运动。在《师说》中，韩愈表现了以文化之道为武器，捍卫教统、挑战腐朽时代的勇气。

（二）腾挪跌宕的结构变化之气

《师说》在结构上展现出鲜明的腾挪跌宕之气，这种变化既体现在论证方式的转换上，也体现在情感表达的起伏之中，使得文章富有张力和节奏感。

首先，层层对比式论述使得文章结构波澜壮阔，论证层次分明且具有强烈的推进感。韩愈在《师说》开篇时提出"古之圣人，其出人也远矣"与"今之众人，其下圣人也亦远矣"，通过这种古今对比，巧妙地揭示出两种截然不同的从师态度，凸显了问题的严重性。在古代，圣贤之所以成就卓越，正是因为他们能够虚心从师。而到了韩愈所处的时代，人们不仅远远不如古时的圣人，甚至还耻于从师，这种不从师的风气与古代尊师重道的传统形成鲜明对比，充分暴露了当时社会风气的衰败。通过这一对比，韩愈不仅指出了士大夫耻于从师的荒谬，也揭示出这种风气的根源：时人自视甚高，不愿承认自身的不足，更不愿通过从师获得提升。这种社会风气导致了文化的衰落，正如他在文章中批判的那样，愚者愈愚，贤者也因不能从师而难以更进一步。接着，韩愈通过士人与百工的对比，揭露了士大夫群体的自负与愚昧。他指出，巫医、乐师、百工等技艺阶层不耻于从师，反而乐于学习他人的技艺和知识，展现出他们的尊师智慧；自诩为上层精英的士大夫群体却耻于从师，认为从师有损其尊严。这种身份和智识的强烈反差，不仅揭示了士人群体的虚伪与自负，还使他们看似高贵的身份蒙上了愚昧的阴影，进一步强化了韩愈对这一社会风气的批判力度。这些层次分明的对比，不仅一步步将论证推向高潮，还增强了文章的感染力。

其次，由理性陈述转向强烈的情感表达，逐层递进，时而平和陈述，时而激昂抨击，引发读者强烈的共鸣。在论述从师的必要性时，韩愈的语气最初保持着平和理性的基调。他提出了一个朴素而有力的道理："人非生而知之者，孰能无惑？惑而不从师，其为惑也，终不解矣。"通过这一平静的陈述，韩愈强调了向师学习是解除迷惑、增长智慧的必然途径。然而，紧接着韩愈的语气发生了明显的转变，他从理性推理转向情感激烈的批判。针对士大夫耻于从师的风气，他以讽刺的笔调表达愤慨，"群聚而笑之""愚益愚"等语句尖锐地揭露出士大夫群体的自大与无知，情感的起伏与变化使文章的论述力度陡然增强，从理性的陈述滑向激烈的抨击。韩愈的愤慨和讽刺之气，犹如针刺，直接揭示了当时社会风气的腐败和虚伪。

《师说》的结构变化灵动有致，既有对比论证的层层递进，又有情感表达的起伏跌宕，形成了腾挪跌宕的气势，展现了韩愈独具特色的古文风格。

(三)语言表达的强大力量

《师说》中的语言表达展现了韩愈独特的语言风格和强大的表达力量，打破了过度追求形式的浮华文风，转而强调内容的实质与语言的力量。在这篇文章中，整齐的排偶句与灵活的散句交错运用，形成了错落有致的节奏和有力的论证效果。

韩愈在《师说》中巧妙运用排偶句和散句交替，既使文章具有整齐的韵律感，又通过句式变化打破了单调，增加了语言的活力。例如"古之圣人，其出人也远矣，犹且从师而问焉"与"今之众人，其下圣人也亦远，而耻学于师"便是典型的排偶句，对仗工整，增强了论证的力量感。而接下来的长散句"是故圣益圣，愚益愚。圣人之所以为圣，愚人之所以为愚，其皆出于此乎"，则通过打破对仗句式，增强了表达的灵活性，使文章富有节奏感。排偶句的使用不仅仅是为了语言的工整，也是为了在论证时凸显气势，增加说服力。例如，"无贵无贱，无长无少，道之所存，师之所存也"这一句式整齐的排偶句，简洁有力，给人一种气势磅礴的感觉，直接点明了尊师的重要性。同时，这种整齐的句式让论证变得有力而不可辩驳。文章中的排偶句不仅结构整齐，还时常与对偶句结合，如"位卑则足羞，官盛则近谀"。这样的对偶句不仅增强了语言的平衡感，也让论证显得更加有力和尖锐，在批评当时士大夫群体上更具讽刺性和冲击力。《师说》的语言表达力量在于韩愈对句式的巧妙运用，不拘泥于形式的对仗工整，而是在散句和排偶句之间灵活切换，使文章富有节奏感和层次感。这种语言风格不仅增强了论证的说服力，也让文章在思想表达和情感抒发上更加生动有力。

《师说》中运用了顶真修辞，增强了文章鲜明的节奏感，还通过层层递进的表达，逐步加深论述的力度与情感。首先，顶真修辞的使用在形式上增强了文章的节奏感，使《师说》富有一种近似音乐的韵律美。例如，"古之学者必有师。师者，所以传道受业解惑也""生乎吾前，其闻道也固先乎吾，吾从而师之；生乎吾后，其闻道也亦先乎吾，吾从而师之"等句子形成了一种句式上的回环和复沓，读起来朗朗上口，表达自然顺畅。这样的结构赋予了《师说》独特的节奏感和形式美，有一种连贯的力量，提升了语言的表现力。其次，顶真将论述的层次层层推进，语气逐渐加重，情感逐步升华。如"人非生而知之者，孰能无惑？惑而不从师，其为惑也，终不解矣"，这一句通过重复前后句式的方式，既强化了从师的重要性，又不断推进论点，增强了文章的感染力。韩愈通过不断递进的句式，将对"师道"的推崇与对社会时风的批判逐步加深，让读者在层层深入的思维过程中感受到思想的冲击和情感的递进。再次，顶真修辞还加强了句与句之间的紧密连接，形成了环环相扣的论述结构，凸显了语言的强大力量。例如，"弟子不必不如师，师不必贤于弟子"，这种简短精练的句子，通过语句之间前后衔接，不仅在结构上相互照应，还让论述更加有力，展现出韩愈对"师道"深刻的理解和自信。顶真修辞增强了文章的气势，使韩愈的思想主张显得尤为清晰有力。韩愈通过节奏变化和层层递进的表达，使读者在阅读时感受到一种步步高升的说理气势，也展现出作者那种高瞻远瞩、对自我主张充满信心的气魄。

《师说》中的虚词使用具有显著的艺术效果。"味其所用助字，开阖变化，使人之意飞动"[1]，助字的灵活变化如同文章的开阖，让情感与论述在文中自由流动，增强了表达的动态感与节奏感。《师说》中多次使用语气词，开篇"师者，所以传道受业解惑也"一句运用判断句式，判断句在文章的运用中有简洁明了、强调重点、便于论证、表达肯定或否定、增强语言多样性和便于理解等好处。判断句的使用直接明了地揭示了"师"的作用，饱含着对"师"的尊重与肯定，其中蕴含着韩愈对"师道之不复"的痛心与扼腕，使读者置身于"李氏子蟠"的位置，重新思考"师"与"道"的关系，言简意赅。又如"师道之不传也久矣！欲人之无惑也难矣！"两句在句意上有因果的联系，本身已有批判的意味，"也""矣"两个语气词的安排整齐一致，使句子的韵律回环往复，节奏舒缓沉重，读来一唱三叹，具有诗与音乐的形式美，同时也增强了语句的抒情效果。再如"今其智乃反不能及，其可怪也欤"中"欤"表示的讽刺而批判，"则耻师焉，惑矣"的"矣"表示的严厉而沉痛，"如是而已"的"而已"表示的从容而自信，都让《师说》的情感表达更深沉、有力量。

《师说》中两次使用叹词，分别位于文章开头和结尾。"嗟乎"仿佛一下子把韩愈内心深处的感慨、愤慨和悲痛直

---

1. 洪迈. 容斋随笔 [M]. 上海：上海古籍出版社，2015: 47.

接呈现在读者面前。这两个字不仅仅是语言的修饰，实际上还引导了读者的情绪，让人立即感受到韩愈对"师道不传"的深切痛惜。在这里，叹词"嗟乎"将文章的情感张力从平静推向高点，让人一下子就能感受到问题的严重性和紧迫性。随后的句子"师道之不传也久矣！欲人之无惑也难矣！"通过与叹词的呼应，强化了对"师道不复"的遗憾和对"欲人无惑"的无奈。两句中的"矣"加重了语气，使整个句子读来如同长叹，既有历史的沉痛，又有对现状的无奈。叹词的使用不仅将韩愈的忧愤之情传达给读者，还让文章的情感层次更加丰富饱满，带来强烈的情感共鸣。正是通过这简洁而精准的叹词"嗟乎"，韩愈将个人情感与文章论述有机地结合，使得《师说》不仅具备理性论证的力量，还充满了感情的波动和感染力。这种情感的表达不仅仅是对现状的批判，也是对未来的期待，借此唤起读者对传统师道的重新思考。其次，"呜乎！师道之不复可知矣"中，叹词"呜乎"作为情感的直接抒发，凝聚了韩愈对师道不复存在的沉痛感受。这一感叹词不仅强调了韩愈内心的失望与悲伤，也让读者感受到那种深沉的文化忧患。感叹词"呜呼"紧接在三组对比（"古之圣人"与"今之众人"，"其子"与"其身"，"巫医乐师百工之人"与"士大夫之族"）之后，自然而然地引出作者对从师风尚不复存在的悲痛和失望。这样的情感表达具有极强的感染力，能够激发读者改变现状的决心和勇气。

　　《师说》多次使用疑问词。例如"人非生而知之者，孰能无惑"一句，以"孰"反诘，与前面的"非"相呼应，坚定而富挑战性，使句子在顿挫起伏中产生了极强的冲击力。而"吾师道也，夫庸知其年之先后生于吾乎"中"庸""乎"的运用，更是洒脱之中透着自信。至于"其皆出于此乎"中"其""乎"的运用，则于委婉亲切中发人深思。由此看来，疑问词的运用使这三个句子笔力雄强俊健，在表情达意上起到了很好的效果。

（《师说》选入统编版高中语文教材必修上册第六单元）

三、抑扬顿挫　慷慨淋漓
——《五代史伶官传序》之气韵

　　《五代史伶官传序》乃北宋政治家、文学家欧阳修所撰写的一篇史论，历来是各中学语文教材的经典篇目。沈德潜曾给予此文高度评价："抑扬顿挫，得《史记》神髓，《五代史》中，第一篇文字。"[1]这一评价高度赞扬了欧阳修《五代史伶官传序》一文继承和发扬了《史记》"抑扬顿挫"的写作技法，突出了欧阳修在文字表现上的渊源。"此论……文

---

1. 高步瀛.唐宋文举要（中）[M].上海：上海古籍出版社，1982：672.

情抑扬顿挫,悲壮淋漓。"[1]"抑扬顿放中无限烟波,文之神似龙门者",抑扬顿挫的节奏蕴含着深远的意境,就如烟波浩渺的景象,充满了变化与美感。此序婉转流畅,抑扬顿挫之间尽显文学造诣。文章所谓"抑扬顿挫",是指在文字的高低起伏、停顿转折中,展现出一种流动如水的韵味,使读者感受到一种无尽的悠远意境。句式变换多姿,节奏明快,毫无窘迫滞涩之感。修辞精妙,感染力极强,情感递进层层深入,波动起伏,由浅入深地揭示了警示主题。

(一)句式变换有起伏

文章句式丰富且具有表现力,语言婉转流畅,骈散结合。

文章开篇以感叹词"呜呼"开头,瞬间抓住读者的注意力,表达作者对庄宗盛衰命运的深沉感叹,蕴含着一种惋惜和思索,这一感叹的出现突如其来,犹如晴空霹雳,叩击读者的心弦,瞬间将情感引入高点,奠定了悲壮的气氛。"盛衰之理,虽曰天命,岂非人事哉!"这一句通过短句的排列,直接简洁,展现了迅捷而有力的节奏。句式紧凑,先提出"盛衰之理"的命题,再通过"虽曰天命,岂非人事哉"的反问,将论点推向高潮。短句的使用加强了论述的直接性和冲击力,突出"盛衰"的核心主题。同时,"岂非人事哉"

---

1. 沈德潜.唐宋八家文读本(上)[M].于石,校注.合肥:安徽文艺出版社,1998:462.

的反问句带来一种强烈的质疑感，进而激发读者的思考，使文章的论点更加鲜明。"原庄宗之所以得天下，与其所以失之者，可以知之矣。"此句使用了对比的结构，"得天下"与"失天下"相对，"所以得"与"所以失"形成了对比关系。这种句式呈现出对称美，使得论述更加简洁有力。同时，在情感表达上提供了稳定与均衡的节奏感，与前面的短句形成了节奏的变化对比，增强了文章的层次感。先是通过感叹引发情感，再通过反问激发思考，最后通过对比进行总结和归纳。这种句式的多样性变化，形成了文章的抑扬顿挫，使得论述富有波动感和层次感，既有力度，又不失灵动。

第二段中，长短句式交错运用，错落有致，语势起伏有节奏。在描写晋王李克用交代遗愿时，紧接长句之后，出现了短句的集中使用："梁，吾仇也；燕王，吾所立；契丹，与吾约为兄弟，而皆背晋以归梁。"这些短句连续使用，节奏迅速，语气急促，情感强烈，仿佛是晋王在表达内心的不满与愤慨。接下来长句中杂有短句："庄宗受而藏之于庙。其后用兵，则遣从事以一少牢告庙，请其矢，盛以锦囊，负而前驱，及凯旋而纳之。"描述庄宗如何依照父亲的遗愿行事，情节较为复杂，句式自然延长。长句的使用使叙述更为连贯，语气也随之放缓，带出一种庄重的仪式感和史诗般的庄严氛围。在这长句中，兼以短句"请其矢，盛以锦囊，负而前驱，及凯旋而纳之"这样的一系列动作描述，展现了庄宗在出征、凯旋后将锦囊中的三支箭放回太庙的紧凑过程。多个动词一气呵成，行文节奏加快，语势昂扬。这一长句叙事、短句叙事兼抒情的结构安排，在节奏上形成了一个由舒缓到紧凑的转折。前面的长句如同铺垫，将事件的背景和过程完整展开，而后面的短句则像情感的高峰，将情绪推向高潮。

第三段，开头部分："方其系燕父子以组，函梁君臣之首，入于太庙，还矢先王，而告以成功。"这是几个短小、精练的分句，动词连用，结构整齐统一。此处通过连续的动作描写，逐步展现庄宗的辉煌胜利，给读者以强烈的节奏感，凸显其"意气之盛"。句末"可谓壮哉"的感叹句，起到点睛之妙，将情感推向高潮。接下来，句式变化，由短句转为较长的叙述："及仇雠已灭，天下已定，一夫夜呼，乱者四应，仓皇东出，未及见贼而士卒离散，君臣相顾，不知所归。"这一长句通过几个紧密相连的短分句，层层递进地展现了庄宗从胜利走向衰败的过程，节奏加快，反映出情势的急转直下，加强了故事情节的紧张感，还突出了庄宗内心的慌乱和无助。再接着，"至于誓天断发，泣下沾襟，何其衰也！"以简短有力的句式迅速表达出庄宗的极度悲凉与无奈，语气中充满了哀痛和沉重。最后，以疑问句结束："岂得之难而失之易欤？抑本其成败之迹，而皆自于人欤？"两个反问句连用，结构工整对称，增强了语势，又引发了深刻的思考。尾句通过骈句"满招损，谦得益"及散句的结合，平衡了句式的变化，使行文节奏流畅自然。多种句式的交替运用使得文章在情感表达上张弛有度，富有节奏感与表现力。

最后一段句式流畅灵活，运骈入散，用散破骈。他采用精练而形象的四字、六字骈俪句式来深刻阐发主题，这种对仗的句式不仅加强了文章的节奏感，还使文章有气势、有力量。[1]行文间，语言对称而精练，警句迭出。例如，"忧劳可以兴国，逸豫可以亡身"这对骈句对仗严谨，字数相等，结构对称，音韵和谐，形成了鲜明的节奏，显著增强了语言的表现力。然而，欧阳修并不满足于此，他在骈句之后，灵活地使用散句收尾，使得文章既有骈句的对称美，又不失散句的灵活多变。如："《书》曰：'满招损，谦得益。'忧劳可以兴国，逸豫可以亡身，自然之理也。"连着两个骈句，后面加上一个散句。"夫祸患常积于忽微，而智勇多困于所溺，岂独伶人也哉！"骈散结合，相得益彰。

因此，文章的句式变化灵活，语势跌宕起伏，节奏性强。骈散结合，调和了骈体与散体之间的对立关系，使之和谐统一。

（二）对比修辞的感染力

欧阳修在文章中多次运用了对比的修辞手法，展现抑扬顿挫的节奏感，使文章更具有感染力。

---

1. 陆精康.得《史记》风神 咏千年绝调[J].中学语文教学，2005（12）.

盛衰之比，扬抑变化。描写庄宗盛时的景象，"方其盛也，举天下之豪杰莫能与之争；及其衰也，数十伶人困之，而身死国灭，为天下笑"，"举天下之豪杰"表现出极高的壮志与自信，语气高昂，形成"扬"的效果。转折到庄宗衰时之景象，"及其衰也，数十伶人困之，而身死国灭，为天下笑"，句子由长转短，语气低沉，"数十伶人困之""身死国灭"等语为庄宗的衰败营造出一种无力之感与悲凉之气，形成"抑"的效果。

人物命运变化，扬抑结合。庄宗得天下之时，"方其系燕父子以组，函梁君臣之首，入于太庙，还矢先王，而告以成功，其意气之盛，可谓壮哉！"句子紧凑，节奏鲜明，充满取得胜利的喜悦，"意气之盛"达到高潮。"至于誓天断发，泣下沾襟，何其衰也！"语气急转直下，句子短促，失天下的悲凉与无奈跃然纸上。

叙论事件发展变化，形成抑扬相映之效。叙述庄宗胜利时，"遣""告""请""盛""负""驱""凯旋""纳"多个动词，一气呵成，连贯气脉，充满胜利的仪式感与荣耀感。而庄宗的失败与混乱，从士兵的呼喊引发的响应，到仓促的逃跑，再到军队的溃散，最后君臣无力回天。此种情景，层层推进，表现庄宗失败的全过程，而"仓皇"与"离散"强化了慌乱的场景，暗示局势的崩溃，"君臣相顾，不知所归"将焦点集中到君臣的无力，描写他们在混乱之中失去方向彼此对视，却不知该去向何方的绝望情景，深深的无力与悲凉弥漫开来。句子短促而急迫，充满绝望，透露危机的突然与不可避免，表达历史的沉重与人事的无常。

文章通过纵与横、先与后、兴与亡的鲜明对照，描绘了庄宗由兴盛至衰败的巨大反差，先以赞誉之笔描绘庄宗的英勇善战、战功显赫。他短时间内横扫南北，灭燕、灭梁，驱逐契丹出境，功业达到巅峰。笔锋一转，庄宗原先那股"意气之盛"已荡然无存，取而代之的是"仓皇东出""士卒离散""泣下沾襟"的凄凉景象，庄宗仅在位三年就死于兵变。其夺取天下时的气吞万里如虎与失去天下时的相顾无言，形成了鲜明的对比，其勃兴速亡的经历，令人不胜唏嘘。

在文章的结尾部分，欧阳修再次运用对比手法，将"忧劳"与"逸豫"进行对照，将"盛"时之辉煌与"衰"时之颓败进行对比，使人感叹不已。庄宗得意之时，天下英豪莫能与之争锋；失意之时，竟至数十伶人困之，实令人感慨万分。

全文运用对比手法展现了抑扬顿挫的节奏感，盛衰、成败的对比，使文章充满了起伏与变化，有效地渲染了氛围，增强了感染力与表现力，给予读者强烈的碰撞感与落差感，引起心灵的震颤。

（三）情感表达低昂反复

欧阳修的《五代史伶官传序》在情感与气势的起伏之

间，犹如洪涛巨浪般展现了极其壮观的景象，给人一种强烈的视觉与情感冲击。"横空而来，如风水相搏，洪涛钜浪忽起忽落，极天下之壮观，而声情之沉郁，气势之淋漓，与史公亦极为相近也。"[1]文章通过对后唐庄宗"盛"与"衰"的对比，巧妙展现出情感的两扬两抑之变化，使得文章富有节奏感和层次感，颇具抑扬顿挫之感。故清人吴楚材、吴调侯编选的《古文观止》评论中说后两段"两扬两抑。低昂反复，感慨淋漓，直可与史迁相为颉颃"[2]。

首先，在庄宗的"盛"时，作者刻画了他战胜仇敌、告慰先王的情景。"方其系燕父子以组，函梁君臣之首，入于太庙，还矢先王，而告以成功"，这段话描绘了庄宗在完成父亲遗志、复仇成功后的得意与骄傲。通过一系列豪壮的动作描写，展现了他登顶权力巅峰的意气风发，"其意气之盛，可谓壮哉！"一句将庄宗当时的辉煌推向高潮。此时，情感高扬，读者也能感受到庄宗对命运的掌控和对成就的满足。

然而，紧接着，情感骤然转向低谷。"及仇雠已灭，天下已定，一夫夜呼，乱者四应，仓皇东出，未及见贼而士卒离散，君臣相顾，不知所归。"庄宗从胜利的高峰突然滑落，面对突发的动乱，他措手不及，士卒溃散，君臣无所适从。这里描写的情感急转直下，展现了命运的无常和庄宗对局势

---

1. 高步瀛.唐宋文举要（中）[M].上海：上海古籍出版社，1982：672.
2. 吴楚材，吴调侯.古文观止[M].施适，点校.上海：上海古籍出版社，2016：402.

失控的无奈与痛苦。

文章前半部分,描绘了庄宗在成功夺取天下后的辉煌成就。此时的语言气势宏大,洋溢着骄傲与昂扬之情,给人以磅礴的气魄。然而,当文章转而描写庄宗因为失误导致国破家亡时,情感迅速转为低沉,语调变得沉痛,凸显了他的悲剧性命运。

随后,欧阳修再次提及庄宗早年功绩,使情感再度高扬,仿佛让读者重新感受到那份荣耀。接着,文章笔锋一转,回归到庄宗最终的败亡。随着庄宗的衰落,情感再次急转直下,跌入谷底。这种抑扬交替的结构,不仅增强了叙述的戏剧性,也使庄宗的悲剧更加刻骨铭心,读者仿佛亲历了庄宗命运的起伏波动。这种情感起伏并非简单的高低对比,而是多次的反复波动。文章在叙述庄宗的辉煌时,细致描写他"系燕父子以组"后的意气风发,塑造了一个充满自信与力量的形象。然而,紧接着欧阳修便写到"乱者四应"的仓皇与无措,迅速将情感拉回低谷。欧阳修通过这种情感波动和结构变化,使得《五代史伶官传序》的情感层次更加丰富多彩,增强了文章的表现力和感染力,也让庄宗的历史悲剧更加触动人心。

《五代史伶官传序》作为史论文章中的经典篇目,语言如同行云流水般,句式的变换与对比运用上极具气势,而情感的抑扬变化更增强了其感染力,形成了强烈的艺术效果。

明代文学家茅坤曾赞誉《五代史伶官传序》为"千年绝调"[1]，这不仅仅是对其艺术成就的认可，更体现了其在历史与文学中的不朽地位。

(《五代史伶官传序》选入统编版高中语文教材选择性必修中册第三单元)

第二节　剖析结构之美

清代李渔在《闲情偶寄》中谈及填词，单单先写结构："结构二字，则在引商刻羽之先，拈韵抽毫之始。如造物之赋形，当其精血初凝，胞胎未就，先为制定全形，使点血而具五官百骸之势。倘先无成局，而由顶及踵，逐段滋生，则人之一身，当有无数断续之痕，而血气为之中阻矣。"[2]通过类比的方式，阐述了结构的重要性。结构是创作之初就应当认真设计的，如同音乐创作的定调一般。也如同建造房屋，先要胸有成竹，完整地设计样图，才能开始建厅开户。法国理论家罗兰·巴特说到叙事性作品应具有"一个可资分析的共同结构，不管陈述这种结构需要有多大耐心，因为在最复杂的胡编和最简单的组合之间存在着一道鸿沟。如果不参照一个具有单位和规则的潜在系统，谁也不能够组织成（生产

---

1. 高步瀛.唐宋文举要（中）[M].上海：上海古籍出版社，1982：672.
2. 李渔.闲情偶寄 窥词管见[M].杜书瀛，校注.北京：中国社会科学出版社，2009：4.

出）一部叙事作品"[1]。这强调文学作品结构的重要，叙事性作品中应有基本的要求，应有计划有组织地架构，以确保作品的内在逻辑结构与艺术效果。那么，什么是结构？杨义曾说："沟通写作行为和目标之间的模样和体制，就是'结构'。"[2]这是指作者在创作过程中，为了传达情感或思想，运用某种有序有效的方式协调组合人物、情节与主题等。这起着基础性的作用，是实现创作意图的关键要素，也是确保作品质量的重要方式，能够保证作品完整性与连贯性的实现。

　　文学作品中，对结构的分析是理解作品深层意义、情感表达和审美意蕴的重要途径。瑞士文艺理论家沃尔夫冈·凯塞尔强调了作品中各个结构层次之间的相互制约和相互支持。这种精细的结构分析有助于读者深入探究作品的艺术性和内涵，理解结构的运作和其在整体意义生成中的作用。分析作品的第一步是识别其结构类型，确定作者采用的是何种叙事方式，线性叙事、非线性叙事、循环结构还是其他。第二步是区别作品的外部结构和内部结构。外部结构通常指作品的可见框架，如章节、段落、分场等形式安排，而内部结构则是作品的内在逻辑、思想、情感和意义的组织。凯塞尔曾提出诗歌四层结构理论（格律、节奏、声音和意义），揭示了文学作品各个层次之间的互动和依赖关系。在文学作品

---

1. 张寅德. 叙事学研究 [M]. 北京：中国社会科学出版社，1989：3-4.
2. 杨义. 中国叙事学 [M]. 北京：人民出版社，1997：34.

中，不同层次的结构相互交织，使得作品的整体美感得以呈现。诗歌的节奏可能强化某种情感的表达，而意义则通过语言和声音的结合进一步深化。凯塞尔指出，外在结构服务于内在层次的发展——外在的韵律与声音在表面上可能只是"形式"，但它们支撑着更深层次的情感和思想。[1]

一、《空城计》的叙事艺术
——用毛纶、毛宗岗父子《读三国志法》
解读《空城计》

福斯特说："小说就是讲故事。"[2]这一断语表达了小说作为叙事艺术的本质。"小说也正可以被我们理解为以叙事的方式对小说外的片断化、零散化、复杂化的经验世界的缝合，以文字和书卷的排列组合方式营造的一种内在时空的幻觉。"[3]这强调了叙事是小说的核心元素，通过叙事，作者将种种片断化、零散化的经验元素有机地串联起来，构建成一个完整的故事世界。作为一门以叙事为主要特征的艺术形式，小说的叙事方式显然是其最为重要的组成部分。长篇章回体小说《三国演义》展现了非凡的叙事技巧，散发出令人

---

1. 沃尔夫冈·凯塞尔.语言的艺术作品[M].陈铨，译.上海：上海译文出版社，1984：215.
2. 爱·摩·福斯特.小说面面观[M].苏炳文，译.广州：花城出版社，1984：23.
3. 吴晓东.从卡夫卡到昆德拉：20世纪的小说和小说家[M].北京：生活·读书·新知三联书店，2003：11.

叹为观止的艺术魅力。毛纶、毛宗岗父子《读三国志法》一文中写道"《三国》叙事之佳，直与《史记》仿佛，而其叙事之难，则有倍难于《史记》者"，高度肯定《三国演义》一书的叙事艺术。《空城计》选自《三国演义》第九十五回《马谡拒谏失街亭　武侯弹琴退仲达》，自古以来广为传颂，小说、戏曲剧本流传甚多，其内容讲述了司马懿率兵攻打西城，诸葛亮以空城计迎敌，以沉着冷静之态度，大开城门，自己在城楼上弹琴，司马懿怀疑有埋伏，引兵自退的故事。观览《空城计》全文，有将雨闻雷、近山浓抹、以宾衬主的叙事之妙，巧妙地渲染了智绝诸葛亮智谋超凡的形象，正如鲁迅所评论说："状诸葛之多智而近妖。"

（一）将雨闻雷

《读三国志法》文中提道："《三国》一书，有将雪见霰，将雨闻雷之妙。将有一段正文在后，必先有一段闲文以为之引；将有一段大文在后，必先有一段小文以为之端。如将叙曹操濮阳之火，先写糜竺家中之火一段闲文以启之；将叙孔融求救于昭烈，先写孔融通刺于李弘一段闲文以启之；将叙赤壁纵火一段大文，先写博望、新野两段小文以启之；将叙六出祁山一段大文，先写七擒孟获一段小文以启之是也。'鲁人将有事于上帝，必先有事于泮宫。'文章之妙，正复类是。"[1]这段文字表达了《三国演义》在叙事方面的一种精妙之处。它使用了对自然现象的比喻，将小说的叙事技巧比作雪见霰、雨闻雷的奥妙，并举诸多例子以证明之。雷比喻故事情节的发端，在叙述正文之前，先引一段闲文，作者往往会在文章的开篇通过描述小事件、布置局势、安排一些情节等方法来引起读者的兴趣，并为后续的故事情节做好铺垫，使故事情节更加连贯，引人入胜，也就是我们现在常说的"铺垫手法"。

因马谡失街亭，诸葛亮长叹大势已去，只得退回汉中。他下令关兴、张苞各率三千精兵鼓噪呐喊，以制造疑兵之效，同时，又派张冀引军去修理剑阁，号令大军收拾行装，再令马岱、姜维断后，还安置好三郡官吏军民与姜维老母。这一切考虑非常周全，都是在为将要面临的困境做好准备。分派任务完毕后，又"先引五千兵退去西城县搬运粮草"，这些文字交代了实施空城计前诸葛亮军中的情况，现只剩得诸葛亮一个。在这种情况下，"忽然十余次飞马报到说司马懿引大军十五万望西城蜂拥而来"，"忽然""十余次"，事情发生得突然、紧急，"以二千五百人当十五万之众"，该如何安排，一生谨慎的诸葛亮如不是因为事况发展紧急，决不出此空城计来冒险。司马懿率领"大军十五万"，如此庞大

---

1. 罗贯中.三国演义[M].毛纶,毛宗岗,点评.北京:中华书局,2009:6.

的军队呈现出"蜂拥而来""尘土冲天"的壮观场面,"时孔明身边别无大将,只有一班文官,所引五千军,已分一半先运粮草去了,只剩二千五百军在城中",双方力量极其悬殊,剑拔弩张,千钧一发,万分危急,渲染极度紧张的气氛。这样的铺垫愈发紧张,而诸葛亮的反应却极为镇定,一句"吾自有计"既临危不乱,又能稳定人心,愈让人感受到诸葛亮在危急时刻的超凡智慧。

(二)近山浓抹

《读三国志法》写:"《三国》一书,有近山浓抹,远树轻描之妙。画家之法,于山与树之近者,则浓之重之;于山与树之远者,则轻之淡之。不然,林麓迢遥,峰岚层叠,岂能于尺幅之中,一一而详绘之乎?"[1]近山,顾名思义,为近处的山,在为文时,近山比喻主要情节、主要人物。"近山浓抹,远树轻描"类似于画家的技法,近处的山和树描绘得较为浓重细致,强调细节,而远处的山与树则轻描淡写,简略地勾勒,减少细节。此种技巧使得近景更加清晰可现、生动形象,而远景则呈现出模糊而朦胧的效果,表现出层次感。此处以画家绘画的技巧来比喻作家为文,主要人物应被凸显、强调,次要人物则略写,一笔带过,省却诸多笔墨,强调作者在叙事中应营造出丰富多彩、层次分明的场景

---

1. 罗贯中.三国演义[M].毛纶,毛宗岗,点评.北京:中华书局,2009:7.

效果。

在《空城计》一文中，焦点聚于诸葛亮这一领袖人物，主要情节是空城计的实施。"诸葛亮"即"近山"，需"浓妆重抹"，即对主要人物、主要情节要细致描抹，精雕细琢。诸葛亮传令，教"将旌旗尽皆隐匿；诸军各守城铺，如有妄行出入，及高言大语者，斩之！大开四门，每一门用二十军士，扮作百姓，洒扫街道。如魏兵到时，不可擅动，吾自有计"。在危急时刻，诸葛亮展现出了超凡的镇定与果断，他不仅在表面上做到深藏不露，更是从根本上将战事置于虚妄之境。隐匿战旗，伪装士兵，敞开城门，戎装之人化身平民，这一切都是在"空"字上做足了文章，戏演得越充分，才越能让老谋深算的司马懿上当。

其次，孔明自身的举动则成了实施空城计的决定性举措。"孔明乃披鹤氅，戴纶巾，引二小童携琴一张，于城上敌楼前，凭栏而坐，焚香操琴。"这一场景可谓是对《三国演义》中诸葛亮首次出场的再现，诸葛亮第一次登场是以刘备的视角所见，"玄德见孔明身长八尺，面如冠玉，头戴纶巾，身披鹤氅，飘飘然有神仙之概"。这样的装束乃是诸葛亮的日常装束："头戴纶巾"是中国士人的一种标志，这种巾帽简洁大方，既显得庄重，又不失雅致，展现了诸葛亮作为卓越的谋略家与政治家的学养深厚与博学多才；"身披鹤氅"则体现了诸葛亮超凡脱俗的气质，诸葛亮身披鹤氅，既彰显了他的人格魅力，也凸显了他与世俗的距离，仿佛他超然物外，超越了尘世的凡俗。文中特意强调诸葛亮"披鹤氅，戴纶巾"，以此突出诸葛亮在十万大军兵临城下时仍能保持着从容不迫的态度，应对自如，镇定自若。而"焚香操琴"，展现他内心深处的从容自信与超脱世俗的风姿，如此悠闲自在，需要何等的胆略与气魄。

还有，文中多次写到孔明那意味深长的"笑"，也是作者着意叙写的一环。城楼上的诸葛亮笑意盈盈，展现出淡然、轻松、镇定的态度，以此来迷惑司马懿。事实上从司马懿的角度来看，的确达到了这样的效果。在魏兵尽皆远退后，诸葛亮"抚掌而笑"，表现出空城计的完美实施，使诸葛亮感到释然，并情不自禁地发出笑声，这是胜利者的笑。众军都感到疑惑惊讶，寻问诸葛亮为何司马懿见到他后竟然迅速撤军，诸葛亮的回答展现了他对敌军心理的深刻洞察和高超的谋略。他解释道，司马懿料到自己一向谨慎，不会轻易冒险。见到自己如此从容的模样，司马懿便怀疑城中可能设有伏兵，因此才选择了撤军。诸葛亮坦言自己并非要冒险，而是被迫采取了这一策略。他预测司马懿会引军投向山北小路，因此已经安排了兴、苞二将在那里等候。解释完毕，诸葛亮更"拍手大笑"。大军远去，回想刚才的险境，竟以一招空城计化险为夷。这大笑，既是对自己谋略成功的庆贺，也是对司马懿的嘲讽，嘲笑司马懿的疑心，嘲笑他退兵过于草率，自己到底棋高一着。高手与高手过招，精彩无限。诸葛亮很难得如此大笑，先有紧张在前，后有兴奋溢于言表。

至此，作者在描写主要人物、主要情节时尽情挥洒，毫墨铺张，使得人物形象更为栩栩如生、丰满立体。在面对劲敌时，诸葛亮镇定从容、智谋过人、胆略非凡的形象更加凸显，愈发清晰而鲜活。

（三）浪后波纹

"《三国》一书，有浪后波纹、雨后霢霂之妙。凡文之奇者，文前必有先声，文后亦必有余势。如董卓之后，又有从贼以继之；黄巾之后，又有余党以衍之……诸如此类，皆他书中所未有。"[1] 雨后波纹是指事情过后的余波，在文学作品中，指主要事件结束后，通过一些其他事件来描绘主要事件的影响力，使读者读完文章后，仍然可以感受到主要事件所表达的思想、情感等。

面对司马懿统领十五万精兵兵临城下，诸葛亮空城计一出，成功使敌军撤退，故事已至最高潮。但全文未戛然而止，后续还有一些文字交代。这里共有三次"浪后波纹"的写法。

第一次是诸葛亮解众官两次疑惑。"明见魏军远去，抚

---

1. 罗贯中.三国演义[M].毛纶、毛宗岗，点评.北京：中华书局，2009：6.

掌而笑。众官无不骇然，乃问孔明曰：'司马懿乃魏之名将，今统十五万精兵到此，见了丞相，便速退去，何也？'孔明曰：'此人料吾生平谨慎，必不弄险；见如此模样，疑有伏兵，所以退去。吾非行险，盖因不得已而用之。此人必引军投山北小路去也。吾已令兴、苞二人在彼等候。'众皆惊服曰：'丞相之机，神鬼莫测。若某等之见，必弃城而走矣。'孔明曰：'吾兵止有二千五百，若弃城而走，必不能远遁。得不为司马懿所擒乎？'"此段文字共有两层，一层是诸葛亮解众官之疑，二层是诸葛亮解众官弃城之谈。这两段文字都不属于空城计的部分，而属于计谋成功后的一次余波。

第二次"余波"是孔明的后续行动。在实施空城计后孔明迅速采取行动，做出决定，命令西城百姓随军进入汉中，以避免司马懿反扑，并安排赵云与邓芝在箕谷道中埋伏，等待魏军追击。司马懿遭遇关兴与张苞伏兵，意识到可能中了诸葛亮的计策，因此选择撤退。

两次"浪后波纹"叙事，显示了诸葛亮对战局的精准预测，刻画了诸葛亮智慧超群、胆识过人的神化形象。

（四）以宾衬主

《读三国志法》云："《三国》一书，有以宾衬主之妙。如将叙桃园兄弟三人，先叙黄巾兄弟三人，桃园其主也，黄巾其宾也。将叙中山靖王之后，先叙鲁恭王之后，中山靖王其主也，鲁恭王其宾也……诸如此类，不可悉数。善读是书者，可于此悟文章宾主之法。"[1] 此段通过多个例子来说明以宾衬主是《三国》的常见手法。以宾衬主是一种精妙的文章结构设计，通过这种衬托，使得整个故事更加丰富多彩，人物形象更加鲜明立体，同时也提供了对策略和人性深层次的思考，展现了古典文学的深邃魅力和智慧。

诸葛亮实施空城计的故事是《三国演义》中的一个高潮，《空城计》中花费笔墨叙写完诸葛亮实施空城计，并没有就此止于描写诸葛亮，文中还有多处对司马懿的心理等方面的描写。

"懿笑而不信，遂止住三军，自飞马远远望之。果见孔明坐于城楼之上，笑容可掬，焚香操琴。左有一童子，手捧宝剑；右有一童子，手执麈尾。城门内外，有二十余百姓，低头洒扫，旁若无人。"听到前哨报告西城的情况，司马懿"笑而不信"，要亲自看看，远远观察，看见诸葛亮坐于城楼之上的情景。在那里，诸葛亮神情悠然，笑容宜人，突出诸葛亮所摆焚香操琴的逼真。此处似乎与前文重复，实际上是从侧面衬托了诸葛亮的形象，他成功地实施了空城计，令人信以为真。这不仅是对诸葛亮镇定自若的再次强调，更是对他在危急时刻的沉着应对能力的夸赞。

司马懿与司马昭的对话也运用了以宾衬主的方法。司马

---

1. 罗贯中.三国演义[M].毛纶、毛宗岗，点评.北京：中华书局，2009：4.

昭怀疑诸葛亮故意营造出虚假情况以迷惑敌军，实际城中无军，他寻问父亲何故退兵。司马懿不敢相信这是一座空城，他认为诸葛亮向来小心谨慎，不会轻举妄动。父子对话，司马昭的怀疑来源于他的年轻与对诸葛亮的不了解，以此衬托司马懿深知诸葛亮的用兵之道与老谋深算。明写父子两人之间的对话，暗中再次衬托诸葛亮足智多谋、机智勇敢及对敌人心理的深刻洞察，与司马懿对招，强中更显强中手。

为何还要花那么多笔墨来写司马懿？这与文章的中心有何关系？如果说写诸葛亮的出场是从正面突出人物形象，那么大量叙述司马懿，就并非简单的叙事延续，而是一种深思熟虑的叙事选择。对司马懿的大量叙写是侧面衬托、以宾衬主的叙事艺术的表现。司马懿的角色并非单纯的反派或配角，作为诸葛亮的对手，他的智谋、性格和行为对诸葛亮的形象构成了重要的衬托。通过详细描写司马懿的反应和策略，不仅展现了诸葛亮策略的高明，也间接凸显了诸葛亮在智谋和人格魅力上的非凡。读者能够更全面地理解诸葛亮的伟大，以及他在复杂的政治和军事环境中所展现出的卓越才智。

文中除了对司马懿、司马昭的刻画，众官的表现也不可忽视。当得知敌军蜂拥而来时，众官皆显露惶恐之色，这一场景凸显了诸葛亮在危急时分的临危不乱、镇定自若。当大军突然离去之时，众官个个惊愕不已，明明已经来到城下，要攻城破堡轻而易举，却转瞬之间全部撤退，实在匪夷所思。当他们了解到撤退的原因后，更是感到惊叹。按照他们的想法，面对敌军压境，必然是选择舍弃城池而逃，这再次凸显了众官的短视和愚见，与此同时也凸显了诸葛亮的睿智与高超谋略。

这些次要角色与情节不可或缺。一方面，通过侧面描写其他角色，尤其是司马懿等人的表现来衬托和突出诸葛亮的形象。另一方面，它们与主要情节和主要人物相互映衬、相互比对，尺幅之内，峰峦丘壑，蔚然成景。

因此，从文章整体的角度来看，就可以洞察到《空城计》所展现的叙事脉络及其叙述所蕴含的深远意义。通过作者对小说人物的深情塑造和丰富艺术手法的运用，诸葛亮这一人物形象被赋予了耀眼的光芒，成为一个闪耀的经典形象。小说伊始便以"将雨闻雷"的描写手法，为整个故事铺陈了一种雄壮的气势，雷声滚滚，暗示着一场滂沱大雨即将到来，从而使读者在开篇就能感受到战争的紧张急迫和即将展开的智慧较量。接着，通过"近山浓抹"式的精妙叙述，诸葛亮的英勇与智慧、泰然自若的形象被描绘得淋漓尽致。然而作者对于诸葛亮形象的刻画并未止步，进而采用"浪后波纹""以宾衬主"的艺术手法，将诸葛亮神化，似乎诸葛亮就是天地间那算无遗策、运筹帷幄、无人能及、智慧超群的完美人物。

(《空城计》链接统编版初中语文教材九年级上册第六单元《三顾茅庐》，属课后要求阅读书目）

二、《水调歌头·明月几时有》：情、景、理的编织

南宋文学家胡仔曾这样评价苏轼的《水调歌头·明月几时有》："中秋词，自东坡《水调歌头》一出，余词尽废。"[1]康震老师评价此词为"中秋绝唱"[2]，高度赞扬了这首词的独特性，指出它在众多中秋词、望月词中脱颖而出，成为同类作品的巅峰。苏轼的这首词不仅仅表达了传统的中秋望月愁绪，更在情、景、理三者的交织中展现出深刻的哲理思考，使其在诗词历史上独具光芒，也彰显了苏轼独特的审美和哲理境界。通过情感的表达、景物的描写和哲理的思考，苏轼将个体情感、自然景象和人生哲理巧妙地融为一体，使词作达到了高度的艺术统一。

（一）月亮之景

苏轼在《水调歌头·明月几时有》中将现实与想象中的月宫景象巧妙结合，勾勒出一幅充满梦幻与哲思的中秋月夜图。苏轼在醉意朦胧中，思绪超越了现实，飞上了想象中的

---

1. 郭绍虞. 苕溪渔隐丛话后集 [M]. 北京：人民文学出版社，1962：321.
2. 康震. 康震评说苏东坡 [M]. 北京：中华书局，2008：32.

月宫，赋予月亮更多的象征意义。他不仅仅描绘了中秋夜的月景，更将内心的情感、现实的苦楚与对理想的追求融入其中，使其呈现出丰富的情感层次。

现实中的月亮皎洁无瑕，是夜空中唯一的主角，苏轼凝视着这轮圆满的明月，仿佛一切事物都因月光的纯净而隐退。此时的月亮象征着永恒的团圆与宁静，但在苏轼的心中，这种宁静反而勾起了他内心的烦闷。只因身处异乡，仕途失意，与亲人分离，强烈的思念之情在心底横生，他的心情与这静谧的月夜形成了对比。

在酒后的想象中，苏轼"飞"上了月宫，"琼楼玉宇"是对月宫的典型描绘，充满了仙境般的美感。"琼"指的是美玉，象征着洁白、光滑和高贵，而"玉宇"则是指如同玉石般光洁的宫殿，把月宫形象化为一个由珍贵玉石筑成的辉煌宫殿，代表着纯洁、神圣和美丽。眼前的景象由华美的玉石宫殿构成，纯净、清冷，象征着理想中的完美世界。

尽管月宫外观壮丽，苏轼紧接着却以"高处不胜寒"一语，道出了这一美景背后的隐忧。月宫虽然高远神秘，但其高处的寒冷让人无法承受。这暗示月宫虽美，但它缺乏人间的温暖与情感。这种超然之美让人心生敬畏，也让人感到无法亲近。正如高高在上的美景容易令人敬仰，但缺乏温度，无法提供人类最需要的情感支持。尽管月亮象征着美好与神秘，但它的高远与寒冷意味着人类在追求理想和超脱时，可能也会遭遇无法摆脱的孤独和失落。这种疏离感使苏轼在面对理想的神仙生活时，产生了深刻的反思。他认识到，即便追求无忧无虑的生活，也难免要面对情感上的空缺和孤独。

（二）多重情感的交融

苏轼通过对月亮的描写，表达了对亲人的思念之情，层层递进，最终升华为一种豁达的人生观。作品不仅表达了对亲人的思念，还突破了传统中秋词的局限，通过超越个体的情感，将人类的普遍情感与自然景象相融合，达到了情感与哲理的统一。

词序即表明对子由的思念。"丙辰中秋"指的是丙辰年（1076）的中秋节，当时苏轼在密州任职，与弟弟苏辙（字子由）分隔两地，无法团聚。"欢饮达旦，大醉"表明他在这个中秋之夜喝酒到天亮，虽然表面上是欢饮，但实际上，这种欢愉中夹杂着浓重的感伤和寂寞。"兼怀子由"点明了他作词时心中最重要的情感——对弟弟苏辙的思念。苏轼和苏辙兄弟二人情深义重。苏轼在仕途不顺、孤独寂寞的情况下，对家人尤其是弟弟的怀念愈发强烈。中秋本是团圆的节日，但现实中的分离让他的思念更加难以排遣。

开篇"明月几时有？把酒问青天"对月亮的仰望与追问源于苏轼身处异地、与亲人分离的现实处境，抒发了苏轼对弟弟苏辙的深切思念。这种个人情感在中秋夜望月时愈发浓烈。月亮成为苏轼抒发思念的媒介，牵动着他对亲人的关怀和牵挂。这种情感延续了传统中秋词中"望月怀人"的情感主题，表达了孤独和离愁别绪。

词的开篇以"明月几时有？把酒问青天"引出对天上世界的遐想，苏轼借"青天"引发了对天上宫阙的疑问。"不知天上宫阙，今夕是何年"，这里他幻想着超越尘世的界限，飞升至一个超脱凡俗的世界。他以"宫阙"来描绘天界的美丽与神秘，体现了他对世俗生活的厌倦，以及对自由、纯净和安宁生活的向往。

在表达对弟弟的思念之时，作者也展示了他在现实与理想之间的矛盾与冲突。一方面，他向往超凡脱尘的理想生活，"我欲乘风归去，又恐琼楼玉宇，高处不胜寒"，体现了他对神仙生活的向往与敬仰。他渴望乘风飞升、摆脱世俗的困扰，进入一个无忧无虑的超凡境界。尽管他有着向往神仙生活的愿望，但现实的清醒让他意识到天上并非适合凡人久居的地方。这一点在"又恐琼楼玉宇，高处不胜寒"中得以体现。他意识到，天界的高远和清冷对人类来说是难以承受的。尽管琼楼玉宇看似美好，但其寒冷、疏离的环境不适合人类的生存，意味着孤独和疏远，与人类的情感需求相悖。尽管理想中的天上世界看似完美，但他更倾向于留在人间，感受现实的温暖与亲切。尽管现实中有悲欢离合，但它是真实的、充满人情味的。与其在虚幻的天上寻找超脱的自由，不如在人世间与月亮共舞，感受生活中的真实情感和美好。

苏轼并未沉溺于思念与离愁，而是通过月亮引发对人生和宇宙的哲理性思考。在"人有悲欢离合，月有阴晴圆缺，此事古难全"一句中，苏轼将人间的情感波动与自然界的月相变化相对应，指出人生如月亮一样，充满了变化与无常。这种哲理的思索让情感超越了个人的悲欢离合，进入了对人类命运的普遍性理解。这一层次的情感使得《水调歌头·明月几时有》不再仅仅停留在对个人悲欢的表达上，而是借助自然现象，表达了苏轼对宇宙规律的敬畏和对生命无常的豁达态度。

在表达个人思念和哲理性思考的基础上，苏轼进一步升华了他的情感，将思念亲人的情感转化为对人类普遍情感的关怀。在词的结尾，苏轼写道："但愿人长久，千里共婵娟。"这一句不仅仅是对弟弟苏辙的祝福，更扩展为对所有离别之人的祝愿。苏轼希望每一个在思念中度过中秋的人都能在遥远的月光下感受到精神上的团聚。

这种情感的升华让词作超越了个人的思念与孤独，展现出一种更为宽广的情感格局。月亮不仅是个人的情感寄托，更成为人类共同的象征，连接着彼此的心灵。这种对人类命运的关怀和祝福，显示了苏轼心胸的广阔与豁达。

苏轼在《水调歌头·明月几时有》中展现了几重情感的递进与升华。从最初的个人思念，到对人生无常的哲理性思考，再到对人类普遍情感的关怀，最终体现了旷达的生命观。通过情感、景象和哲理的交融,苏轼在中秋望月的场景中创造了一种超越个人悲欢、与宇宙对话的境界。

(三)调和困境的哲理超越

作者以悲凉孤独的心境描绘想象中可望不可即的月宫景象,月亮的圆满使人与人之间的分离与人世间的遗憾显得更沉重。可苏轼并未久久沉浸于这一悲痛的情绪之中,而是通过自问自答从月中探寻对未来的抉择和人生共适的哲理,情绪随之平静,在其中得到慰藉,让自己不需"乘风归去"也能安然自乐。

苏轼的《水调歌头·明月几时有》展现了他在政治失意和无法与亲人团聚的双重困境下,如何通过理性调节情感,超越个人的悲苦,达到一种旷达的人生态度。在词的最后,他用一句极具哲理的语言"但愿人长久,千里共婵娟"来表达自己对生活、亲情乃至人生无常的深刻思考,这不仅是他对政治理想与人生追求之间的矛盾的化解,也显示出他面对现实困境时的超然与豁达。

与柳宗元或李白不同,苏轼没有沉溺于孤独或借醉酒逃避现实。柳宗元在《小石潭记》中通过对"寂寥无人"的描写,传达出一种深沉的孤独感,最终将自己陷入悲伤的情绪中。而李白则选择在《将进酒》中"呼儿将出换美酒",以豪饮来化解心中的"万古愁",但这仍然是一种短暂的解脱方式,不能真正解决心中的痛苦。相比之下,苏轼在《水调歌头·明月几时有》中展现出更强的理性精神，通过对月亮这一自然景物的观察与思考，他意识到人生的"阴晴圆缺"与人际关系的"悲欢离合"是不可抗拒的自然规律，人生无法时时圆满，失意与缺憾正是生命的一部分。

苏轼并未试图改变命运或逃避痛苦，而是接受了这种无常，将个人的愁绪放在宇宙和自然的永恒背景中进行思考。他以月亮象征人生的无常，并通过寄托月亮，超越空间的距离，把对亲人的思念转化为一种超越个体的情感，从而达到了心灵的平静。正如他所言："但愿人长久，千里共婵娟。"这一句不仅表达了对弟弟苏辙的思念，也表明了他对人生的理解——人世间的分离虽然无法避免，但只要心中怀有希望和祝福，距离并不能阻隔心灵的相通。这是苏轼对人生的洞见，也是他调和政治失意与个人情感的哲理性表达。

（《水调歌头·明月几时有》选入统编版初中语文教材九年级上册第三单元）

三、《烛之武退秦师》的叙事艺术

《左传》作为我国古代叙事文学的典范，具有丰富的叙事手法，在叙事艺术上取得了突出的成就。《左传》"散文艺术最突出的成就是长于叙事……左传记事精妙优美，达到了微而显、婉而辩、精而腴、简而奥的辩证统一"[1]。《烛之武退秦师》作为《左传》的精彩篇章,在叙事艺术与叙事观念上有哪些特征,值得一探究竟。

(一)叙事结构:前呼后应,完整紧凑

《烛之武退秦师》的叙事结构既包含着开头与结尾的相互呼应,也包括核心与细节的完美结合,形成一种完整的叙事循环。

《烛之武退秦师》的开头与结尾相互关联。故事一开始,郑国面临秦晋两国的夹击,处于存亡危机之中,郑伯无力应对,局面极度危急。烛之武出场时,郑伯对他的能力抱有怀疑,甚至直接表示不抱希望。然而,烛之武临危受命,凭借智慧说服秦伯,使秦国撤兵,扭转了郑国的危局。结尾则展现了问题的解决,烛之武成功劝退秦军,郑国得以幸免。通过呼应,故事从困境的产生到解除,完成了一个从危机到转机的叙事闭环。这种结构不仅让读者感受到故事的圆满,还通过烛之武的个人能力在开头和结尾之间的强烈反差,凸显出他机智与忠诚的形象。开头的危急与郑伯的失望,与结尾的成功化解形成了鲜明对比,使得人物形象更为生动。

文章的核心与添补相得益彰。叙事学理论将推动故事走

---

1. 郭预衡.中国古代文学史(一)[M].上海:上海古籍出版社,1998:73.

向的文段称作"核心",把对"核心"起到修饰、增补和丰富作用的或者意义较小的文段称作"卫星"[1]。"卫星"是多种多样的,并不是单一的,但在人物塑造、审美享受、情感表达上面,其作用可能更为突出,可能是更吸引人的地方。朱光潜先生曾经把主要的故事情节比作花架,而细节描写则像是花架上的花:"花架固然是重要的,但它本身并不是目的,它的任务是支撑起一架姹紫嫣红的繁花,而令观赏者注目欣赏,留连忘返的,也是花朵,而不是花架。"[2]

《烛之武退秦师》一文中,以"推动故事发展"为标准找到的"核心"有秦晋围郑、佚之狐推荐烛之武、郑伯请烛之武见秦伯、烛之武成功说服秦伯,四件事构成了整个故事的主架。而"卫星"有两个非常值得关注:一是烛之武最开始以"臣之壮也,犹不如人;今老矣,无能为也已"回绝了郑伯的委托。这不是一句正常的"力有不逮"的婉拒,而是"壮年时不受重视,那么多年了才想起我"的典型牢骚,这在宣扬"伯乐"和"知遇之恩"的古人中间并不常见,烛之武因为这一句回绝有了很深刻的记忆点,对于塑造他的形象而言是相当重要的。另一当事人郑伯也并没有因为烛之武讽刺性的回答而恼羞成怒以致拂袖而去,反而以"吾不能早用子,今急而求子,是寡人之过也。然郑亡,子亦有不利焉"

---

1. 罗钢.叙事学导论[M].昆明:云南人民出版社,1994:82-83.
2. 罗钢.叙事学导论[M].昆明:云南人民出版社,1994:88.

来回答，这同样是相当精彩的一句。首先，郑伯明白烛之武是因为受到自己多年的不重视才拒绝自己的，事到临头了才想起了他，难免会有愤懑之情，所以他诚恳地向烛之武表达了自己的歉意，是个聪明的、有肚量的、能够审时度势的君主。其次，"然郑亡，子亦有不利焉"又是一句相当锋利的话，从现实的角度告诉烛之武：你不得不接受这次任务。若烛之武再次拒绝，郑伯有可能当场处决他，就算放过了他，郑国亡了对他也没有益处。君王隐含的霸气与威严便在此处展现了出来。烛之武也很聪明，顺势便接过了任务，这样聪明的、懂得适可而止的人才能完成"退秦"的艰巨任务，为后文的"雄辩退秦"埋下了伏笔。

第二处值得关注的"卫星"事件，那便是烛之武成功说服秦伯的具体过程。

烛之武一开始便以"郑国必亡于秦晋围攻"为先决条件，设身处地站在秦伯的角度为他着想，心意够诚，姿态也够低。然后，烛之武先是从正面讲述了"灭郑"对于秦国没有好处，但对秦国东邻的晋国大有益处，两势相较之下，对秦国就等于大有坏处了。再从侧面假设郑国以秦国人员往来各国的"东道主"的身份侥幸留存了下来，对秦国而言也是无害而有益的。接着又从历史角度数落起了晋国的不是，重提了他们不守信誉且愧于对他们有恩的秦国的事实。最后，从未来的角度展望了贪婪的晋国的扩张方向，点明了"今朝并郑入晋，明日阙秦利晋"的大概率事件。四个论据，每个都敲在秦国的痛处，展现了孤身入秦军的烛之武雄壮的气魄、敏捷的思维、宏观的视野与杰出的口才。但大家是否有想过，事情真的有那么简单吗？

作为霸主的秦晋，既然劳民伤财、兴师动众地联合攻郑，自然要做到有的放矢。但秦伯竟会被一个备受冷落的、没有多大名望的烛之武给劝退，这很难让人相信这是一国之君面对国之大事的态度，而且还为此背叛了有着姻亲关系的晋国。所以，秦伯有可能对于联合攻郑早就心存疑虑了，烛之武滔滔雄辩的论证秦伯也很可能在谋士的进言中听过，甚至自己也曾想到过，而烛之武的出现给了他最后一个修正决定或者展现自己真正意图的机会。在看到烛之武说的这些可能越来越接近现实后，他决定抓住这最后一个机会，又或者他根本就是在等这么一个机会，一个郑国的使者来劝说他放弃攻郑的机会。他顺势大喜，听从了郑国使者的建议，同时也把背盟责任的一部分甚至大部分都推卸给了烛之武。如此这般才是对待国之大事的正确态度。作者还在最后一段交代了晋文公的反应，同样很精彩。他没有暴怒，更没有顺应已经暴怒的子犯的请求去追击秦军，而是条分缕析地说出了不追击的理由，显得相当冷静，颇有几分王者之师的从容。在"烛之武退秦"的故事深处，还有一个更宏伟的"秦晋之争"的先声。作者通过叙事，在如此短小的篇幅中构建出如此精巧的结构，真是令人赞叹！

（二）叙事语言：简而有法　微言大义

简而有法首先体现在以"简"统材。《烛之武退秦师》仅用"晋侯、秦伯围郑"一句话就直接进入事件冲突，将诸多的背景风云掩含在一个"围"字之中，使得故事迅速进入郑国面临的紧迫局面，故事的紧迫性和戏剧性得以快速展现。下文的"国危矣"的"危"，直承"围"字，从客观与主观两方面说明情势的危急。"危"字的背后隐含着国家的危局，也反映出每一个臣民面对国家危亡时的焦虑与不安。它将危机感推向了极致，暗示着时不我待，必须立刻采取行动。这种开篇方式能够有效地营造出一种危机四伏的氛围，使读者能够迅速理解故事的核心冲突和紧张气氛，感受到郑国所面临的严重威胁，从而对故事的后续发展充满期待。

烛之武的出场没有冗长的铺垫，而是直接作为危机背景之下的关键人物引入。当郑国处于秦晋两国联军的威胁中时，烛之武被迅速介绍并登场，郑伯虽不对其抱有太大期望，但烛之武在关键时刻展现了他的智慧。这种简练的出场安排，使读者迅速进入情节核心，了解危机的严重性和烛之武的重要作用。

简而有法还体现在用词简洁有力。郑伯自责用人不当，认为未早重用烛之武是自己的"过"。这里的"过"字体现了统治者的反思与自省，也意味着他认识到自己在治国用人方面的不足。作为一国君主，承认自己的"过"不是容易的事情，这展现了郑伯虚怀若谷、知错能改的态度。"子"是对尊者或有学识、德行之人的尊称。郑伯对烛之武的称呼用"子"，体现了对他的敬重。虽然烛之武是臣子，郑伯是国君，但在紧急时刻，郑伯没有以君主的身份压迫或强迫，而是以"子"来称呼他，表现出对烛之武能力、智慧的高度尊敬。这种称呼也拉近了君臣之间的关系，展现了郑伯对烛之武发自内心的依赖和信任。郑伯一开始就承认自己没有在早期重用烛之武，是他的过错，并表示现在在危急时刻才来求助，这种态度显得非常谦卑。"求"字展现了郑伯放下君主身份的架子，承认自己治国用人的失误。对于一位君主而言，能够如此坦然地自省和求助，这反映了他在面临危机时的务实态度。郑伯深知，拯救国家是首要任务，个人尊严可以暂时放下，这充分展示了他的政治智慧。这一"许"不仅仅是一个简单的答应动作，背后承载着烛之武对国家责任的担当与忠诚。"许"字一出，表明他愿意为国效力，尽己所能拯救危局，展现了忠臣临危受命的决断力与责任感。烛之武说服秦伯，秦伯听从烛之武的劝告，"乃还"二字表现其果断迅速作出行动。子犯请求"击之"，其中蕴含着子犯劝告晋君出击的理由，仅用"击之"两字非常简练地表达了攻打郑国的意图。文末交代结果，也只是简洁的"去之"两字，晋国在秦国决定撤兵后也选择跟随撤退。此处的"去之"表现出晋国不愿单独进攻郑国，决定顺势退兵，既简洁又有力地交代了事件的后续发展。

（三）叙事节奏：张弛有度　波澜起伏

《烛之武退秦师》的叙事速度有快有慢，形成了有张有弛、波澜起伏的艺术效果，增强了情节的张力与故事的戏剧性。当叙事节奏快速时，事件的发展急促，情节迅速推进。当叙事时间缓慢流动时，读者能够更清晰地感知自然环境的变化、时序的推移以及人物情感的变化。"没有快速的时间运行，天人之道就难以获得大起大落的历史人生的变化作为载体，在凝滞中隐而不彰。但是如果没有时间慢速运行而增强情节密度，那么就难以是天人之道在形象展现中变得质感饱满，具有足够的描写深度和细致精妙。"[1] 快慢叙事交替能够使文本呈现出更为丰富的层次感，形成波澜起伏的艺术效果。当时间快速流动时，人物在天人之间的紧急抉择和应变显得格外突出；时间缓慢时，自然界的静谧与人物内心的微妙情感就能得以细致地铺陈。

文章开篇的"晋侯、秦伯围郑，以其无礼于晋，且贰于楚也。晋军函陵，秦军氾南"用极短小的句子说明了围郑的原因，以及攻郑的现状，其故事时间是远远长于叙事时间的，起到了"背景"的作用，是典型的"概要"。省略了背

---

1. 杨义. 中国叙事学 [M]. 北京：人民出版社，1997：144.

景铺垫的部分，可以节省叙事空间，使得故事能够更集中地展现主要冲突和解决方案。这样一来，叙事的节奏也变得更加紧凑，避免了因为过多背景信息而导致的叙事拖沓。

其后，文章渐渐地放慢故事的节奏，"场景"开始变多，人物的话语开始成为故事的主体。"佚之狐举荐烛之武"和"郑伯请烛之武"这两个场景分别用了一句话和五句话，节奏是逐渐放慢的，叙事的详细程度是不断加深的。到了"烛之武见秦伯"这一场景时，作者用了十句话来描述整个过程，叙事的详细程度达到了最高峰。之后又逐渐地加快叙事的节奏，简要展现了晋国方面对于秦国背盟的态度。整篇文章呈现出"由简略到详细再倾向简略"的发展态势，秩序井然，毫不紊乱。

而扣人心弦、疏密有致的叙事情节主要是由突转与悬念制造效果。"突转"即故事突然向着相反方向发展，让读者心理预期落空，使人感到惊奇。文中，当郑伯采纳了臣下的建议去邀请烛之武时，烛之武却通过"臣之壮也，犹不如人；今老矣，无能为也已"拒绝了他的邀请。而文章的标题已经分明地告诉我们"烛之武使秦师退"，要是主人公直接不去，那么这个故事不就不成立了吗？这就和标题带来的心理预期走向了相反的方向，读者心中自然会产生相当强烈的惊奇，也会好奇接下来故事会怎样发展，这不比直接"许之"要好得多？悬念与惊奇还有不同，悬念是把谜底告诉读者，让读者想象过程，我们都知道烛之武成功地使郑国免遭秦军的蹂躏，我们期盼的点自然就转变为他是怎样使秦军退回去的，把关注点由结果变成了过程。

（四）叙事视角：全知推进　情境转换

"源远流长的历史叙事，在总体上是采取全知视角的。因为历史不仅要多方搜集材料，全面地实录史实，而且要探其因果原委，来龙去脉，以便'究天人之际，通古今之变'。没有全知视角，是难以全方位地表现重大历史事件的复杂因果关系、人事关系和兴衰存亡的形态的。"[1]在历史叙事中，一般采用全知视角。这种视角能帮助叙述者全方位地展现重大历史事件的复杂性，揭示出事件背后的因果关系、人事变迁以及社会兴衰存亡。《烛之武退秦师》用全知视角来整体推进事件。在"全知视角"的叙述中，作者是不会参与到事情的过程中去的，所有的对话、所有的事情都由"当事人"来完成，他只是站在事情之外、事情之后的叙述者。作者把主要的视角都聚焦在了人物的话语上，人物的内心情感等内容全靠读者自己体会。比如"郑伯请烛之武"这一段，我们在读到烛之武拒绝的话时，会明显地放慢并拖长语气，尤其是"今老矣，无能为也已"中的两个语气词"矣"和"已"会有很明显的牢骚与不满的情绪。

---

1. 杨义.中国叙事学[M].北京：人民出版社，1997：210.

而且,"全知视角"更容易塑造历史事件中的宏大场面,在各个场景之间转场也更加灵活,从"秦晋围郑"的背景讲述迅速跳转到"佚之狐举荐烛之武",再接着跳到后面的场景,这是非"全知视角"不能完成的。

但在"全知视角"的宏观叙事之下,我们很容易忽视掉其中蕴含的叙述情境的转换。

该文不是只包含单一的叙述情境,而是由"作者叙述情境"向"人物叙述情境"转换,并最终以"人物叙述情境"为主。"作者叙述情境"就是以画外音的方式对背景做简要的介绍,如本文开篇"秦晋围郑"的两句便是如此。"人物叙述情境"便是由以人物的口吻、人物的叙述构成的情境。两种叙述情境发生转移的重要标志,便是画外音式的介绍或者陈述减少,而人物话语逐渐增多。文章自开篇两句过后,便由"作者叙述情境"转向了以"人物叙述情境"为主的方式,但也间插有"作者叙述情境",比如"夜缒而出""秦伯说,与郑人盟。使杞子、逢孙、杨孙戍之,乃还"都在此范畴。在两种叙述情境的转移和交叉中丰富了文本的时空。

(《烛之武退秦师》选入统编版高中语文教材必修下册第一单元)

四、《锦瑟》中的艺术双重性

学界向来认为《锦瑟》难懂,所谓"一篇《锦瑟》解人难"[1]。梁启超就曾说:"义山的锦瑟、碧城、圣女祠等诗,讲的什么事,我理会不着……但我觉得他美,读起来令我精神上得一种新鲜的愉快。须知美是多方面的,美是含有神秘性的;我们若还承认美的价值,对于此种文字,便不容轻轻抹煞。"[2]那么,《锦瑟》难解在哪里?有人说,它省略了直接叙述情感滋生的具体事件,而是呈现为记忆的断片,而那些断片所呈现的故事又是模糊朦胧的,因此难解也就在所难免。纵观其诗,《锦瑟》之所以难解,之所以历来被视为难以解读的经典,根本在于其艺术的双重性质与深邃。全诗精妙地在绮艳之中融合了对身世的感慨与对人生的感叹,营造多义迷离的复杂性、不确定性;在众多意象的交融中又创造了多层次的诗歌艺术结构,使得诗的情思更加迷离与富有魅力;诗中既摹写了在追求爱情中的失望失落、痛苦怅惘,同时也展现了失落中热烈缠绵、眷恋执着的爱情追求,复杂性由此得以展开,呈现无尽的情思深度。

(一)抒写风格:绮艳与深微交织共存

《文心雕龙·隐秀》云:"隐也者,文外之重旨者也。……

---

[1]. 周兴陆.渔洋精华录汇评[M].济南:齐鲁书社,2007:169.
[2]. 刘学锴,余恕诚.李商隐诗歌集解[M].北京:中华书局,2004:1595.

隐以复意为工。……夫隐之为体，义主文外，秘响傍通，伏采潜发。"[1]刘勰所论"隐"，需具备"重旨""复意"。这种"重旨"要求作品具有丰富的内涵和多层次的解读空间，即要求所写对象具有丰富的含义、多重的意义。强调的是那些不直接呈现在文字表面，而是隐藏在字里行间，需要读者细心体会和深入思考才能领悟的多层次意义。《锦瑟》是具有"重旨""复意"特点的，通过发人联想的意象与丰富的象征，将绮艳融入身世之慨、命运之叹，寄慨遥深，曲尽人情。表面看来是抒写爱情，可细细琢磨，又兼有对人生的感慨与命运的叹息，在文外呈现深邃的意蕴。

对《锦瑟》一诗的主题解读，素来众说纷纭，主要集中于自伤身世说、悼念亡妻说、爱情说、诗创作论说和国祚兴衰论五种观点。"自伤身世说"认为《锦瑟》为李商隐对个人命运的感慨，对年华已逝、怀才不遇的人生遭际的哀叹，不少研究者认同此种说法。诗中"庄生晓梦"象征着对往昔美好情感的怀念，"望帝春心托杜鹃"将曾经的梦想托付给来生，暗示了对未来梦想的期许，"沧海月明珠有泪"写才美内敛不外现，不为世所知，美好的事物总像那"眼泪"一样不能长存，"蓝田日暖玉生烟"是说美好愿望终究像那蓝田日暖之下的烟云般若有若无。李商隐平生"虚负凌云万

---

1. 刘勰.文心雕龙[M].范文澜，注.北京：人民文学出版社，1958：632.

丈才"，渴望在政治仕途上一展怀抱，有所作为，却终"沦贱艰虞多"，"一生襟抱未曾开"，其人生经历与"自伤身世说"的解读不谋而合，特别是李商隐因陷入牛李党争的政治旋涡，成为政治斗争的牺牲品，终至不能实现自己的远大理想。这一点，联系李商隐的生平很容易理解。"自伤身世说"呈现出一个才华横溢却命运多舛的文人形象，其深沉的情感与复杂的内心世界在诗中得以深刻地表达。

"悼念亡妻说"认为此诗表达了李商隐对已故妻子深深的怀念，以朱彝尊为代表。朱彝尊言："此悼亡诗也。意亡者善弹此，故睹物思人，因而托物起兴也。瑟本二十五弦，一断而为五十弦矣，故曰'无端'也，取断弦之意也。'一弦一柱'而接'思年华'三字，意其人年二十五而殁也。胡蝶、杜鹃，言已化去也；珠有泪，哭之也；玉生烟，葬之也，犹言埋香瘗玉也。"[1]他认为全诗通过对琴瑟、胡蝶、杜鹃等象征物的描绘，传达了诗人对亡妻的追忆和哀思。琴瑟的比喻特别引人注目，象征着夫妻之间的和谐与分离的悲哀。琴瑟原本二十五弦，一旦断裂则变为五十弦，这里既暗示了妻子二十五岁离世的年龄，又通过"无端"二字表达了诗人对突如其来的分离的无法理解和难以接受。胡蝶与杜鹃的象征意味着灵魂的升华与转变，而珠有泪、玉生烟则是对亡妻之

---

1. 刘学锴，余恕诚.李商隐诗歌集解[M].北京：中华书局，2004：1585.

死的直接哀悼。王茂元之女王氏为李商隐之妻，与李商隐琴瑟和谐，不料早逝。王氏生前爱好鼓瑟，诗人睹物思人，一世恩爱皆成忆念。因此此说认为诗中所流露的哀伤是对亡妻的追悼与思念。

"爱情说"则认为锦瑟是一个女孩儿的名字。宋人刘攽《中山诗话》云："李商隐有《锦瑟》诗，人莫晓其意，或谓是令狐楚家青衣名也。"[1]青衣即婢女，婢女名是锦瑟。此说认为《锦瑟》诗写与婢女相识而不能相恋的故事，表达内心情感的压抑与不能言说的苦痛。

还有诗创作之说，为钱锺书先生在《谈艺录》中提出。"三四句'庄生晓梦迷蝴蝶，望帝春心托杜鹃'，言作诗之法也。心之所思，情之所感，寓言假物，譬喻拟象……五六句'沧海月明珠有泪，蓝田日暖玉生烟'，言诗成之风格或境界，犹司空表圣之形容《诗品》也……七八句'此情可待成追忆，只是当时已惘然'，乃与首二句呼应作结，言前尘回首，怅触万端……"[2]这也可备一说。

"国祚兴衰论"认为，此诗反映了国家兴衰与社会变迁。吴汝纶说："此诗疑为感国祚兴衰而作。五十弦，一弦一柱，则百年矣。盖自安史之乱至义山作诗凡百年也。梦迷蝴蝶，谓天宝政治昏乱也；望帝春心，谓上皇失势之怨也；

---

1. 何文焕.历代诗话（上）[M].北京：中华书局，1981：287.
2. 钱锺书.谈艺录：补订重排本（上）[M].北京：生活·读书·新知三联书店，2001：342-344.

沧海明珠，谓利尽南海；蓝玉生烟，谓贤人憔悴也。结言不但后人感吊，即当时失者已有颠覆之忧也。"[1]通过对"五十弦""一弦一柱"等象征性元素的分析，吴汝纶认为《锦瑟》与历史背景（安史之乱后一百年的历史）之间有紧密联系。

诸多解说，扑朔迷离，《锦瑟》的主题解读大致可归纳为爱情情感、人生感悟、社会感叹三类，可见其多义性正是缘于此诗绮艳风格之下深隐的寄托与寓意。刘学锴先生等在谈到李商隐无题诗写作过程时曾这样表述："尽管诗人主观上未必有意识地要另有寓托，但郁积于胸的涵容深广的普泛性人生体验，却使他在抒写爱情体验时也不由自主地触类旁通，将广泛的人生体验渗透整合在上述诗句中。"[2]这样看来，也就不难理解后人众说纷纭的释义了。

（二）抒情结构：多层曲折的情感结构

从建构多重结构空间的角度来看，《锦瑟》迷离的情思带有流动的韵律，呈现委婉多思的情感特质，表现出曲折迂回、层次分明的空间感。

诗歌首句便以"锦瑟"这一实境意象作为切入点，通过向锦瑟这一乐器提问的形式，暗示了一种深层的情感探询。琴弦本是五十根，无端责问，实即诗人情感的发问，开篇意象实喻人生年华已过半百的深刻反思。或者是锦瑟原来

---

1. 刘学锴，余恕诚.李商隐诗歌集解[M].北京：中华书局，2004：1595.
2. 刘学锴.李商隐诗歌研究[M].合肥：安徽大学出版社，1998：41.

是二十五根，何以成了五十根，这声质问里饱含着对过往岁月里爱情成烟灰的遗憾与剧痛。"一弦一柱思华年"巧妙地将弦柱与年华相联系，自然衔接，激发了诗人对青春年华的回顾与深切感怀，华年之思，感慨万千，愁绪满怀。由一个"思"字拎出四个典故，其中"庄生晓梦迷蝴蝶"出自《庄子·齐物论》，描写庄周梦化为蝴蝶，自由畅意，梦醒恍惚迷惘，不知自己是栩栩然之蝴蝶，还是蘧蘧然之庄周。可是诗人的心态却不是庄周般适意齐物，而是清晨拂晓时徘徊在醒与梦挣扎之际的悲哀，是真实与梦幻间的痛苦与迷醉。"望帝春心托杜鹃"，"望帝"化鸟，暮春时鸣，啼声悲切，寓意着心灵的凄凉与对遥不可及事物的憧憬。凄伤的心灵经由泣血的杜鹃引领高飞至荒远渺茫的沧海之所，见到南海鲛人泣泪而成的珍珠。鲛人泣泪成珠本已是伤感之事，而珍珠还带泪，泪中泪是伤感情绪的无限延伸。杜鹃的泣血之声与南海鲛人泣泪的形象，深化了诗中的悲伤，使得情感的表达层次更加丰富，空间的描绘更加辽阔，令人感觉更加孤独。本是沧海月明的阔大的苍茫空间感，夜间是如此孤独与寂寞，那么白日呢？随之引出"蓝田日暖玉生烟"，蓝田生美玉，良玉而生烟，层层递转，美玉生烟的景象象征了温暖与希望，可同时也蕴含着消逝与哀愁，展现了美好而又悲哀的情感转换。最后结句"此情可待成追忆，只是当时已惘然"，深刻总结了诗人对于过往美好时光的回顾与珍惜，以及对逝去青春的无奈与惆怅,表达了诗人对于时间流逝的深刻感慨与对生命意义的深思。

《锦瑟》之难解亦来自中间二联典故之微妙与复杂,乍一观之,"庄生梦蝶""杜鹃啼血""月明珠泪""良玉生烟"四个典故没有什么逻辑联系,各句之间的语言,互不相干。然而仔细揣摩,这四个典故的意象层层叠加,意境不断深化。四个典故在意境的组合上是流动的,看似分离的典故实际因情感之流的相接而紧密结合起来,构成了一路流动的意境结构。它们共同营造的情感场域,透露出一股凄清迷蒙的气氛,使人产生迷惘忧伤的心灵感受,情感层层递增,无以复加,读来就觉得异常伤感,这正缘于诗人调动善感的灵思,将情意的曲折深婉、思绪的层层转折与人生的迭荡流离相结合,在诗歌中搭建虚实相生的多层结构,融合内心隐微深曲的人生感慨,使得《锦瑟》焕发出异样的光彩,足以让人心折而神迷。

(三)情感空间:热情与失落的悖论情调

李商隐自幼丧父,家境贫苦,开成二年(837)考中进士,这原本是人生一大快事,但一年后,他应博学宏词科考却因小人干扰而成泡影。随后虽有授职,又因他人阻挠而遭受外调。处处遭压抑,无奈之下,他辞官返家,羁旅天涯,落拓终生。加之爱情生活充满坎坷,与亲人长期分离,这些经历在他的内心深处留下了创伤,形成了一种无法排遣的意绪。这样的意绪，在诗作里得到了生动的反映，展露出深刻的幽怨、凄婉、孤苦与绝望之情。虽然在人世处处受阻，他在哀伤至极的悲叹中又充满了对人生、爱情、仕途的期盼。这就表现出两端情感的交织。"义山爱情诗往往模糊了爱的主体与对象，舍弃了具体事件与细节的叙述描写，而重在抒发一种既缠绵凄苦而又热烈执着的情感。"[1]《锦瑟》呈现了反性的情感并存，既是绝望的幻灭，又是缠绵执着的追求遥望。

无论是锦瑟弦音的伤感、"庄周梦蝶"的迷惘惆怅、"杜鹃啼血"的凄惨哀伤，还是"月明珠泪"的忧伤冷清、"良玉生烟"的朦胧凄迷，都给人彻底的绝望，如此痛苦悲凉。每一弦都在提醒作者花一样年华的逝去，那无以名状的情绪在开篇就氤氲开来。庄生梦蝶是自由物化的逍遥，而诗人对过去的美好事物或情感却是迷失的，"杜鹃啼血"痛彻心扉，愁肠百结，"沧海"给人沧桑沉痛之感，鲛人用眼泪换得的珍珠本就哀痛，何况是泪中泪。"良玉生烟"似乎更为凄凉。如梦如幻若庄生梦蝶，是人生的迷惘与抱负成虚幻之不幸遭际；凄迷哀转如杜鹃泣血，苦苦追求终成空，含哀怨不尽之意；清寒悲苦与孤寂似沧海珠泪，是诗人内心的悲苦寂寥；缥缈朦胧、若有若无像蓝田日暖、良玉生烟，这复杂情意千

---

1. 胡遂. 论义山诗之"隔"[J]. 文艺研究，2004（4）.

转轮回，使人柔肠寸断。

纵使摧心剖肝，忉怛不已，诗人内心仍萦回着绝望的缠绵、痛苦的快乐。往事伤感，但总在追忆，追念。虽然知道这只不过是一场梦，但也愿意继续在梦中走下去。哀哀望帝仍然有"春心"的瞭望。沧海之泪珠实是见证，在长夜漫漫的漆黑里，有明月陪伴，有泪光点点的明珠相随，这苦痛的生命灵魂因而有了些许亮色。而良玉生烟亦是对过去美好日子的回忆，虽然凄冷但让人永远怀念。萦回在诗中的那种绝望的执着瞬间攫住读者的心，怎能不为义山那无法化解的深情而遐想？

诗人设置两幅看似对立却又高度融合的画面，让读者感受到，即使情思屡受阻抑，但热情的追求永远绵长。一方面，外界的凄风苦雨使内心感到寒意；另一方面，火热的爱恋又焕发着人情与暖意。因此，《锦瑟》里绝望与缠绵，失望与热情，"凄清与温暖，圣洁与亲和，幻灭与追求，形上与形下，所有复杂微茫的情感，都融凝在极高华朗洁、深邃邈远的境象中了"[1]。

（《锦瑟》选入统编版高中语文教材选择性必修中册古诗词诵读）

---

1. 胡遂.论义山诗之理事情[J].文学评论，2005（3）.

第三节　体会情感之美

情感是人类经验的基本组成部分，天地含情，万物化生，世间万物皆是有情、有义的体现，人与自然有着密不可分的关系，因而人与自然也要以情相通，以情相融。"情感，也只有情感，才是人最重要，最基本的存在方式。"情感也是文学作品创作的源泉，《论语》有语云"诗，可以兴，可以观，可以群，可以怨"，表明《诗经》表达的情感是多层面的，要重视艺术的情感特征。"这可说是孔子所开创的中国美学的一贯传统。孔子注重通过情感去感染、陶冶个体，使强制的社会伦理规范成为个体自觉的心理欲求。"[1]

文学作品与情感有着天然的联系，无情感不成文，刘勰在《文心雕龙》中说："故情者，文之经，辞者，理之纬。经正而后纬成，理定而后辞畅，此立文之本源。""昔诗人什篇，为情而造文。"[2]认为情感是文章的根本，明确表达文学创作要注意情感的真挚，强调情感是文学创作的原动力。

欣赏文学作品，自然要体味文学作品情感之美，读者与文学作品的情感产生共鸣，从而丰富自己的情感生活，尝试理解复杂的情感，以及在不同的情境下去表达情感。文学的救赎功能正是基于情感的抒发，它激发了读者的想象力，帮

---

1. 李泽厚，刘纲纪.中国美学史（第一卷）[M].北京：中国社会科学出版社，1984：135
2. 刘勰.文心雕龙注[M].范文澜，注.北京：人民文学出版社，1958：538.

助读者表达或处理在日常情境下可能被压抑或扭曲的灵魂，从而提供了情感上的慰藉与治愈。

一、《端午的鸭蛋》：日常生活的审美呈现

汪曾祺，一位有着超脱之姿的文人，一个安于微小、安于平常的人。其性格与气质铸就了其文学创作的独特风格——平和、平淡。汪曾祺先生的文学风格以"淡"著称，他倾向于从日常生活中汲取灵感，专注于描绘普通人和普通事物，追求用简单与质朴的情感、思想去理解与表现人生主题。在《七十书怀》里，汪曾祺先生写道：

> 我写作，强调真实，大都有过亲身感受，我不能靠材料写作。我只能写我所熟悉的平平常常的人和事，或者如姜白石所说"世间小儿女"。我只能用平平常常的思想感情去了解他们，用平平常常的方法表现他们。这结果就是淡。[1]

他的散文摒弃了宏大的叙事方式，将视角巧妙地转向了人们日常生活的琐碎之中。他的笔触不仅深入探讨了传统文

---

1. 汪曾祺.汪曾祺散文随笔选集[M].沈阳：沈阳出版社，1993：146.

化的深邃层面，更从日常生活的简单事物中提炼出诗意和雅致，从而在审美的层面上实现了从平实到诗情画意的华丽转变，展现了一种诗化的审美境界。

《端午的鸭蛋》一文是汪曾祺大师笔下《故乡的食物》系列散文中的一篇佳作，文章以故乡端午节的一个传统习俗为切入点，巧妙地引入了高邮地区著名的特产——咸鸭蛋，通过这一具体事物，展开了对端午节习俗以及与之相关的食物文化描绘。汪曾祺选择端午的鸭蛋作为叙写对象，通过这一食物反映了对故乡浓厚的怀念。本节试从选材的巧妙、语言的艺术两个维度来论述《端午的鸭蛋》中所蕴含的日常生活美学与情感表达。

（一）日常之物蕴雅趣

通读汪曾祺先生的作品，最寻常的景物往往蕴藏着深邃的雅致，这种独特的审美观念与他的个性紧密相连。汪曾祺曾在散文《泰山很大》中，谦逊地表达了自己无力去描绘泰山浩瀚之美："我是写不了泰山的，因为泰山太大……我是生长在水边的人，一个平常的，平和的人……我是个安于竹篱茅舍、小桥流水的人。"[1] 由于他安于竹篱茅舍，安于小桥流水，钟爱宁静平淡的生活，他希望自己能"把散文写得平淡一点，自然一点，'家常'一点的"[2]。他倾向于选择日常生

---

1. 汪曾祺.汪曾祺散文选集[M].天津：百花文艺出版社，2009：230.
2. 汪曾祺.蒲桥集[M].北京：作家出版社，2000：自序2.

活中的物品作为创作的对象，通过他独特的笔法，赋予这些日常之物一种细腻而雅致的气质，从而使得这些平凡的事物因他的描绘而散发出一种淡雅的韵味。

文章开篇，作者首先谈论的是故乡端午的习俗，如系百索子、做香角子、贴五毒、贴符、喝雄黄酒、放黄烟子、吃十二红。这些丰富多彩的习俗源自人们日常生活的方方面面，一提端午，无不勾起人们对故乡习俗的深切回忆，使当地的人们能够迅速产生共鸣，即便非高邮籍，也会被此勾起对故乡独特习俗的思念。在高邮，说到"吃十二红"就不可避免地提及鸭蛋，从而自然而然地引出了即将描写的对象。汪曾祺选择了极为平淡的日常生活之物——鸭蛋，以细腻的笔法进行了描述：

> 我的家乡是水乡。出鸭。高邮大麻鸭是著名的鸭种。鸭多，鸭蛋也多。高邮人也善于腌鸭蛋。高邮咸鸭蛋于是出了名。我在苏南、浙江，每逢有人问起我的籍贯，回答之后，对方就会肃然起敬："哦！你们那里出咸鸭蛋！"上海的卖腌腊的店铺里也卖咸鸭蛋，必用纸条特别标明："高邮咸蛋"。高邮还出双黄鸭蛋。别处鸭蛋也偶有双黄的，但不如高邮的多，可以成批输出。双黄鸭蛋味道其实无特别处。还不就是个鸭蛋！

在普通人的眼里，鸭蛋的确没有什么特别之处，甚至在汪曾祺看来，就连高邮双黄鸭蛋的味道也无甚特别之处，可正是这平平常常之物，勾起了他的故乡情，引起了他的故乡恋。在汪老的笔下，这种普通物品承载着岁月的记忆和深情厚谊，串联起了往昔的点点滴滴，蕴藏着丰富而真挚的情感。

因此，回想起当时品尝鸭蛋的场景，也就具有非同寻常的情致与雅致的韵味：通常情况下食用鸭蛋，都是敲破"空头"用筷子挑着吃。筷子头一扎下去，吱——红油就冒出来了。闭上眼一想，就能回想起汪老在写下这些文字时的闲情来。这时的鸭蛋，已不再是食用意义上的鸭蛋，更像是作者在谈论一门美食艺术，是在闲谈生活的情致，这便是大俗之中见出大雅之趣来。[1]尽管说"鸭蛋都是一样的，细看却不同。有的样子蠢，有的秀气"，这样细致的观察，若非作者本身没有高雅的艺术品位与对日常生活诗意的敏锐洞察，又岂能辨识出鸭蛋之间微妙的区别，又何以能够辨认出其中的愚拙与秀丽之美？

苏轼说："凡物皆有可观。苟有可观，皆有可乐。"[2]汪曾祺先生则以其敏锐的洞察力，探寻并珍视生活中万物的每一刻美好与乐趣。他那颗充满好奇与喜悦的心，让他能够在

---

1. 柏文猛."闲人"品质的文化意蕴——汪曾祺散文的个性特色[J].名作欣赏，2007（11）.
2. 苏轼.苏轼文集（第二册）[M].孔凡礼，点校.北京：中华书局，1986：351.

平凡的日常生活中，寻找到世间万物的观赏价值与蕴含的乐趣，因此，所有的事物都饱含了主体生命的真实体验，都被他赋予了审美的意蕴。即使是自己小时候所玩过的游戏，晚年回忆起来，亦是满载着风味与趣味：

> 端午节，我们那里的孩子兴挂"鸭蛋络子"。头一天，就由姑姑或姐姐用彩色丝线打好了络子。端午一早，鸭蛋煮熟了，由孩子自己去挑一个，鸭蛋有什么可挑的呢！有！一要挑淡青壳的。鸭蛋壳有白的和淡青的两种。二要挑形状好看的。别说鸭蛋都是一样的，细看却不同。有的样子蠢，有的秀气，挑好了，装在络子里，挂在大襟的纽扣上，这有什么好看呢？然而它是孩子心爱的饰物，鸭蛋络子挂了多半天，什么时候孩子一高兴，就把络子里的鸭蛋掏出来，吃了。端午的鸭蛋，新腌不久，只有一点点淡淡的咸味，白嘴吃也可以。

这段记叙描绘了高邮端午节孩子们挂鸭蛋络子的习俗，"姑姑或姐姐"为孩子们准备鸭蛋络子，体现了家族间的亲情传递与文化的继承。孩子们选择鸭蛋，不是随便选择，而是根据鸭蛋的颜色与形状来挑选。这个挑选的过程教会了孩子们仔细观察与细微区别，培养了他们的日常审美眼光。鸭蛋络子在外人看来无甚好看与稀奇，但给孩子们带来了欢乐。鸭蛋络子不仅仅是一个物质对象，更是孩子们情感的寄托与节日快乐的源泉。整段描写充满生活化的场景，贴近读者的日常生活，又表达了作者对这一传统和孩童时光的珍视与怀念，既有情感的温度，又有生活的气息。

汪曾祺的日常审美观念呈现出独特的个性特色，体现了他是如何将个人的风度、气质和性情融会贯通于日常生活的每一个细节之中的，展现了浓郁的情趣。这不仅是对中国传统美学理念的一种延续，更是对中国古代文人艺术化追求的经典演绎。在汪曾祺的作品中，我们可以看到一种生活的艺术，一种将个人品味与生活实践紧密结合的生活方式，这不仅是对美的追求，也是一种生活的态度和哲学。

（二）日常之语传闲情

汪曾祺通过对日常生活中普通景物和细微情感的精细观察与描绘，展现了他对生活的热爱和对细节的敏感。这种以"淡"著称的文学风格不仅仅是指文字上的简约，更深层地体现在其对生活的深刻理解与表达上。他的"淡"，是一种在充满喧嚣的世界中的沉潜日常与保持内心平静的智慧，是一种对繁复世界与纷扰人心深刻洞察后的超然选择。因而在语言风格上，汪曾祺先生的"淡"体现为语言的精练与雅致，避免使用浮夸和复杂的修辞，更倾向于用简单质朴的语言去捕捉生活中的美好瞬间。他的作品中往往不会有直接的情感宣泄，而是通过对一花一木、一饭一蔬的细腻描写，让读者在平淡中感受到生命的丰富和深邃。

《端午的鸭蛋》通过对平平常常的事物——鸭蛋的描绘，展示了作者汪曾祺先生大师级的文笔。他选择日常生活中极其平凡的物品——鸭蛋来展开描绘，却能让读者从平凡中感受到不平凡之美，这正是因为汪曾祺先生的语言运用极具匠心。他没有用华丽的辞藻，而是用平实质朴的语言，让文章的质朴之美自然呈现。

文章一开篇就是亲切聊天的日常口吻："家乡的端午，很多风俗和外地一样。系百索子。五色的丝线拧成小绳，系在手腕上。丝线是掉色的，洗脸时沾了水，手腕上就印得红一道绿一道的。"这段文字描绘端午节期间系百索子的乡土风情，通过对丝线颜色与洗脸时手腕上颜色变化的描写，展现了作者对细节的敏锐捕捉，反映了中国传统文化对于节日的庆祝方式与节日所寄托的美好期望。文字简单而不失温情，可视性与感染力强。用词朴实无华，给人以亲切感，就像是一位白发老人散淡地蹲坐在几凳上，向你悠悠地拉起了家常，聊起故乡的风俗来。正是在这种闲散之中，营造了人生的诗意。就像汪曾祺曾说的"唯悠闲才能精细""要把一件事说得有滋有味，得要慢慢地说，不能着急，这样才能体察人情物理，审词定气，从而提神醒脑，引人入胜"[1]。

---

1. 汪曾祺. 晚翠文谈[M]. 杭州：浙江文艺出版社，1988：46.

其后引出鸭蛋一段:"我的家乡是水乡。出鸭。高邮大麻鸭是著名的鸭种。鸭多,鸭蛋也多。高邮人也善于腌鸭蛋。"使用简短的句子结构,直接陈述事实,没有过多的修饰语与复杂的句式。"出鸭""鸭多,鸭蛋也多"这类表达方式带有一定的口语化色彩,给人一种亲切、随和与生活化的感觉,具有一定的节奏感,仿佛在向朋友讲述家乡的故事。

文中还有多种"口语化"的表达,如:

> 高邮咸鸭蛋于是出了名。我在苏南、浙江,每逢有人问起我的籍贯,回答之后,对方就会肃然起敬:"哦!你们那里出咸鸭蛋!"上海的卖腌腊的店铺里也卖咸鸭蛋,必用纸条特别标明:"高邮咸蛋"。高邮还出双黄鸭蛋。别处鸭蛋也偶有双黄的,但不如高邮的多,可以成批输出。双黄鸭蛋味道其实无特别处。还不就是个鸭蛋!

这一小段通过详细描述家乡的特产咸鸭蛋,为家乡的特产受到外地人的认可与尊敬而感到自豪,也透露一种外人只将家乡视为"出鸭蛋"的地方而忽略其他的微妙情绪。其中"哦!你们那里出咸鸭蛋!""还不就是个鸭蛋!"的口语词句,整体风格上亲切而接地气,易于使读者产生共鸣。

又如:"端午的鸭蛋,新腌不久,只有一点淡淡的咸味,白嘴吃也可以。"全句抓住一个小小的生活细节，展示作者细腻的观察力，语言充满生活气息。"白嘴"一词是南方的方言，有一种朴素的美感，又自有南方风味。

除了聊天式的叙述方式，作者还频繁使用口语化词汇，同时也展现出极为简练的表达特征。这种风格的运用不仅使文章更加亲切、易于理解，而且还有效地拉近了文本与读者的距离，使文章更具有吸引力。如："高邮咸蛋的特点是质细而油多。蛋白柔嫩，不似别处的发干、发粉，入口如嚼石灰。"这几句话通过对比"别处鸭蛋""入口如嚼石灰"，写高邮咸蛋"质细而油多""蛋白柔嫩"的口感特征，使读者对高邮鸭蛋的独特品质有了具体深刻的印象。描写细致，但整个叙述非常简洁与日常化，没有冗长的句子，直接点出高邮鸭蛋的独特之处，体现了作者对高邮鸭蛋的偏好与赞赏之情。文章的文风清雅，饱含古典文韵。此等笔力，非深厚古学根基，难以施展。

《端午的鸭蛋》的语言平淡而典雅，质朴而生动。平淡质朴与典雅生动两者浑然一体，非常巧妙，不着痕迹。读汪曾祺的文章，像是一股清风，细细轻轻，柔和温软，自然优雅地钻入你的心怀；又像是在青山秀水之间，携一壶清茶，喝一口，满口生香。正是文章语言平淡而有味的特点使文章的诗意更加突出。

汪曾祺的"淡"是一种艺术上的追求，也是一种生活态度的反映。他通过对普通生活的深入观察和细腻描写，传达出一种平和、淡定的生活哲学，鼓励人们在复杂纷扰的世界中寻找到自己的心灵栖息地。这平淡、诗意是人生的闲适之态，是冲淡平和的人生态度，是中国古代士大夫的生活情调，也是真情真性的韵味与风神。

（《端午的鸭蛋》链接统编版初中语文教材八年级上册第四单元《昆明的雨》，属课后要求阅读书目）

二、怨而不怒 哀而不伤：《诗经·卫风·氓》的抒情

《氓》是《诗经》中的一首著名诗篇，非常典型地表现了"怨而不怒，哀而不伤"的抒情风格。

"怨而不怒"这一概念源自先秦文献，最早见于《国语·周语》："夫事君者险而不怼，怨而不怒，况事王乎？"[1]这里强调了在复杂的社会环境中，为人处世应当保持冷静克制，尤其在情绪激烈时，需要调节自我情绪，维持与他人的和谐关系。这一行为规范不仅适用于社会伦理，后来更发展为一种文学批评的诗学概念。

《论语·阳货》云："诗，可以兴、可以观、可以群、可以怨。"[2]这指出诗歌不仅可以抒发感情、观察社会、帮助人

---

1. 邬国义，胡果文，李晓路. 国语译注 [M]. 上海：上海古籍出版社，1994：10.
2. 杨伯峻. 论语译注 [M]. 北京：中华书局，2006：208.

们沟通交流，还可以表达怨恨、不满等负面情绪，以此来反映与批评某种社会现象。在《论语·八佾》篇有语云："《关雎》，乐而不淫，哀而不伤。"[1]南宋理学家朱熹解释为："淫者，乐之过而失其正者也。伤者，哀之过而害于和者也。关雎之诗，言后妃之德，宜配君子。求之未得，则不能无寤寐反侧之忧；求而得之，则宜其有琴瑟钟鼓之乐。盖其忧虽深而不害于和，其乐虽盛而不失其正，故夫子称之如此。欲学者玩其辞，审其音，而有以识其性情之正也。"[2]朱熹在解释《关雎》时强调，虽然诗中表达了追求贤德配偶时的忧思与获得爱情后的喜悦，但这些情感都保持了适度，未失其正。朱熹指出，《关雎》所表达的是男主人公在追求过程中，尽管经历了失落与忧愁，但并没有破坏内心的和谐；在获得爱情后，虽有欢乐，但并没有失去道德与礼仪上的正统，体现了儒家在情感表达中对"中庸之道"的推崇，即情感的适度与节制是符合礼法的理想表现。他提倡的这种节制原则，要求诗歌抒情既要表达情感，又不可过于激烈或失控，必须保持情感的中和与克制。这种理念不仅影响了古代文人的创作，也成为诗文批评中的重要标准。它强调情感的节制与理性，不仅影响了古代诗歌创作的美学风格，也成为后世文学批评中的核心价值。

---

1. 杨伯峻.论语译注[M].北京：中华书局，2006：32.
2. 朱熹.四书章句集注[M].北京：中华书局，1983：66.

透过《氓》全篇来看，诗中的女子尽管经历了感情的背叛与婚姻的破裂，但她的怨恨是有节制的。诗中采取了比兴的创作手法，自然景象的变化与女子情感的发展脉络相互映衬，巧妙地传达了她内心的悲伤与无奈。诗中的哀愁，是通过叙事与含蓄的表达来呈现的，痛苦与失望尽在娓娓道来的叙述中，并没有激烈的控诉，而是通过平和冷静的抒情方式来表现。

（一）抒情主体：节制的情感处理

《氓》中的女子虽然对男子的背叛充满哀怨，但她的情感是内敛和节制的，符合儒家"温柔敦厚"的诗教观。

一开始，表面淳朴、憨厚的男子向女主人公表达爱意，两人由相识到相恋。女子送别男子跨过淇水，远到顿丘。走了一程又一程，热恋的男女离别之时依依不舍。男子急切成婚，却未能如愿，由此指责女子延迟婚期。"匪我愆期，子无良媒"是女子对男子指责的回应，婚期的推迟不是我的错，而是你没有合适的媒人来促成婚事。这句话语气平和，陈述事实，没有激烈的情绪波动，体现了女子冷静、理智的态度。"将子无怒，秋以为期"则进一步表现了女子的情感节制。她平静地请求男子不要生气，并将秋天作为婚期。此时，女子面对婚事的延迟仍然保持着理智和耐心，而不是愤怒或指责，这显示了她在处理感情问题时的冷静与克制。这种节制的情感使得诗中的哀伤与怨恨含蓄、内敛，不至于过于激烈或极端，符合儒家"中庸"的审美观念。

当男子未能如期归来时，女子表现出了悲伤的情绪："不见复关，泣涕涟涟。""泣"指无声流泪，隐含着内心的压抑与无奈；"涕"指泪水，进一步强调了泪流满面的状态；"涟涟"，形容眼泪不断流出，像波浪般一波接着一波。四个字均是带"三点水"偏旁的字，营造出一种与水相关的连续流动感。这种用字方式不仅在形式上整齐统一，也在情感表达上极具形象性，读者仿佛看到女子因思念男子而暗自哭泣，泪水不住地流下。而且，她的哭泣是无声的，因为担心别人看见或听见，只能默默流泪。通过"泣涕涟涟"这一描写，展现出其无助和执着。当男子终于出现时，女子的喜悦也表现得十分克制："既见复关，载笑载言。"虽然她的开心和满足显而易见，但她并没有过度表现自己的喜悦，而是以自然、平和的方式展现了自己的愉快。这种节制使得她的情感显得更加真实。

被抛弃后，"反是不思，亦已焉哉"这句看似淡然的表述，实则承载了深沉的情感与理智的克制。女主人公在面对感情的破裂与被抛弃的境遇时，并未表现出激烈的情绪，而是选择了一种理性和自尊的态度。这种情感的节制既凸显了她内心深处的无奈与痛苦，同时也展现了她不愿在情感上过度纠缠的坚强。这种"哀而不伤"的美感使得全诗在情感表达上更为含蓄动人，形成了独特的艺术效果。

（二）抒情手法：比兴的委婉表达

"比"和"兴"都是《诗经》及其他古典诗歌中的常用修辞手法。"比者，比方于物也；兴者，托事于物。"[1]"比"以具体形象来比喻抽象的情感，"兴"则通过物象的铺陈使情感自然流露、引发联想。《氓》这首诗运用了极为含蓄的比兴手法，尤其在表达情感与展现命运的无常时，借物抒情，寓意深远。

诗中，女主人公的情感波动通过自然景物的变化得以表现，如"桑之未落，其叶沃若"，以桑树的状态作为女子婚前恋爱情感的象征，桑叶繁茂，象征着青春与爱情的美好，这种美好容易让人迷失。"于嗟鸠兮，无食桑葚"中的"鸠"指斑鸠，桑葚则是美味的果实。这一形象的使用，通过斑鸠吃桑葚的行为劝诫女主人公不要轻易陷入感情，隐含着对爱情的警惕与理智提醒。"桑之落矣，其黄而陨"，以桑树叶子由繁茂到凋零的过程，比喻她从满怀希望到心灰意冷的情感历程。桑树叶子由绿转黄，并逐渐凋落，象征着女主人公的婚姻从最初的充满希望到希望逐渐破灭，爱情从美好走向破败。这一自然景物的变化与女主人公的情感历程相对应，从婚前的期盼与幻想到婚后的失落现实。桑叶的凋落不仅暗喻着时光的流逝，也暗示了感情的消逝与变质。

---

1. 阮元.十三经注疏（清嘉庆刊本）[M].北京：中华书局，2009：1719.

"淇水"的内涵在《氓》中多层次、多角度地展现了情感的变化与人生的追求，通过这一意象塑造了从浪漫到失落的感情历程。在"送子涉淇"时，淇水有着双重含义，象征着恋爱的甜蜜和阻碍。水光潋滟的淇水，宛如女子的情思。女主人公在送别男子时，充满依依不舍的温馨与亲密，甚至将淇水视为爱情的象征，浪漫地手牵手涉水，仿佛淇水是恋爱中的"爱河"。这一切体现出女子大胆追求爱情的行为，淇水与情感交织在一起，形成了恋爱中的浪漫氛围。在《诗经》的传统中，"涉水"意象常常象征着对婚恋的追求与考验。在《氓》中，女子涉淇象征她对爱情的信任与付出。然而，随着故事的发展，淇水的流动性也暗示了情感的脆弱与不稳定性，象征着婚姻将面临的挑战和阻碍。淇水由浪漫的象征逐渐转为感情考验的隐喻，体现出感情从甜美走向冷淡的过渡。"淇水汤汤"所描绘的滚滚波涛，暗示了女子婚姻生活的波折与苦难。在初期，她对婚姻满怀期待，涉水而过象征她无所畏惧地追求幸福。然而，随着时间的推移，淇水的激流则象征了婚姻中的冷漠与抛弃，反映出她的失望与悲剧。淇水的流动性与波澜象征了她被抛弃后无处倾诉的苦痛，情感与现实的巨大落差在淇水的意象中得以体现。淇水不仅是情感的象征，更象征了人生的长河，流逝的时光不可逆转，正如女子所经历的爱情和婚姻不能回头。"淇则有岸，隰则有泮"则隐喻凡事皆有边界，女子在面对感情的破裂时，理性地认识到一切有尽头，而男子的背信弃义却无所顾忌。这一刻，淇水成为女子觉悟和决绝的象征，表明她对感情的彻底清醒。

淇水不仅在诗中以实际的自然形象出现，更通过多重隐喻构建了一个情感与人生的复杂图景，象征了爱情的甜蜜、婚姻的考验、情感的破裂，以及最终的理性清醒与决绝。淇水这一意象丰富了诗歌的审美内涵，也拓展了情感表达的深度。

比兴手法含蓄深刻，不直接诉说哀怨，让诗中的情感隐而不露，通过景物变化传达心境，使情感表达更具层次感和隐约的美感。这种含蓄的表达手法在全诗中构建了一个隐喻性的世界，借助景物、自然现象与人事的交相映衬，使女主人公的遭遇与内心世界在诗歌的背景中显得格外真切动人，形成了深沉的抒情性。

（《氓》选入统编版高中语文教材选择性必修下册第一单元）

第四节　体味风格之美

在中国古代美学理论体系中，"风格"一词的内涵相当灵活丰富。最早"风格"一词被"体"来指代，可指"体式"等，如曹丕《典论·论文》："奏议宜雅，书论宜理，铭诔尚实，诗赋欲丽。此四科不同，故能之者偏也；唯通才能备其体。"[1]此处的"体"既指文体形式,也指不同文体之风格。"体"也可指"风格类型",《文心雕龙·体性》有言:"若总其归涂,则数穷八体:一曰典雅,二曰远奥,三曰精约,四曰显附,五曰繁缛,六曰壮丽,七曰新奇,八曰轻靡。"[2]刘勰提出的"八体"是从审美角度以"体"来概括风格类型,也可指"个性风格""属地风格"等。

最初"风格"一词被用来指代人物风姿,出现在魏晋南北朝时期,如《世说新语》评李元礼:"风格秀整,高自标持,欲以天下名教是非为己任。"[3]指李元礼有坚定的品格与高尚的追求。而后《文心雕龙》以"风格"品文:"《诗》《书》雅言,风格训世。"[4]吴承学先生认为《文心雕龙》以"'风格'品文,但并不同于我们理解的'风格'内涵,它指的是文章的风范格局,而不一定是一种统一于作品的内容与形式的艺术风格"[5],主要指作品的整体风貌与格局。

《辞海》中对"风格"一词的注释为"风度品格""犹风韵""作家、艺术家的创作个性在文学作品的有机整体和言语结构中所显示出来的艺术独创性性"[6]。较为全面地概括了"风格"一词的内涵。在中学语文教材名篇中,"风格"

---

1. 穆克宏.魏晋南北朝文论全编[M].上海:上海远东出版社,2012:13.
2. 刘勰.文心雕龙注[M].范文澜,注.北京:人民文学出版社,1958:505.
3. 刘义庆.世说新语[M].黄征,柳军晔,注.杭州:浙江古籍出版社,1998:2.
4. 刘勰.文心雕龙注[M].范文澜,注.北京:人民文学出版社,1958:608.
5. 吴承学.中国古典文学风格学[M].北京:北京大学出版社,2011:219.
6. 夏征农,陈至立.辞海[M].上海:上海辞书出版社,2009:615.

自然是指作品内容与形式相统一中所展现出的艺术特色，"是艺术所能企及的最高境界，艺术可以向人类最崇高的努力相抗衡的境界"[1]。它体现了艺术家的创作个性与特色，有高度辨识度。齐白石先生说："学我者生，似我者死。"[2]正是表达了艺术创作独特性的重要。独特性是风格的本质特性，"我们说到风格总是意味着通过特有标志在外部表现中显示自身的内在特性。例如我们说罗马的建筑风格，或者我们说拉斐尔的风格和塞巴斯蒂安·巴哈的风格"[3]。风格的类型多样，刘勰就曾从多重审美的角度将"体"分成"雅与奇""奥与显""繁与约""壮与轻"四对八种。陈望道也将风格类型分成了四个层面：简约与繁丰，刚健与柔婉，平淡与绚烂，谨严与疏放。[4]中学语文教材名篇风格多样，平淡、诗意、绮丽、豪放等。每个作家都有自己独特的风格，我们通过了解个性化的表达，能够理解作品个性化表达产生的社会环境与时代精神，激发不同的情感反应与审美体验，增进对不同风格的理解与尊重，启发学生的审美思考。

---

1. 歌德，等.文学风格论[M].王元化，译.上海：上海译文出版社，1982：3.
2. 成祖姚，冯进，远征，等.中外艺术家轶事[M].长沙：湖南人民出版社，1983：78.
3. 歌德，等.文学风格论[M].王元化，译.上海：上海译文出版社，1982：17.
4. 陈望道.修辞学发凡[M].上海：上海教育出版社，1997：275.

一、中和之美
——也品《背影》的魅力

中和是中国传统古典美学的范畴。中，即"中心"，不偏不倚，无过不及；和，和谐统一。所谓"中和"，《中庸》开篇说："喜怒哀乐之未发，谓之中；发而皆中节，谓之和。中也者，天下之大本也；和也者，天下之达道也。致中和，天地位焉，万物育焉。"[1]儒家把中和当作做人行事的准则，主张文学艺术应自觉地追求中和之美。孔子曾经反复谈论"中"与"和"，"君子和而不同，小人同而不和"[2]，孔子的中和思想主要体现为一种素朴的为人处世哲学。这一思想运用于文学艺术领域，对后世有深远的影响。以"中和"思想为特征的和谐美，是中国古代的美学形态与中国人所追求的理想美，也是审美追求的极高境界。

朱自清先生深受中国传统文化思想的影响，他信奉"中性主义"，这种人生观就是儒家中庸观念的体现。他在生活中奉行"中和主义"，《信三通》说到他的生活方式时有一个有趣的比方："我的意思只是说，写字要一笔不错，一笔不乱，走路要一步不急，一步不徐，呷饭要一碗不多，一碗不

---

1. 朱熹.四书章句集注[M].北京：中华书局，1983：18.
2. 杨伯峻.论语译注[M].北京：中华书局，2006：159.

少；无论何时，无论何地，有不调整的，总竭力立刻求其调整。"[1]在文学艺术上，他也认为最高境界应该是"中和"，曾说"中和与平静正是文艺的效用""文艺里的情绪，则是无利害的，泯人我的；无利害便无争竞，泯人我便无亲疏。因而纯净，平和，普遍，像汪汪千顷，一碧如镜的湖水。湖水的恬静，虽然没有涛澜的汹涌，但又何能说是微薄或不充实呢？我的意思，人在这种境界里，能够免去种种不调和与冲突，使他的心明净无纤尘，以大智慧普照一切；无论悲乐，皆能生趣"[2]。在《背影》一文中，朱自清贯彻了中和的思想，其节制的抒情表达、舒缓的叙事节奏、朴实的语言风格、恰当的审美距离正是中和思想在《背影》中的具体体现，由此产生一种含蓄、悠远的情思，平添了极具东方诗韵的神采，形成含而不露、委婉柔和的审美效果。

（一）节制的抒情表达

与西方人直截了当的表达截然不同的是，中国人在表达情感之时，更倾向于含而不露、委婉含蓄的表达方式。农耕文明的文化孕育，使中国人对土地与家庭表现出深深的眷恋，在中华文明的长期滋养中形成的中国文化性格也吸收了土地的包容、淳厚、朴实、内敛。加之中国传统道德的约束，中国人将内心的情感埋藏于心底，使其消弭于人们的日

---

1. 朱金顺. 朱自清研究资料 [M]. 北京：北京师范大学出版社，1981：311.
2. 朱乔森. 朱自清全集（第四卷）[M]. 南京：江苏教育出版社，1990：106.

常生活中，逐步形成了典型的东方式隐喻节制的文化性格。

《背影》的抒情表达是节制的、委婉的。父亲对儿子的爱全体现在日常的行动中，再三叮嘱茶房照看"我"，越过月台为"我"买橘子，都是一个老父亲对儿子深深的爱。但这一份父爱从未从朱父口中说出。写"我"要上车北去，父亲不放心，终究决定自己来送"我"。"我"再三劝他不必去，他只说："不要紧，他们去不好！"为什么别人去不好，父亲没有只言半语的解释，只是简短的一句，将满腔父爱寄托在自己的行动中。此外，父亲为"我"艰难买来橘子，心里很轻松似的，过一会说："我走了，到那边来信！"离别是如此淡然，挥手自兹去，不知何时相见，此刻的内心情感应是波澜壮阔的，可父亲的表达却是简单平白的一句话。

不仅父亲将自己的情感隐而不表，文中的"我"对父亲的告别之辞也没有热烈直接的情感抒发。面对父亲如此地嘱托茶房照应"我"，"我"在内心暗笑的同时，只是淡然地说了一句："爸爸，你走吧。"似乎还含着不耐烦之意。等到父亲为"我"买橘子，艰难地穿过铁道和爬上月台时，"我"望着父亲的背影，此时再也无法自抑，"泪很快地流下来了"。面对父亲，"我"却又收藏起早已在心中泛滥的奔涌情感，"拭干了泪"，不想为人所见，也不想为父亲所见。这是典型的中国式的情感表达——含蓄内敛，不愿意向父亲直陈自己的情感。

要说当面难于表达情感可理解，可文中父亲的信也将心中的情感隐而不谈。这封信是这样写的："我身体平安，惟膀子疼痛厉害，举箸提笔，诸多不便，大约大去之期不远矣。"前文交代父亲老境颓唐，待"我"不同往日，后忘记"我"的不好，只惦记着"我"，惦记着"我"的儿子。可来信中却只字未提惦念"我"与孙儿，只是描写自己的身体情况。"膀子疼痛厉害"并非要命之病，事实也证明朱父此后还活了二十年，"大约大去之期不远矣"看似向儿子述说将不久于人世的猜测，其实却是在委婉地向儿子表达思念，希望儿子能回来看看自己。

再看全文"我"的情感变化。"那时真是聪明过分"的"我"，曾"觉得父亲说话不漂亮"和"暗笑他的迂"。如今，"我"读到父亲的来信，"在晶莹的泪光中，又看见那肥胖的、青布棉袍黑布马褂的背影"，最不能忘记的是他的背影，心中充盈着伤感、思念与愧疚。情感发生了变化，由之前对父亲的不理解到理解父亲的一片爱心。"'背影'是不平衡的父子之情转化为平衡的关键"[1]，父子情深由不和谐到和谐的动态变化，正是朱自清先生遵循中和思想，让情感逐渐修正、调整的结果。

文本轻描淡写的叙述彰显着中国文化中独有的中和之

---

1. 孙绍振.《背影》的美学问题[J].语文建设，2010（6）.

美，作者在情感表达上明智地保持着节制，不会用怒目金刚式或激烈号啕式的表达，而是恰当地调整自己的情感。父子情感由"不和谐到和谐的动态变化"，是作者在情感抒发上经过巧妙调整后的结果。正如郑桂华所说："这是一个中年人、一个逐渐理解父亲的儿子、一个性格沉稳的大学教师合宜的抒情方式。"[1]

（二）朴实的语言风格

中和之美要求情感宣泄有节制，也追求表现形式上的简约之风。朱自清"没留下用笔过重、刻意求美的痕迹，服从于温柔敦厚的诗教理想，一切都蕴涵于自然、平易、和谐与朴素之中"[2]。

《背影》的语言，平淡无奇，没有华丽的辞藻，没有出彩的修辞，文章全用白描，不加修饰。叶圣陶先生曾评说："文章通体干净，没有多余的话，没有多余的字眼。"[3]在叙事和对话的遣词造句上，用语都十分简约、朴素、明白。朴素自然的语言，正合于朴素情感的表达。

文章第一段，以一句"我与父亲不相见已二年余了，我最不能忘记的是他的背影"开篇，就一句话，一是交代"我"

---

1. 郑桂华.经典作品与经典课文——《背影》的语文教学价值解读[J].上海师范大学学报（基础教育版），2010（6）.
2. 林道立，张王飞，吴周文.《背影》的美学价值及其文学史意义[J].天津师范大学学报（社会科学版），2011（1）.
3. 叶圣陶.文章例话[M].北京：生活·读书·新知三联书店，1983：7.

与父亲离别的时间已"二年余",二是表达"我""最不能忘记"的是他的背影,简洁平实,并未有其他修饰语来渲染情感。

接下来几段的概述做铺垫,全用叙述语言,如话家常。"我"回扬州奔丧见着父亲想起祖母,未免伤心落泪,父亲对"我"劝慰:"事已如此,不必难过,好在天无绝人之路!"简短的语言,表明父亲在面临人生挫折之时的镇定,以及对"我"的宽慰。回家见到惨淡光景,寥寥数语可见家境败落。

到南京,送不送儿子去车站,父亲有一段徘徊犹豫的过程。起初因事忙本已说定不送,仔细嘱咐一个熟识的茶房去送。尽管如此,最终还是不放心,怕茶房不妥帖。因而很是踌躇了一会儿,最终还是决定送。"我再三劝他不必去;他只说:'不要紧,他们去不好!'"自己的事再忙也比不上送儿子重要,将儿子的一切放在最重要的位置,哪怕是年已二十的儿子来往北京这种小事,在父亲的眼里也要安排得妥妥帖帖,方能安心。

有关父亲的语言,总共有五句话:"事已至此,不必难过,好在天无绝人之路。""不要紧,他们去不好!""我买几个橘子去,你就在此地,不要走动。""我走了,到那边来信!""进去吧,里面没人。"这五句话如日常用语,平易朴素,没有铺陈,没有渲染,平淡无奇,却蕴含着多少深情与关爱。正如朱自清先生所说："我父亲待我的许多好处，特别是《背影》里所叙的那一回，想起来跟在眼里一般无二。我这篇文只是写实，似乎说不到意境上去。""写实"是如实摹写事物情态，表达真实情感，越是真实平淡的语言，越具有打动人心的力量。

父亲去为我买橘子是全文的重点部分，也是作者着力刻画背影的详写部分。即使是着力写父亲的背影，也没有华丽的辞藻，而是将自己的真情实感蕴含于朴素的语言描写之中。"我看见他戴着黑布小帽，穿着黑布大马褂，深青色棉袍，蹒跚地走到铁道旁，慢慢探身下去，尚不大难。""他用两手攀着上面，两脚再向上缩，他肥胖的身子向左微倾，显出努力的样子。"只用了"戴""穿""走""探身""攀""缩""倾"七个动词，抓住人物的动作，用极简省的笔墨描写了父亲的穿着、体态、买橘子的动作和过程，刻画了父亲努力爬上月台的艰难，表达自己被父亲深沉的爱感动，也因父亲艰难地攀爬月台而感到心酸难过。

（三）舒缓的叙事节奏

朱自清先生用纡徐舒缓的叙事节奏去行文，"情感随着回忆的舒缓节奏一层层展开，既不由于舒缓而显得轻飘，又不因为情重而失之汹涌，从而形成了这篇散文名篇舒缓、庄重、深沉而诚挚的艺术情调"[1]。节奏的舒缓平稳有助于平衡那倾盆而出的浓厚亲情，使之缓缓流淌。

首先，写父亲的背影之前，用了三个段落来做铺垫，用不同的场景转移作为调整叙事节奏的手段，引领读者慢慢进入文章的意境。文章前三段写了祖母去世、父亲亏了空，就为全文营造了忧伤的情调，夹写父亲看我如此伤心对我的劝慰，这实与后文要烘托背影有密切的关系。这三段十分自然地为后文埋下伏笔，起了过渡作用。没有这层铺垫，直接入题，高潮无法上去，背影无法刻画。前三段所写场景在叙事中对要着重写的背影起到了延缓作用，使文章的故事时间大于叙事时间。

其次，原本与父亲约好同行，如果从写作顺序上来说，紧接着应该描写父亲的"背影"。然而作者笔锋一转，宕开一笔，将故事带入意料之外的发展，"有朋友约去游逛"，写自己投身于闲逛的乐趣之中，"父亲因为事忙，本已说定不送我"，父亲又嘱咐别人照看我，叙事场景层层转换，情节丰富变化。这样的叙事手法，明显放缓了故事的节奏，不仅显露了"我"的自作聪明与对父亲的不理解，更深层次地体现了一种自我反省的心境。在此段之后又频繁加入作者的主观评论，插进了自我批评的声音："我那时真是聪明过分""唉，

---

1. 甘浩.素朴的情感与素朴的表现——朱自清《背影》经典化的一种看法[J].名作欣赏，2005(22).

我现在想想，那时真是太聪明了"，这些叙述文字见出作者的反省，而概括性、议论性的文字中断文章的流畅叙事，构成了"今时的我"与"那时的我"的对照，充满了对自己的冲动行为与缺乏理解的反思与悔恨，彰显了作者回思往事时对自己的责备。这种自我审视与责备，使得整个叙述升华为一场对过去无知与冲动行为的深刻反思，展现了作者在时间的洗礼中，对自身行为与父亲深沉爱意的重新理解与珍视。

再次，是刻画背影。描写买橘子一事之前，作者又絮絮叨叨父亲"讲价钱""铺座位""嘱托茶房"。写父亲为"我"买橘子艰难攀爬月台的情景，是一个特写镜头，父亲爬的动作是整个画面的主体，至于月台如何，人流如何，全部省略，用一系列动词将故事时间拉长，将人物动作细化，一步步地分解，就像电影的慢镜头一样，将人物背影定格在画面中。用笔具体而细腻，牵动了读者的情思，使读者产生了与攀爬者相同的身体吃力、艰难爬上月台的感受。慢节奏充分地表达了朱自清先生的情感体验，渲染了父亲对儿子的深沉关爱与儿子对父亲的愧疚之情，可见朱自清先生观察之细和情感之深。

（四）恰当的审美距离

在美学范畴中，距离产生美是一个美学命题。日常生活总是沉重的、单调的，而当沉重而单调的生活成为我们遥远记忆里的一抹，便会变得光艳明丽起来。因为距离对审美客体产生了改造生发的作用，这种距离既可以是具体的时间、空间距离，也可以是审美主体与审美客体之间所保持的适当的心理距离，因而它更是一种审美距离。《背影》是一篇回忆性散文，开篇"我与父亲不相见已二年余了"将时间与空间的距离拉开，时空的洪流慢慢冲洗掉旧时人事中可能尖锐的冲突，磨平了过往人生里尖利的棱角，当主体开始回忆，过往就成了审美主体进行审美观照的对象。我们回忆往事，并不是毫无目的、漫无章法的。"回忆永远是向被回忆的东西靠近，时间在两者之间横有鸿沟，总有东西忘掉，总有东西记不完整。"[1]回忆不断地被刷洗，不断地被补充，有些不能忘掉的东西在记忆中魂牵梦萦。父亲的背影是过往中一个难以忘怀的细节，它是多年情感的沉积，是历尽时间冲刷后愈来愈清晰的一个影像，它与作者心中对父子关系的牵念有着密切的关系。

《背影》写于1925年，浦口送别发生在1917年，相隔时间有八年之久，那么到底为什么相隔如此之久才有《背影》一文的问世？朱自清先生曾说："我写《背影》，就是因为文中所引的父亲的来信里那句话。当时读了父亲的来信，真是泪如泉涌。"[2]时隔八年，眼前是父亲所述的现状，脑海

---

1. 宇文所安.追忆:中国古典文学中的往事再现[M].郑学勤,译.北京:生活·读书·新知三联书店，2004: 2.
2. 朱乔森.朱自清全集（第四卷）[M].南京:江苏教育出版社，1990: 483.

中浮现的却是父亲的奔波、艰难以及关爱子女的过往。这些年作者为人父后有了新的生活感悟以及对以往岁月的审美体验，不管久远时空中的人与事曾有怎样的冲突与矛盾，不管那些年积攒了多少忧伤与不满，那些情绪在朱自清阅读此信时全部得到舒缓与抚平，所有的回忆中和了当时激烈的情感，促成了此时满带着温柔气息的感动与稍显忧伤的情感生成。而这一切的发生与一个美学命题有关，即保持着一种恰到好处的审美距离，从而给读者带来了别样的审美空间。

作为中国现代文学史上美文的经典，《背影》以其独有的中国式韵味情牵一代代中国人，拨动着一代又一代读者的心弦。它凝聚着传统文化精髓，是作者对日常生活情感加以节制与精心规范后创造出的杰作，以委婉含蓄的表现形态展现出永恒之美。

（《背影》选入统编版初中语文教材八年级上册第四单元）

二、《哦，香雪》诗意空间的营造

《哦，香雪》是女性作家铁凝于1982年创作的小说，小说语言质朴无华，清新自然，洋溢着浪漫的诗意，也被称为"诗化小说"。目前学界主要从女性主义、语言特色、人物形象等视角探讨《哦，香雪》中的人文价值及文本特色，但对其空间诗学的研究鲜有涉及。文学空间并非预设而生，而是随人物、情节的变化而不断发展,空间即是情节的载体,也是作品叙事的对象。[1]作者在文本中建构了一个广阔的文学空间,以台儿沟为代表的生存空间,其文学空间流淌着宁静自然的诗意。

《哦,香雪》展示了一种纯粹的诗意,通过对自然空间的描绘,营造了诗意淳朴的自然空间,深化了情感的内涵,拓展了梦想的边界。人物在这个丰富的空间中不断塑造自我形象,将个人的梦想与现实不断融合,不断延伸情感的深度,超越了以往的认知框架,建立了坚实的理想基石。

(一)写意的自然空间

台儿沟自然空间的分析以火车经过前后为切分,作者通过对火车、铁轨与深山小村的对比,突出了现代文明与原始自然之间的对立。火车和铁轨代表着现代技术和交通,而深山小村则代表着原始的自然环境和人类的原生生活方式。

在火车进入台儿沟之前,台儿沟的环境是封闭质朴的代名词:

  如果不是有人发明了火车,如果不是有人把铁轨铺进深山,你怎么也不会发现台儿沟这个小村。它和它的十几户乡亲,一心一意掩藏在大山那深深的皱褶里,从

---

1. 韩睿可,张久全.诗意地栖居——论纪德《人间食粮》中的空间诗学[J].成都理工大学学报(社会科学版),2020(4).

春到夏，从秋到冬，默默地接受着大山任意给予的温存和粗暴。

台儿沟小村的孤立与封闭，暗示着这种原始生活方式与现代社会的隔阂。这种封闭也可以被视为对外界干扰的一种屏蔽，保持了这个小村独特的生活方式和文化传统。深山被赋予了拟人化的特质，它给予了台儿沟温存和粗暴，暗示着自然环境的复杂性和不可预测性。而台儿沟的乡亲则被描绘为顺应自然、默默接受的人们，表现了人类对自然的依赖与顺应。台儿沟小村处在偏远的深山之中，一年四季，乡亲们接纳着自然的"温存""粗暴"，默默接受着自己的生活环境。他们一心一意，顽强地生存下来，与大自然相处，表现出了人与自然和谐共生的状态。在无法流动的生存空间中创造生命的活力，体现人在自然法则之中的灵性与活力，反映了农耕文明的质朴、纯真。

在火车经过台儿沟后：

> 然而，两根纤细、闪亮的铁轨延伸过来了。它勇敢地盘旋在山腰，又悄悄地试探着前进，弯弯曲曲，曲曲弯弯，终于绕到台儿沟脚下，然后钻进幽暗的隧道，冲向又一道山梁，朝着神秘的远方奔去。

"纤细"和"闪亮",赋予了铁轨一种柔美和光亮的形象,将其转化为诗意的符号,铁轨不再仅是简单的建筑材料,而是具有了生命和美感的情感外物。"勇敢地盘旋"则赋予铁轨人的特质,它像是一个勇敢的旅者一样,穿越山脉,挑战险阻,这种拟人化的手法增强了读者对铁路的情感共鸣。"弯弯曲曲,曲曲弯弯"描绘了道路的曲折、蜿蜒,给人一种扭曲、流动的感觉。这种曲线的运用赋予了空间更多的动态感,让人感受到铁轨前行过程中的曲折与变化。这不仅是对地理环境的描绘,也是对铁路建设过程中铁轨进入大山的艰辛和坚韧的隐喻。"幽暗的隧道"与周围山脉的壮美景色形成了鲜明的对比。这种对比突出了光与影的区别,增强了空间的层次感和神秘感。"朝着神秘的远方奔去"表现了对未知世界的向往和追求。这种朝向远方的表达使得文章更具有无限的想象空间,激发人们对未来的探索热情和向往心理。开篇描述山脉与沟谷交错,道路盘旋山腰,隧道穿越山脊,展现了山水之间的复杂关系。这种山水交融的景象为空间增添了层次感和变化,呈现出一幅壮美而丰富的自然景观,生动描写铁路建设和火车行驶,将平凡的事物赋予了诗意,营造了一个充满动态、层次丰富、神秘而又壮美的空间美学氛围,反映了现代化与自然之间的关系,以及对未知世界的探索和向往。

火车的经过打破了台儿沟原本封闭的生存环境,它是两个空间不断交融的关键。首先,"火车"使停滞的空间开始流动,促使生活在其中的人不断发生新的变化。台儿沟的少女们在火车每日的穿行之中,了解外界的人及事,火车的每一次经过,都使她们的生存空间得以更新。其次,"火车"象征着创造的勇气和信念。最初的人们只能被动地接受自然的馈赠和洗礼,但是火车的到来使人们见识到了人类文明创造的"力量"与"速度"。火车无限增强人们的力量,它带着人们去开拓、探索,赋予人类创造精神家园的勇气和自信。最后,火车是少女们探索外界的窗口,成为人们意识的延伸。火车成全了古老文明与现代文明的交融,又裹挟着山村少女们对远方、现代文明的向往之情远去,寄托着人们对现代文明的好奇,以及对未来生活的憧憬。它将工业快速发展时代中固有的剥削和压迫隐去,在精神空间层面为人们带来了新的情感价值。在现代化冲击之下,山村、人们、火车被融入和谐共生的精神家园。火车通车前后,台儿沟都保持其独特的质朴诗意。更珍贵的在于,随着现代文明的涌入,台儿沟呈现出由落后到积极接纳现代文明的变化,这是落后文明对现代文明的诗意探寻。

自然空间的写意还体现为,大山的神秘诗意给予香雪勇气与力量。巴什拉在《空间的诗学》中提出,空间并非填充物品的容器,而是人类意识的居所。家宅、抽屉、箱子、柜子、鸟巢、贝壳等物质都具有独特的空间属性和人文价值,家宅承担着独特的意义,家宅庇护着梦想,表达出人类与生存空间的关系和平、自由,即人类在家宅中的成长令他们感到安全,家宅的温暖怀抱滋养着人的梦想。[1]他认为空间不仅仅是简单的容器,而是承载着人类意识和情感的居所,强调了人与空间之间的密切联系,以及空间对人类情感和生活的重要性。《哦,香雪》中,台儿沟具有家宅的意义及功能。在现代文化的冲击之下,台儿沟原本封闭的空间被"火车"破开,其生活方式及经济形态出现新的变化,台儿沟的意义及功能在现代社会的冲击之下被改变。但是台儿沟作为孕育"香雪们"的土地,其根本意义和给予"香雪们"的安全感难以被改变。香雪在被火车带离台儿沟之后,得以重新审视自己的家园:

  一轮满月升起来了,照亮了寂静的山谷,灰白的小路,照亮了秋日的败草,粗糙的树干,还有一丛丛荆棘、怪石,还有漫山遍野那树的队伍

  ……她发现月亮是这样明净,群山被月光笼罩着,像母亲庄严、神圣的胸脯;那秋风吹干的一树树核桃叶,卷起来像一树树金铃铛,她第一次听清它们在夜晚,在风的怂恿下"豁啷啷"地歌唱。

---

1. 加斯东·巴什拉.空间的诗学[M].张逸婧,译.上海:上海译文出版社,2013:5.

这段文字充满了诗意，描述了一幅宁静而美丽的画面。香雪发现周围的环境变得美好而神圣：满月的升起给寂静的山谷带来了光明，使得一切都显得清晰而美好。在月光下，灰白的小路、秋日的败草、粗糙的树干、荆棘、怪石以及漫山遍野的树木都被点亮，仿佛被施了一层神秘的魔法。明亮的月光照耀着群山，使它们看起来像母亲庄严的胸怀一样；被秋风吹干的核桃树叶像金铃铛一样在风中摇曳，唱着美妙的歌。在这样宁静而又神秘的时刻，人们不难想象满月下的山谷是如何令人陶醉，仿佛时间在这一刻停滞了。而香雪手中的闪闪发光的小盒子则增添了一丝神秘感，似乎蕴含着某种重要的秘密或者意义。这些景象使得主人公第一次感受到了自然的美妙和生命的力量，给了她勇气，让她不再感到害怕，而是跨过枕木，大步向前走去。她感叹大山、月亮和核桃树的美丽，对周围世界充满了敬畏和赞美。至此，香雪才真正获得了归属感。台儿沟为香雪提供的庇护，不仅是未被工业文明污染的自然风光，更是在人与自然、人与人之间搭建的精神家园，是人类文明的栖息地。

(二)美好的情感空间

美好的情感空间通常指的是一种情感上的理想状态或者环境，人们可以在其中体验到温暖、安全、理解和支持。情感空间既可存在于个人关系中，如亲情、友情或爱情关系中，也可存在于某一社会群体、某个社区或某种文化中。美好的情感空间没有压抑与强迫，让人感觉到信任与尊重、舒适与美好，这种空间能延伸出积极的情感连接，帮助人们建立更深层次的关系。《哦，香雪》中的情感空间是美好的，此种空间展现了台儿沟人的希望与期待、好奇与向往等，读者在阅读中可以深入体验到人物的内心世界，感受到作者对情感的深刻洞察。

《哦，香雪》的故事发生在我国改革开放初期，在经济迅速发展、物质水平迅速提高的时代背景之下，铁凝将视野转向人性在社会转型中保持的美好纯净。

故事展示了台儿沟人对外界的好奇与渴望。台儿沟小站意外地成为列车停靠站，火车会在此停靠短暂的一分钟。为何会在此停留？通过列举可能的原因——旅客的需要、乘务员的发现，甚至是对台儿沟的同情——作者展示了一个微小但充满生活气息的场景。这里，每一个可能的原因都带着浓浓的人情味和生活的温度，反映了人与人之间的联系和相互影响。特别是对那群"十七八岁的漂亮姑娘"的描写，生动且具有画面感。她们"成帮搭伙地站在村口，翘起下巴，贪婪、专注地仰望着火车"，这是一群年轻女孩子对外界的好奇与渴望的真实呈现，也反映了台儿沟这个小站对外界的渴望和期待开放的态度。"也许什么都不为，就因为台儿沟太小了，小得叫人心疼"，台儿沟之所以被列入时刻表，不仅仅出于具体的原因，更是因为它那不易被察觉的美、它的渺小以及它唤起的人们内心深处的柔软和同情。这既展现了人与自然、人与社会的和谐共处，也体现了人性中的善良与美好。

香雪和少女们积极地涌进现代化的浪潮中，表现出对新鲜事物的审美与追求。当火车喘息着进入台儿沟停留，凤娇们发现了妇女头上的金圈圈、手表、书包等，姑娘们对列车上各种设施和服务的询问，如电扇、烧水、到站情况等，展现了她们对美好与新鲜事物细微之处的敏感和关注。姑娘们对周围环境的好奇心和对新事物的探索欲望体现了她们对生活的热情和求知欲。她们用简单的"以物易物"的方式，利用台儿沟原有的特产换取自家需要的挂面、火柴，甚至萌生了新的审美意识，冒着挨骂的风险也要换回心爱的纱巾、尼龙袜。

全文呈现了人性的高尚品质与清澈纯净之美，也体现出人与人之间的尊重与友好。姑娘们之间的交流充满了轻松、愉快的氛围，她们用幽默的语言相互调侃，展现了彼此之间的亲近和友好。即使是凤娇和被埋怨的姑娘之间的口角，也带着玩笑的成分，不失为一种友好的互动。对"北京话"这位乘务员的好奇心体现了姑娘们对异乡人的关注和尊重。尽管她们私下里称他为"北京话"，但这并没有敌意，反而是一种亲切的调侃，展现了她们对他的包容和尊重。

台儿沟的贫瘠不断增强着少女们对物质的渴望,但可贵的在于,少女们并没有就此迷失在物质的引诱下,相反,她们有着极强的自尊意识。凤娇对"北京话"产生了独特的情愫,尽管这份感情是一厢情愿的,她却并不卑微。"如果他给她捎回一捆挂面、两条纱巾,凤娇就一定抽出一斤挂面还给他。她觉得,只有这样才对得起和他的交往。"她与"北京话"的交往显现了强烈的自尊意识,她正视个人的情感的同时能控制内心的欲望,妥善处理情感关系。香雪坚持一定要用40个鸡蛋换回心爱的"自动铅笔盒"等行为,都体现了台儿沟少女独有的纯粹。而美好人性的延伸也不仅仅存在于台儿沟的少女身上,它也显现在外部空间的变化中。台儿沟孕育了香雪,是香雪的身份标识。而旅客们爱买她的货,是因为香雪"洁如水晶"的眼睛使每一位旅客"心里升起美好的感情"。这就说明不断变化的台儿沟内部空间和象征开放的现代化空间在融合,也使得生存于其中的人物的情感相互作用,不断拓展。

(三)广阔的梦想空间

诗意空间还是一种意义追求,让人们超越物理的限制,奋力追求梦想,思考人生的意义。"梦想把梦想者放在身边的世界之外,放到一个向无限发展的世界面前。"[1]在《哦,香

---

1. 加斯东·巴什拉.空间的诗学[M].张逸婧,译.上海:上海译文出版社,2013: 235.

雪》中，火车和公社中学是香雪梦想空间延伸发展的触媒，成为香雪成长的舞台，一个勇敢、纯粹与聪慧的乡村女孩，在这个梦想的舞台上勇敢追求。

香雪的好奇心和对知识的渴求，构成了她梦想的空间。在伙伴们换取漂亮的纱巾等物，追求外在美的时候，香雪对北京大学是否接受台儿沟人的询问，反映了她对更广阔世界的向往，以及对教育改变命运的认识。而她对"配乐诗朗诵"和能自动开关的铅笔盒的好奇，则体现了她对新鲜事物的渴望，以及对于艺术和技术的兴趣。相比她的小伙伴，香雪的选择更具有个人选择的深刻性，呈现了人类心智的深度。

梦想空间的广阔性还涵盖了社会、文化与环境等多方面的发展。火车与铅笔盒在文中具有深刻的象征意义。

对于台儿沟的居民来说，火车不仅仅是物理上的运输工具，更是心灵上的一扇窗，通过它，他们能够窥视到外面广阔世界的一角。这种通过火车连接到的外部世界，对他们来说是新奇和未知的，充满了各种可能性，激发了他们对外部世界的好奇心和探索欲。火车的呼啸声和它不停歇的特性，象征着时间的流逝和生命的迅速前行。对于台儿沟的居民来说，火车成了一种梦想的载体，带着他们的希望和憧憬穿越时间和空间。即使火车没有在台儿沟停留，它的每一次经过也能提醒他们梦想的存在和追求梦想的可能性。台儿沟的贫瘠和落后让香雪们渴望突破现有的生活条件，追求更好的生活。火车的经过，在精神层面上为台儿沟的居民们提供了一个想象和憧憬未来的空间。

香雪对铅笔盒的执着追求，成为构筑梦想空间的直接动力。香雪和同桌之间铅笔盒的对比，深刻描绘了爱和物质之间的冲突。香雪的小木盒简朴，但背后承载着父亲的爱与期望，是她身份和记忆的象征。但这重身份在公社中学同学的无意嘲讽之下，凸显了铅笔盒所代表的乡村的封闭与落后。在当代现代化的浪潮中，香雪等无法确立个人的定位，从而引发了一种迷茫和困惑，他们不知道在时代的洪流中该何去何从。在社会物质与技术进步的冲击之下，香雪承载着父辈的爱与期待，勇敢地投入这波社会变革的潮流之中。自动铅笔盒一方面代表着香雪对摆脱过去落后生活的渴望，另一方面则象征着她对现代知识和技术的向往。在用40个鸡蛋换到自动铅笔盒后，香雪将自己擦脸用的油脂精心收藏于铅笔盒内，这一细腻的描写不仅彰显了她对于铅笔盒的独特情感，更深层地揭示了铅笔盒超越其物质形态的象征意义。铅笔盒，在这里是现代文明的缩影，它是知识、科技与文化的集合。然而，如果仅仅停留在对它传统功能的利用上，我们便无法发掘出它真正的潜能。香雪通过将个人的情感与经历融入这一现代文明的产物中，巧妙地展现了当现代科技与个人梦想、生活经验发生交汇时，我们能够更加充分地利用这些资源,激发出它们潜在的巨大价值。她坚信,通过掌握现代知识和技术,个人的命运是可以被改写的。香雪的这一行为不仅仅是对物质的重新定义,更是她个人成长旅程的一个缩影,象征着她对自我身份的深刻认同与接纳。这标志着她在长期的身份探索和内心挣扎中,成功地构建了一种新的生命体验和价值观。铅笔盒的独特意义,为香雪带来了前所未有的勇气,驱使她踏上了返回故乡的旅程。

表面上,香雪的回归似乎意味着她回到了一个落后、普通的生活环境中,但实际上,她是带着新的梦想和坚定不移的勇气回到了一个充满希望的地方。台儿沟,这个曾经显得了无生气的地方,现在因为有了"香雪们"这样的年轻人,而充满了无限的可能性和生机。香雪的故事,从某种意义上讲,是一个关于如何通过个人的力量和智慧,重新定义和赋予传统符号以新意义的寓言。她的旅程鼓励每个人去创造属于自己的价值和意义,告诉人们即便是在最不被看好的环境中也能焕发新生。

(四)结语

透过铁凝的《哦,香雪》,我们得以窥见那个时代中国城乡之间的鸿沟,以及人们在艰苦现实中不失诗意的生命力。从自然空间的角度审视,《哦,香雪》描绘了台儿沟面对现代文明冲击前后的剧变。作品细腻地勾勒出小山村在宁静的自然环境中所保持的原始美和纯朴,以及现代化进程中不可避免的冲突与矛盾。从情感空间来看，作品深入探讨了生存环境变化后人们内心的纯粹、波动以及对外部世界的探索。从梦想空间的构建思考，《哦，香雪》通过香雪的角色发展，展现了个体在经历了对自然、情感和外部世界的探索后，对自我认识的深化和全新界定。香雪的旅程是一次从传统走向现代，从依赖走向自立，从模糊走向清晰的心灵历程。她的成长故事不仅是对个人命运的深刻反思，也是对时代背景下广大梦想者心灵图景的描绘。

（《哦，香雪》选入统编版高中语文教材必修上册第一单元）

三、《声声慢》的元曲化

"诗有诗之腔调，曲有曲之腔调，诗之腔调宜古雅，曲之腔调宜近俗，词之腔调则在雅俗相和之间"[1]，李渔从"腔调"的雅俗观念对诗、词、曲进行了区分，深刻揭示了每一代文学的风貌。每一代文学各具特色，诗、词与曲各有其显著的特征。与宋代其他词作相比，《声声慢》一词在构词、音韵及风格方面有着突出的元曲化特征，主要表现为语言的直白表达，强化通俗性；韵律呜咽顿挫，塑造形象；文本境界直露，淋漓尽致；独白式的镜头语言，增强表演性。

---

1. 李渔.闲情偶寄 窥词管见[M].杜书瀛，校注.北京：中国社会科学出版社，2009：245.

（一）语言的直白表达，通俗自然

南宋与金朝对峙时期，社会心理和审美趣尚、审美心理进一步向"世俗化转向"。在此意义上，"词曲递变"就是新一轮的"雅俗递变"。[1]李清照在"雅俗递变"的社会环境中受到影响，其词作显现出通俗易懂的特征，"皆以寻常言语，度入音律，极自然，极隽永"[2]。这主要表现在两个方面：方言化和口语化的文法形态、衬字的口语化特点及语法功能。

首先，方言的使用增添了作品的通俗化气息。"乍暖还寒时候，最难将息"中的"将息"，是"调养生息"的方言表达，在忽冷忽热的天气里，表达煎熬难耐的情绪，用方言可见其自然与顺畅。"守着窗儿，独自怎生得黑"一句运用了儿化词，"窗儿"一词使读者更容易产生亲切感，"怎生"是"怎么"的意思。"黑"字融入词中，自带生活的气息，表达李清照要独自一人熬到天黑的孤单与痛苦。"到黄昏、点点滴滴"一句中的"到黄昏"口语化明显。诗人在诗词中叙写黄昏来临多使用"向晚"或者"晚晴"，如《登快阁》里的"快阁东西倚晚晴"，赋予黄昏一种高雅与别致的美感，体现作者对诗歌语言的精致追求。而《声声慢》却一反雅词雅作的用语，赋予词句一种更自然、朴实的情感，强调情感

---

1. 王昊. "词曲递变"初探——兼析"唐曲暗线说"和"唐宋词乐主体说"[J]. 吉林大学社会科学学报，2009（3）.
2. 缪钺. 诗词散论[M]. 西安：陕西师范大学出版社，2008：55-56.

与真实的体验，增加了自然的意味。

其次，词作语言显露衬字的口语化特征和衬字的语法功能。"古诗余无衬字，衬字自南、北二曲始。"[1]这里提到了两个很重要的信息，一是在词作中没有衬字。二是元曲大量运用衬字。"曲家即使采摘诗词文中的书面语言，一旦加上衬字的点染，便也即刻化雅为俗了。"[2]可见衬字的俗化特点。如《玉镜台》第四折的[驻马听]："想当日沽酒当垆，拚了个三不归青春卓氏女；今日膝行肘步，招了个百般嫌皓首汉相如。偏不肯好头好面到成都，憋的我没牙没口题桥柱。谁跟前敢告诉，兀的是自招自揽风流苦。"[3]"想当日""拚了个""招了个""兀的是"就是衬字，口语化特征明显，通常不受音韵和平仄的束缚，一般出现在句首。元杂剧中的衬字凸显逻辑，能增强句与句之间的逻辑关联，使内容更加清晰易懂，使句间的逻辑关系更清晰。衬字这种口语化的表达方式，呈现出一种纯粹、朴素而又充满活力的思维方式。宋词中很少有衬字，但是有领字，一般为一到两个。如柳永的《八声甘州》中"望故乡渺邈，归思难收"的"望"字，就是领字。

李清照的《声声慢》中出现了与衬字的口语化特点相

---

1. 王骥德.曲律注释[M].陈多，叶长海，注释.上海：上海古籍出版社，2012：165.
2. 杨景龙.中国古典诗学与新诗名家[M].北京：人民文学出版社，2012：256.
3. 徐征，张月中，张圣洁，等.全元曲[M].石家庄：河北教育出版社，1998：220.

同、语法功能相同的字词,并且分布在全词中,如"正""却是""怎敌他""怎一个"等具有口语化特征的语言,在句法上使整首词的意脉更加连贯、紧密。"正"强调了当前的伤心状态,"却是"表示转折关系,从听觉上表明大雁凄绝的叫声是伤心的原因。由此,李清照联想到大雁是"旧时相识",回忆起与爱人通信的欢乐时光,对比当下失去爱人、孤苦伶仃、漂泊在外的困境,这使她的伤感情绪愈发深切。"怎敌他、晚来风急"意思是"怎么对抗秋风急袭"。"他"指代"晚来风急",上一句是"三杯两盏淡酒",三句话的逻辑顺序为"两三盏酒怎么对抗秋风急袭"。"怎敌他"的作用是自然地衔接前后两句话。"这次第,怎一个愁字了得",前一句指"这些(悲惨的)光景",后一句指"用'愁'字总结(悲惨的情景)","怎一个"是反问的语气,反问的结果是否定的,说明这些悲惨的情景用"愁"字也说不完,将李清照颠沛流离的孤苦、丈夫逝去的哀伤、年华逝去的无奈以口语化的方式更畅快地表达出来。一天所见所寻皆是悲苦之象,直至最后,再也无法自抑,直接表达其愁情,一层深过一层,则愈见其哀楚。

(二)音律呜咽顿挫,塑造形象

叠词的韵律感增强了音乐效果,元杂剧中多见重叠式词语,如《西厢记》第二本第三折的〔得胜令〕:"真是积世老婆婆,甚妹妹拜哥哥?白茫茫溢起蓝桥水,扑腾腾点着袄庙火。碧澄澄清波，扑剌剌把比目鱼分破。急攘攘因何？扢搭地把双眉锁纳合。"[1]其中的叠词主要是为了增强音韵感、强调主观情感，使词语之间衔接自然，创造独特的舞台艺术效果。《声声慢》一词有多处叠词使用。"寻寻觅觅""冷冷清清""凄凄惨惨戚戚"和"点点滴滴"共九组叠词，有增强作品的情感和音乐性之效，与低声抽泣的女性形象交织。

《声声慢》开头七组叠词有韵律上的美感，前人早有诸多论述，如"首句连下十四个叠字，真似'大珠小珠落玉盘'也"[2]。"易安《声声慢》词，张正夫云：'此乃公孙大娘舞剑手，本朝非无能词之士，未曾有一下十四叠字者。后叠又云："到黄昏点点滴滴"，又使叠字，俱无斧凿痕。'"[3]首句叠词除韵律之美外，还塑造了一个孤单无助的女子形象，蕴藏着流动、递进的情感。"寻寻觅觅"属于动词的重叠，"寻觅"有"寻找"之意，重叠为"寻寻觅觅"，突出了李清照对个人美好生活的追求，具有急切、不安的意味，也蕴藏着希望，期待在一番苦心寻求之后能有所收获，心中能有所安定，但是追寻的结果却是冷冷清清的局面。"冷冷清清"突出现实生活的冷清、凄凉，李清照一人孤苦地到处寻觅之后，发现周遭清冷、萧瑟，叠字的使用将清冷感放大，加

---

1. 王实甫.西厢记[M].金圣叹，评点.李保民，点校.上海：上海古籍出版社，2016：71.
2. 徐釚.词苑丛谈校笺[M].王百里，校笺.北京：人民文学出版社，1988：178.
3. 陈廷焯.白雨斋词话[M].杜未末，校点.北京：人民文学出版社，1959：187.

重了凄清程度，体现了急切寻找之后的失落、孤单和无奈。"凄凄惨惨戚戚"是三组重叠连用，悲愁和急切之感达到顶峰，绝望的情绪也喷薄而出。"这些叠词由轻到重，从外到内，包含了神态的恍惚、环境的凄清以及词人内心的郁结三个不断递进的层次，在节奏上也从缓到急，然后承接后面的词句，节奏又变缓，使音韵上的节奏与词人情感上的节奏实现了很好的共鸣。"[1]

"点点滴滴"是"点滴"的叠词，增加了音韵的美感，符合词的曲调，用来形容细雨的状态，表达细雨不停地滴在人心里，引起莫名的愁绪和烦乱，呈现出一名女性满目忧愁地对着细雨的画面，那忧愁就如连绵不绝的细雨，永无止尽。《声声慢》的叠词韵律自然流畅、抑扬顿挫，又蕴含悲伤之情，凸显了语言的音乐性与情感美，与轻细诉说万千愁闷的女子形象融合。

从音律上看，全词从字音字貌角度看也呈现了忧愁、悲怨的忧妇形象。《声声慢》存在数量较多的齐齿音字、舌音字，全词中包含"觅""清""凄""将""息""急""积"等齐齿音字和"点""滴""得""第"等舌音字，齐齿音字和舌音字使《声声慢》读来短促、轻细，"一字一泪，都是咬着牙根咽下"[2]，就像一位受尽生活之苦的女子一顿一顿地

---

1. 赵丽.《声声慢》的诗歌音乐韵律特征解读[J].语文建设，2016（2）.
2. 付祥喜，陈淑婷.梁启超集[M].广州：广东人民出版社，2018：163.

低声抽泣着，诉说她的遭遇和忧伤，她咬着牙根将愁苦咽下，极具韵律美和形象性。

（三）文本境界直露，淋漓尽致

词多比兴寄托，所谓"词之妙，莫妙于以不言言之。非不言也，寄言也"[1]，词的境界深隐，精致迷离，曲则赋多于兴，铺陈排比，淋漓尽致。《声声慢》未有寄言，情感境界一目了然，突出的词句为"凄凄惨惨戚戚""正伤心"和"怎一个愁字了得"。与柳永铺叙写词突出"叙"之色彩有所不同，《声声慢》是铺排情感，开篇"寻寻觅觅，冷冷清清，凄凄惨惨戚戚"，开门见山地说出了当前的动态和心境，并非单纯地叙述，而是围绕情感用铺陈渲染之法来直接传情。

李清照善于抓住愁情这一情感特征，围绕愁情进行多层次渲染烘托，这犹如现代电影的"蒙太奇"手法，能巧妙地将不同的镜头进行关联、剪接、组接，用画面的变换来表现同一主题，从而使作品成为一个整体。《声声慢》一词写愁情，着重从时间、空间和情感三个层次来铺叙。第一层次是从时间层面铺叙，随着时间的推移，从白日到黄昏，词人四处寻觅，无所得，只觅得满怀凄凉与悲苦。"写从早到晚一天的实感，那种茕独凄惶的景况，非本人不能领略。"[2] "以'铺叙'之法，表达词人从'晓来'到'黄昏'，寻觅和等

---

1. 刘熙载.艺概笺注[M].王气中,笺注.贵阳:贵州人民出版社,1986:355.
2. 陈祖美.李清照诗词文选评[M].上海:上海古籍出版社,2019:117.

待良人，而不见其踪影的难言之隐和'被疏无嗣'之苦。"[1]第二层次是从空间层面铺叙，全词围绕词人的视角展开，一开始在屋内寻找，无所获，只感觉凄凉，于是借酒压寒，不敌晚来风急。忽听大雁飞过之声，视线由此转向庭院，抬头仰望，伤心人见旧物，忆昔日之情，思今日之愁。俯视所得，见满地黄花，触目皆伤。庭院之景未能宽慰词人，视线由庭院徘徊到室内，守在窗前，似有所等有所望，只听得雨打梧桐，点点滴滴，全是离情。以词人视角的变化来更换场景，叙述词人在冷清惨淡的氛围中独自神伤、黯然销魂的情景。虽交代时间、空间，却未具体到何事。第三层次则是从情感层面铺叙。全词以第一人称的口吻述说日常和情绪，以人物独白的方式来抒发情感，悲愁的情感融于完整的、层层递进的故事之中。"寻寻觅觅，冷冷清清，凄凄惨惨戚戚"，这是全词的总基调；接着，词人叙述了自己生活环境的不舒适，虚弱之身无以应对冷暖不定、急风侵袭的天气；再由大雁飞过感慨物是人非的变幻与不定，由黄花憔悴感叹容颜老去的孤苦与伤情，由对外在环境的感受深入内心，思人怜己；至此，情感深冽，点滴秋雨，孤苦守候，无休无尽的离情悲绪笼罩着词人，愁情之深、之广无以复加。

---

[1]. 陈祖美. 李清照诗词文选评[M]. 上海：上海古籍出版社，2019：121.

（四）独白式的镜头语言，增强表演性

"词体到所谓'散曲'是抒情性、抒情功能向抒情、叙事功能的迁变，由词体到所谓'剧曲'是由抒情性向表演性的迁变。"[1]《声声慢》中女主以第一人称的口吻诉说日常，正如元曲的人物独白，叙述性、表演性也大大增强。

《声声慢》以人物独白的方式来抒发情感，在悲伤的"特写镜头"里，作者叙述心声，悲愁的情感处于完整的、层层递进的状态。"寻寻觅觅，冷冷清清，凄凄惨惨戚戚"，作者开门见山地说出了自己当前的状态和心境，这是第一层情感境界，冷清之感和凄苦之情奠定了整首词的基调。但是词的上阕的情感还未平息，作者进一步诉说自己在冷暖不定的季节里难以调养生息，淡酒抵不住浓愁，心里的寒冷顶不住冷风的侵袭，看到大雁飞过仿佛看到以前帮自己与爱人传递情书的大雁，可是物是人非，爱人已经不在。外界景物营造了冷清的氛围，作者凄苦、悲戚的情感在冷清的情境烘托之下更进一步。

词的下阕开头就描写了凋零的黄花，从悲秋里的景物转换到孤单地等待天黑的作者身上，点点滴滴的细雨落在心头令人发冷、心烦。"黄花""细雨"影射作者的整体状态——身体年老、内心凄冷，营造的冷清境界相比于上阕的"淡

---

[1] 王昊."词曲递变"初探——兼析"唐曲暗线说"和"唐宋词乐主体说"[J].吉林大学社会科学学报，2009（3）.

酒""风急"更加浓重。最后，作者痛快地诉说出悲愁，照应开头的话语，又为悲戚的情感做出简洁又有力量的总结。作者直截了当地诉说自己的悲戚和痛苦，"特写镜头"里的景物又与作者的心理变化紧密联系，如独白叙述，既具有情感性，也具备叙述性。

《声声慢》语言的表演性体现在其以独特、个性的语言展示女主形象，从表演层面看，个性化的舞台语言有利于对人物形象的初步感知和深入分析。首先，《声声慢》存在数量较多的齐齿音字和舌音字，齐齿音字与舌音字交相重叠既具有音乐美，又展现女主如泣似诉的形神与姿态。[1]女主仿佛在抽泣着诉说她的遭遇和忧伤，塑造了忧愁、悲怨的寡妇形象，具备了可演性。其次，在形容词的运用方面，李清照善于运用情感色彩，以冷调的形容词烘托清冷的环境氛围，塑造孤苦和悲惨的女性形象。词中运用了"冷清""凄惨""寒""难""伤心""旧""憔悴""愁"等冷色调的形容词营造幽静、凄清的氛围，女主在凄清的环境中触景生情，以悲戚的心情看待周围的景物，使周遭景物也变得凄清。冷色调的形容词展示了凄寒的环境，与孤苦寡居的女性形象相互交融。

(《声声慢》选入统编版高中语文教材必修上册第三单元)

---

1. 夏承焘.唐宋词欣赏[M].北京：北京出版社，2002：79.

四、鲁迅小说《祝福》中的地理叙事

作为中国现代文学史上领军性人物的代表，鲁迅先生以其如椽巨笔为读者带来了一个个富有美学深意的小说故事。《祝福》就是其中的一篇。自问世以来，围绕该作的研究和讨论层出不穷，触及主题思想、艺术构造、创作技巧等众多维度，学界对其进行了深入而广泛的挖掘与阐释。在鲁迅的小说创作中，"鲁镇"是他反复书写的地理空间，在《祝福》中，鲁迅为读者构造了一个"鲁镇世界"，将鲁镇的自然环境与气氛融入小说叙事当中，在小说地理叙事书写中构建了自然环境、风俗人情、心理空间形态。这不仅为祥林嫂的悲惨命运提供了土壤，更与祥林嫂的悲惨命运形成双线交织与鲜明对照，与故事情节的发展紧密相关，推动祥林嫂悲剧性格的发展，从而表现了作品的深沉主题。"鲁镇"不仅是单纯意义上的地理空间，还拥有了更为深刻的文化、社会价值，成为鲁迅作品中一个富有丰富意蕴的核心元素，展现了作者对时代、社会与人性深刻的思考与批判。

文学地理学，作为近年来文学研究领域中日渐受到重视的一个分支，被认为是一种极具潜力的研究视角和方法论。该领域的探索基于一个核心理念：地理不仅构成了文学创作的背景，而且深刻影响着文学的精神和生命力。文学地理学的追求在于揭示文学作品与地理环境之间的密切联系，探索这种联系如何赋予文学以深厚的"地气"，并通过这种方式，促使文学研究的对象回归其本质，开阔研究的视野，刷新研究的方法，深入挖掘文学的本质属性。

正如杨义在其《文学地理学的三条研究思路》一文中所阐述的，文学地理学致力从文本本身出发，细致考察文本中的地理元素及其与文学情节、人物形象、主题意义之间的互动关系。[1]通过这一研究路径，文学地理学旨在揭示文学作品中所蕴含的诗意空间与人文深意，进而为文学作品赋予新的解读维度。

从文学地理学的视角来观察鲁迅的《祝福》，我们可以发现作品展现出了更加丰富的研究内涵和价值。在这一视角下，鲁迅先生对"鲁镇"的精心描绘不仅仅是地理空间的再现，更是深刻反映了他对时代背景下人性、社会与文化的深入思考和批判。通过文学地理学的深度挖掘，鲁迅作品中的深邃思考与隐忧愈发清晰明朗，为我们提供了一个全新的角度来理解和评价鲁迅先生的文学遗产及其在中国现代文学史上的重要地位。

（一）风俗空间：祝福景象

"'民风民俗'正是乡村人物的主要的也是最直接的日

---

1. 杨义. 文学地理学的三条研究思路[J]. 杭州师范大学学报，2012（4）.

常生活舞台，在没有新的、强大的而且必须是系统性的文化力量进入以前，进而化入他们日常生活的各个环节、各个细部以前，乡村人物整体上只能以这样的根深蒂固的民间风俗习惯和民间信仰作为自己日常心理栖息和停泊的'家园'，作为自己待人接物、敬天法地的主要精神依据。"[1]《祝福》之题"祝福"，与我们现实生活里所谓的"一个人对另一个的祝愿"有所不同，"祝"，祭主赞词者也，"福"即佑也，意即神灵保佑。"祝福"即指"祭主赞词者祈祝神灵保佑"，是旧时浙江绍兴一带流行的习俗活动，是旧历年底地主与有钱人家举行的年终大典，杀鸡、宰鹅、买猪肉，将鸡、猪等牲类煮熟并作为祭礼，致敬尽礼，迎接福神，拜求来年一年中的好运气的。"鲁迅小说中关于浙东乡镇世态人情、风土习俗的描绘，是那样鲜明逼真、引人入胜……风俗画所显示的艺术美，关键在于社会环境的典型性之有无或高低。从这一意义上看，鲁迅小说中的风俗画不仅是情节的有机部分，而且更是典型环境的有机部分。他小说中用人物行动去融合和引导出的风俗画，既是揭示生活于其中的人物悲苦命运的手段，也是形成人物悲苦命运的根源。"[2]

"祝福"是作者在《祝福》中构建的鲁镇风俗空间，小

---

1. 范家进.民间的迷妄与"狂欢"——鲁迅乡土小说研究之二[J].华东师范大学学报（哲学社会科学版），1998（5）.
2. 王献忠.吴越民俗与鲁迅的小说[J].鲁迅研究月刊，1991（4）.

说的开始即为我们展现了鲁镇的风俗印象。"旧历的年底毕竟最像年底,村镇上不必说,就在天空中也显出将到新年的气象来。灰白色的沉重的晚云中间时时发出闪光,接着一声钝响,是送灶的爆竹。"此时的鲁镇,沉浸在祝福的欢乐中,这是鲁镇进入读者视野时的整体概貌。突出鲁镇旧历之新年迹象,于鲁迅的《祝福》全文来说是有特定意义的,鲁迅先生写作《祝福》之时代,已实行新历十多年。强调旧历之新年,意谓鲁镇在旧历的新年热闹欢乐之气氛远胜乎新历,那沉潜在作品里的气息在悠悠的开篇中就已隐隐浮现。鲁镇的新年,爆竹鸣响,空气里弥漫着火药的气味,似乎预示着鲁镇人们内心迎接新年的欢乐与快慰,但这样的欢喜是在"灰白色的沉重的晚云中间"拉开帷幕的。鲁镇的"欢"是有隐忧的,这里的忧中之欢与欢中之忧只有"我"能窥见到了,"我"沉浸在沉重如"灰白色的沉重的晚云"一样的情绪里,而鲁镇的人们都沉浸在旧历新年的祝福中去了。

故事从鲁镇祝福开始,"灰白色的沉重的晚云中间时时发出闪光,接着一声钝响,是送灶的爆竹;近处燃放的可就更强烈了,震耳的大音还没有息,空气里已经散满了幽微的火药香"。"我"是在这满天炸响的爆竹声中回到鲁镇的。在鲁镇见到的本家和朋友一切照旧,"他们也都没有什么大改变,单是老了些;家中却一律忙,都在准备着'祝福'",在时光的转换中一年年挨过光阴。而鲁镇人家出于"祝福"之虔诚，膜拜自然是年终常态，"杀鸡，宰鹅，买猪肉，用心细细的洗，女人的臂膊都在水里浸得通红，有的还带着绞丝银镯子。煮熟之后，横七竖八的插些筷子在这类东西上，可就称为'福礼'了，五更天陈列起来，并且点上香烛，恭请福神们来享用；拜的却只限于男人，拜完自然仍然是放爆竹。年年如此，家家如此，——只要买得起福礼和爆竹之类的，——今年自然也如此"。"年年如此"是时间上的重复，"家家如此"是空间上的重复，无论是时间跨度还是空间演进，"祝福"的旧风俗一如既往，在鲁镇人心中扎根。所有人都在迎接"祝福"的欢乐氛围中，而祥林嫂在这欢乐的祝福中死去，"一方面是非常欢乐的祝福氛围，一方面又是非常沉重的悲痛"[1]，"以凶人的愚妄的欢呼，将悲惨的弱者的呼号遮掩"[2]。"祝福"是祈祷人间福音，但这有着不幸遭遇的祥林嫂的死亡却并没有引起鲁镇人一丝儿的哀鸣，甚至茶房都淡然看之为"穷死"，鲁四老爷还将祥林嫂骂为"谬种"。

故事在祝福声中开始，也在祝福声中结束。"我给那些因为在近旁而极响的爆竹声惊醒，看见豆一般大的黄色的灯火光，接着又听得毕毕剥剥的鞭炮，是四叔家正在'祝福'了。""我在这繁响的拥抱中，也懒散而且舒适，从白天以至初夜的疑虑，全给祝福的空气一扫而空了，只觉得天地圣众

---

1. 孙绍振. 经典小说解读 [M]. 上海：上海教育出版社，2016：24.
2. 鲁迅. 鲁迅全集（第1卷）[M]. 北京：人民文学出版社，2005：229.

歆享了牲醴和香烟,都醉醺醺的在空中蹒跚,豫备给鲁镇的人们以无限的幸福。"对于这样人间惨剧的发生,鲁镇的人们似乎并没有什么慌乱与慈悲,反而确乎沉浸在欢乐里。而面对这样昏昏的欢乐,"我"也觉得"懒散而且舒适,从白天以至初夜的疑虑,全给祝福的空气一扫而空了"。这漫天而罩的"祝福"仅仅是"祝福"吗?连同出门在外、见过世面的"我"也一起坠入这弥漫的"祝福"里去了吗?这样对"祝福"风俗空间的深化与构建,正是鲁镇人们思想观念牢固的反映,这一具有强势攻推效力的风俗之习没有因为时代的改变而有所变化,反而坚固强硬地甚至拉同"我"共享了。当然,"我"是真的醉醺醺"懒散而舒适"地不再沉重,不再自责了吗?恐怕不是,这更是"我"内心悲苦、愤恨到无以复加的地步后的一种嘲讽与反击。

故事中的主要事件与人物都与"祝福"相关。"端福礼"是"祝福"的典型环节,四叔告诫四婶祭祀的时候可用不着祥林嫂沾一点边,认为"不干不净"是对祖宗不敬的。祥林嫂按例去分配酒杯与筷子时,四婶慌忙地一再说"祥林嫂,你放着吧",而祥林嫂是疑惑地、不知所以地、默默地承受了。如果说此时祥林嫂从精神上已然受了折损,而镇上人较先前不同的说话音调与冰凉的笑容则更是雪上加霜了,可祥林嫂却全然不理会,自顾自地叙说着她的伤心往事,这也成了自打第二次来鲁镇后她逢人就反复述说的伤痛。

"捐门槛"则是"祝福"延伸出来的迷信思想,"吃素,不杀生的"善女人柳妈好心为祥林嫂指出一条路。"你和你的第二个男人过活不到两年,倒落了一件大罪名。你想,你将来到阴司去,那两个死鬼的男人还要争,你给了谁好呢?阎罗大王只好把你锯开来,分给他们。"善良纯朴的祥林嫂对这一荒谬愚昧的思想竟是深信了,恐慌了。"你不如及早抵当。你到土地庙里去捐一条门槛,当作你的替身,给千人踏,万人跨,赎了这一世的罪名,免得死了去受苦。"苦恼并熬出黑眼圈的祥林嫂,第二天就去捐献了。捐献以后,似乎祥林嫂就像得了些灵气,"眼光也分外有神"。可是祭祖时节,四婶慌忙大声说的一句"你放着罢,祥林嫂",给了祥林嫂当头棒喝,她本以为自己辛苦"赎罪",可以重返社会,可以解除阴司的逼迫,可两年的心血,全部的希望,就在这一声断喝里全部化为乌有,她再次成为死亡的边缘人,"脸色灰黑""失神",自此一发不可收,精神全面崩溃。

祥林嫂与"祝福"之风俗紧紧相联。故事主人公祥林嫂一次次来到鲁镇,并在鲁镇凄然死去。第一次来鲁镇是"祝福"时节,鲁四老爷因祥林嫂的勤快与肯干竟没有添短工。后来,因二嫁不能端"福礼","捐门槛"后依然不被接受,祥林嫂这个不幸、悲惨的女人,最是应该得到"祝福"与运气的,却终在"祝福"之声中悲凄地死去了。鲁镇的风俗表面来说是"祝福",深层来讲却是围绕"祝福"而生的牢笼与枷锁，祥林嫂只是这牢笼与枷锁中的一个牺牲品罢了，一生悲苦是"哀其不幸"，麻木愚昧是"怒其不争"。而鲁镇人紧守着这牢笼与枷锁自闭而活，似乎也有属于他们的快乐与幸福。正如祥林嫂自己深信守节，深信二嫁有罪一样，他们共同把这种风俗迷信奉若神明，而这正是逼迫祥林嫂走了绝路的不二杀手。"在如此古老遗存的岁时礼仪和抽刀难断的士绅信仰的生存环境中，《祝福》写了一个老年中国妇女，一个进城打工仔的'先驱'带有浓重命运感的悲剧，其独具匠心之处，是通过岁时风俗背景的反衬，使'人'不再是孤立的'人'，使'风俗'不再是静观的'风俗'，而在二者的相互叠加和相互阐释中展示了异常沉重的悲剧形态的'风俗与人'。"[1]这正是这一独特空间所彰显出的审美意蕴与价值。

（二）自然空间：雪意寒情

伴随着"祝福"风俗空间的延伸与扩建，那漫天纷纷扬扬而来的鲁镇之雪进入了读者之眼。这雪花首先是自然界的雪花，是祥林嫂所处的现实世界中的事物。这寒冬雪日，是作者娴熟之笔特意营造的自然意态与空间形态。而"雪"这一意象还涵盖与承载着命运的残酷，照见这人世间的罪恶与混沌，也意味着在"祝福"的欢庆之下，依然有着现实世界的苦寒，有人在企求精神世界的清洗。

---

1. 杨义.鲁迅《彷徨》的生命解读[J].江苏师范大学学报（哲学社会科学版），2014（1）.

"重视环境展现，把环境的展现放在小说创作的首要位置，是《呐喊》《彷徨》的一个重要艺术特征。"[1]《祝福》中有四次对"雪"这一自然意象的描绘。"我"回到鲁镇，"祝福"伊始，大雪即刻追随而来。"天色愈阴暗了，下午竟下起雪来，雪花大的有梅花那么大，满天飞舞，夹着烟霭和忙碌的气色，将鲁镇乱成一团糟。"雪大，与"祝福"的年景一般隆重，却丝毫没有雪景的美意，而是"夹着烟霭和忙碌的气色"，阴暗、狂乱与寒冷。刚才还是"祝福"的热烈，鲁镇人们忙于"祝福"的场景，紧接着"雪"将鲁镇"乱成一团糟"。"热"与"冷"的交织，正如鲁镇人刺人的麻木与冰冷的态度。傍晚之时，生活无保障、带着人世悲苦的祥林嫂就在这苦寒之雪夜孤独凄凉地死去。这雪的寒冷与阴暗不正是祥林嫂的人生写照吗？不正是处在"祝福"风俗逼迫与大"雪"环境压迫下的祥林嫂的悲剧象征么？生活困窘如乞丐，情感冰冷如大雪，人生阴冷莫过于此。

祥林嫂的死瞬时使"我"惊惶，"然而我的惊惶却不过暂时的事"。虽是如此，"我"偶尔也还带些负疚。就在这样的情绪弥漫中，"雪花"再一次进入读者的视野。"冬季日短，又是雪天，夜色早已笼罩了全市镇。人们都在灯下匆忙，但窗外很寂静。雪花落在积得厚厚的雪褥上面，听去似乎瑟瑟

---

[1] 王富仁.中国反封建思想革命的一面镜子：《呐喊》《彷徨》综论[M].北京：北京师范大学出版社，2000：236.

有声，使人更加感得沉寂。"尽管祥林嫂的死引来"鲁四老爷"称其为"谬种"的定性之声，但于鲁镇来说就如风过不留痕，她悄无声息地消失在鲁镇。而于"我"来看，则是风雪般浓重的哀痛，"我"在这积雪厚厚的夜里暗自神伤，有着无以言说的激愤。祥林嫂被周遭的人们嫌厌与唾弃，似乎她的存在都会引起周围人的惊讶与怪异。这样想来，这漫天大雪的降临似乎真的将这浑浊之世清洗与净化了。

第三次的描绘则是"祝福"前夕，柳妈做帮手，祥林嫂无事可做，只坐着看柳妈洗器皿。文中写道"微雪点点地下来了"。祥林嫂再次回到鲁镇，她悲惨的故事经周遭人们咀嚼赏鉴后成为渣滓。柳妈虽是善女人，问出的话于今时看来却并不善。柳妈之所以诡秘，一是因为祥林嫂没有因为守节而选择自杀，二是因为要向祥林嫂说二夫争抢的神权空间。连这样的善女人也成了逼迫祥林嫂走向绝望的"推手"。虽说柳妈似无恶意，但客观上还是对祥林嫂造成了压迫。这一具有摧毁性的"神权管理"观念立时使祥林嫂深信了，无半点怀疑。因此这"微雪点点下来"不仅象征着祥林嫂命运的悲苦，还象征了鲁镇人的冷漠，他们的冷漠一点点累聚，最终汇成天地间冷冷的风雪埋葬了祥林嫂。

最后一次对"雪"的渲染在小说结尾。"我在蒙胧中，又隐约听到远处的爆竹声联绵不断，似乎合成一天音响的浓云，夹着团团飞舞的雪花，拥抱了全市镇。"这一次的描写同样在"祝福"景象中铺开,爆竹夹着雪花,雪花中含着新年的喜庆与热烈,一边是如爆竹炸响的热烈气氛,一边是如飞雪般寒冷的悲伤故事凄凉谢幕。真正是"落了片白茫茫大地真干净"。

写雪,而不单纯在写雪;写雪声,也不单纯在写雪声。连自然之雪落地尚有雪声,而生存于世的祥林嫂却连这一飘飞凄寒天地的雪花都不如。她的死未能引起人们的半分怜悯与反思,可见人们对她的冷酷与残忍。这雪与雪声昭示的雪威与雪势,就如天地间人的冷漠,铺天盖地而来,淹没了善良穷苦的祥林嫂。

(三)心理空间:精神反思

在小说中,故事建构了风俗空间与自然空间,在两重空间并置的情景中,还呈现了第三重空间——心理空间。心理空间的完成是依托于小说中的"我"得以实现的,"我"的存在是作品中不可忽视的空间,小说的故事情节主要通过"我"而获得叙述生命。而作品中"我"的情绪时时存在,孤独与彷徨感则在情绪空间的层层剥开中愈加明显,凸显了作品的叙述张力。

"祝福"之际,雪花大作,"我"回到四叔书房时,即表示"无论如何,我明天决计要走了"。是什么事情导致刚回到鲁镇的"我"这么决绝地表示要离开,这一心理的产生来自怎样的现实心理映照?往回思源,大概还得回到"我"

所见到的四叔书房布置场景。"瓦楞上已经雪白，房里也映得较光明，极分明的显出壁上挂着的朱拓的大'壽'字，陈抟老祖写的，一边的对联已经脱落，松松的卷了放在长桌上，一边的还在，道是'事理通达心气和平'。我又百无聊赖的到窗下的案头去一翻，只见一堆似乎未必完全的《康熙字典》，一部《近思录集注》和一部《四书衬》。"四叔书房的布置和收藏彰显了主人的心思与文化情趣，四叔是讲理学的老监生，而书房里显示理学风格的"一边的对联已经脱落"，所见的三部书也"似乎未必完全"，从这些可以看出这讲理学的监生对传统的传承已不再完整，对理学的坚持也许只剩下那可怜又荒谬的文化教条。再加之，鲁镇风气依旧，一切未因时代变化而有些许改变，因此，在这不断铺开的心理空间叙写中，"我"决定离开定是必然的。

况且，想到祥林嫂的事，也使"我"不得安住。为何不得安住？这得从"我"路遇祥林嫂开始说起。濒临死亡的祥林嫂，抓住了生命的最后一根救命稻草，希求从"我"这里获得些关于"魂灵有无说"的答案。"对于魂灵的有无，我自己是向来毫不介意的"，但鲁镇依然是信灵鬼之说的，只是面前的祥林嫂却疑惑了。"我"在一番思量后，不愿增添"末路人的苦恼"，道出"也许有吧"的猜测。可祥林嫂接着两问，竟使"我""支梧""胆怯"，最后以"说不清"为借口迈步而逃。祥林嫂对鬼神的疑惑，也许是既希望其有，又害怕其有。希望的是终于可以和一家人团聚了，害怕的是阎王分锯。"我"作为祥林嫂眼里的"读书人"、见多识广的"出门人"，也是她寄存希望的最后挽救者，在几经盘问之下给了一个最保险的答案，仿佛是胆怯的自保，不致招来"怨府"，又仿佛是在为最初的答案圆场。

虽是如此，"我总觉得不安，过了一夜，也仍然时时记忆起来，仿佛怀着什么不祥的豫感""这不安愈加强烈了"。这不安起缘于祥林嫂的那一番盘问，"我"模棱两可的回答会带给这末路人怎样的心路历程？这是内心害怕确证的事实。因此，"我"再一次思虑"无论如何，我明天决计要走了"。而当"我"听说祥林嫂死了的消息时，先是惊惶，随之又以这是已经过去的事来"宽慰"自己，不过偶然之间还会有负疚。

祥林嫂的死追究起来，有多方面的因素，"我"到底在其中扮演了怎样的角色，对祥林嫂的死应负有怎样的责任，这大概就是"我"不断"不安"的原因所在。要说起来，鲁镇人的冷漠才真似一把风霜剑，可有谁曾对祥林嫂有不安与内疚？他们心安理得地分享着新年的欢乐，这才是可怕的地方。作者的反思则向读者表明，就连"我"也是这凶手中的一员，每个人心中都有足以"杀死"人的冷漠。

综上所述，《祝福》以其所特有的历史地理印记而成为鲁迅作品的隐喻，成了他表达"哀其不幸，怒其不争"与心灵挣扎、矛盾之痛的重要阵地。《祝福》以一方天地折射整片国土的视角形态，直接凸显国民精神的麻木与愚昧，也昭见了鲁迅"荷戟独彷徨"的坚执与反思。用地理空间来写故事的文学自觉，使鲁迅的作品焕发出智性的光彩与觉者的深痛，催促着后人对此进行无数次的反复观察与理性回思。

（《祝福》选入统编版高中语文教材必修下册第六单元）

第四章

语言与文化：知人论世　倾听文本声音

海德格尔说："语言是存在之家。"[1]语言与文化关系密切，索绪尔就曾说过："语言是一种表达观念的符号系统，因此，可以比之于文字、聋哑人的字母、象征仪式、礼节形式、军用信号等等，等等。它是这些系统中最重要的。"[2]这强调语言作为一种符号系统在人类社会中的核心地位，它不仅仅是一种沟通工具，它还帮助人们组织思想，进行逻辑推理等方面的思考。萨丕尔也曾谈到语言与文化的密切联系："语言的内容，不用说，是和文化有密切关系的。不懂得神通论的社会，用不着神通论这名称；从来没见过或听说过马的土人遇见了马，不得不为这动物创造或借用一个名词。语

---

1. 海德格尔. 海德格尔选集[M]. 上海：上海三联书店，1996：451.
2. 费尔迪南·德·索绪尔. 普通语言学教程[M]. 高名凯，译. 岑麟祥，叶蜚声，校注. 北京：商务印书馆，1980：37-38.

言的词汇多多少少忠实地反映出它所服务的文化。"[1]这表明语言是文化的一部分，它反映了一个社会的文化特征、发展状况与价值观念。

　　语言在社会文化中扮演了多重角色，是文化的记录者，"语言具有很强的文化属性，它是记录文化的符号系统，是文化最重要的载体之一"[2]。语言也是人类外部世界与内心世界的连接者，"对于有文化理想、特别是审美需要的精神生命来说，他生活经验的陈述、记录、反思都需要借助语言工具，尤其是他生命中最重要与最真实的需要只有通过声音才能表达"[3]。语言在表达个人的精神生命与审美生活中发挥着不可替代的作用。语言还是思想文化的塑造者，"背景性的语言系统（即语法），不仅仅是表达思想的一种再现工具，而且是思想的塑造者，是一个人思想活动的大纲和指南，被用来分析自己的种种印象，综合大脑中的一切东西。思想的形成并不是一个独立过程……而是某种语法的一部分。语法不同，形成过程也不一样，有的区别很大，有的区别甚微"[4]。

　　中学语文教材名篇不仅具有语言价值、思维价值、审美价值，而且蕴含着丰富的文化价值。《高中语文课程标准》

---

1. 爱德华.萨丕尔.语言论——言语研究导论[M].陆卓元，译.陆志韦，校订.北京：商务印书馆，1985：196.
2. 罗虹，颜研.透视语言与"文化身份"[J].中南民族大学学报（人文社会科学版），2009（1）.
3. 刘士林.西洲在何处——江南文化的诗性叙事[M].北京：东方出版社，2005：5.
4. 刘润清.西方语言学流派[M].北京：外语教学与研究出版社，1995：181.

(2017年版2020年修订)指出:"文化传承与理解是指学生在语文学习中,继承和弘扬中华优秀传统文化、革命文化、社会主义先进文化,理解和借鉴不同民族和地区的文化,拓展文化视野,增强文化自觉,提升中国特色社会主义文化自信,热爱祖国语言文字,热爱中华文化,防止文化上的民族虚无主义。"该标准还分述"文化传承与理解"的课程目标为:传承中华文化,热爱中华文化,理解多样文化,关注、参与当代文化。

因而名篇可能成为解读某类文化的读本。刘士林在谈到《采莲曲》时曾说:"在此之所以把《采莲曲》特别提出来,绝不仅仅是由于诗本身具有很高的审美鉴赏价值;在其中还包含着一个更为基本的深层语法结构,而且它恰好可以用来充当江南文化的解读与阐释语境。"[1]名篇会蕴含某个时期的道德观念、思想情操、生命信仰等,通常会反映某个时期的文化背景、历史事件等,承载着某个地区的文化印记、文化传统与价值观念等。深刻理解不同名篇的文化内涵、意义与价值,有利于我们连接古今、视通万里。同时,某个文化基因或许会被激活,从而赋予名篇所负载的文化内涵以新的时代意义。正如刘士林所说:"只要有了这个现代性的江南话语,那么已经在现代世界中隐匿起来的古典江南文化及其精

---

1. 刘士林. 西洲在何处——江南文化的诗性叙事 [M]. 北京:东方出版社, 2005: 2.

神,则同样会以一种'闻歌始觉有人来'的方式完成它的还乡之旅。"[1]中学生学习解读名篇,意义也在于此。

第一节 理解思想观念,知晓核心要义

名篇具有较深远的影响,被广泛流传、讨论与研究。在中学语文教学过程中,人们对经典名篇佳作的理解与评价,会因为社会时代的变化而不断变化。在不同的历史时期,名篇会被解读出不同的思想、意义与价值。我们应以多元开放的视角来观察名篇,这不仅是对过去的回顾,也是对未来的思考,会帮助我们更好地理解名篇,也激发我们对名篇所表达的思想观念进行反思,更好地思考与解决现代社会的问题。

学习名篇,要多思多想,深入领会名篇所表达的对世界、人生、社会、道德等深层次的认识,深刻理解其思想观念、核心要义、丰富内涵,深刻把握名篇所传达的世界观、人生观、价值观、政治观、历史观等。此外,还要挖掘思想观念的形成因素,如作家家庭背景、教育背景、个人经历、社会环境等。

在此基础上,还要学会运用批判性思维,不懈质疑。读

---

1. 刘士林.西洲在何处——江南文化的诗性叙事[M].北京:东方出版社,2005:3.

者因社会时代的变化、个体经历的不同，对名篇中所表达的思想观念也会有不同的理解。因此，面对名篇所表达的思想观念，我们要做批判性思考，明确文本所表达的意思，检查文本表达观念的证据，评估其可靠性与质量，找出隐含的假设，分析其思想的逻辑，在此基础上提出问题，更加理性有效地接受其思想观念。

一、关系世界里的妄断与冷漠
——我读《猫》

关于《猫》一文的文体，郑振铎在《家庭的故事》自序中说道："我不曾写过什么小说。这一个集子中所收的不过是小小的故事而已。"[1]"我写这些故事，当然未免有几分的眷恋。然而我可以说，他们并不是我自己的回忆录，其中或未免有几分是旧事，却决不是旧事的纪实。其中人物更不能说是真实的。或者有人看来觉得有些像真实者，那是因为这种型式的人，到处都可遇到，所以他们便以为写的像他或像她。其实全不是那末一回事。"[2]由此可知，《猫》是一篇小说，虽然有些元素与过去相关，但实际上是在对现实的模糊与虚构中塑造形象，表达情感、思想。因此，这篇文章并非

---

1. 郑振铎.家庭的故事[M].长春：吉林出版集团股份有限公司，2018：3.
2. 郑振铎.家庭的故事[M].长春：吉林出版集团股份有限公司，2018：4.

写实，而是要借猫来表达对关系世界里人性与生命价值的思考。

对《猫》进行解读时，很容易提炼出关爱弱小动物的主题。但如果主题只是关爱弱小动物，我们似乎无法理解小说中一些无法回避的问题，比如："自此，我们家永不养猫。"永不养猫的背后是什么？假设从关爱弱小动物的主题出发，"我"更应该通过关爱去弥补过失，而不是永不养猫。"不知名的夺去我们所爱的东西"，"不知名的"是什么？第二只猫走失后，我咒骂那"不知名的夺去我们所爱的东西的人"，而换个视角，对于第三只猫来说，那"不知名的"夺去它"所爱的东西的"是什么，它被夺去的东西又是什么？这其中的情感逻辑，恐怕要从这篇文章的主旨来入手。本文浮于表面的关爱弱小动物的主题是最容易被窥见的，而其所要表达的恐怕远不止于此。永不养猫的背后是永久的愧疚与负罪，是对关系世界里人性的深刻反省，以《猫》为标题，正好表明猫世界与人世界构成你—我的关系世界，借猫之名义反省关系世界里的复杂人性，那"不知名的"除了偷猫之人，还可能是自由，是人性中的暴虐、阴暗、冷漠等；"所爱的东西"于我们来说是那被夺走的猫，而于猫来说，则是自由、生命、尊严等。

关系世界呈现为三种境界——与自然相关联的人生……

与人相关联的人生……与精神实体相关联的人生。[1]我们可以清晰地看到,"我"、三妹、周家丫头、张妈、李妈构成了复杂的与人相关联的人生,是人的关系世界。《猫》主要呈现的是与自然相关联的人生,从关系世界来讲,猫与人是一种自然关系。在复杂的关系世界里,猫作为他世界的主人,是小说事件的当事者,而人作为关系世界的联系者,要以怎样的态度来面对这份关系呢?"我"以强权视角对待他世界,掠夺了他者的生命,三妹是势利的享乐者,周家丫头是冷漠的看客,周妈是卑微的受委屈的存在者,李妈则是冷漠的帮凶。

(一)带有偏见的施暴者

文中的"我"对待前两只猫与第三只猫的态度是截然不同的,但从本质上来说,它们又并无不同。它们都是玩物,是谁都可以替代的角色。"我"在文中扮演的角色,强势又高傲。第一只猫死去后,"我"的态度是"再向别处要一只来";第二只猫被抓走后,"我"又有了新宠芙蓉鸟;第三只猫对"我"来说则是若有若无的动物。

"我"只有"我"的世界,并未与猫的世界形成平等的关系世界。"我"喜爱第一只猫是因为它活泼,能让"我"的"心上感着生命的新鲜与快乐",可是当它不再活泼并且

---

1. 马丁·布伯.我与你[M].陈维纲,译.北京:生活·读书·新知三联书店,2002:4.

死去，我也不再对它寄予多的情感。"我"得知第一只猫死去后那一缕酸辛与对这个"小侣"的可怜，同三妹说的话放在一起就像讽刺一般。实际上，"我"并未真地把第一只猫当成小侣，更像是当成一份私有的财产，以至于让人疑惑"我"的酸辛到底是因为小猫病死了而内心难过，还是因为那份快乐消失了。毕竟如果真的将它当作小侣，那么在它生病之后应该关照它、医治它，而不是想着满足自己自私的快乐，在它生命的尽头还允许三妹在它颈下挂个铜铃；在它死去后应该思考如何将它埋葬，绝对不是"再向别处要一只来"。"我"目睹了第一只猫的死亡，却没有向"小侣"伸以援手，像一个高傲的上位者，睥睨着依附于自己的生命在流失，却只在意自己的快乐。

"我"对待第三只猫的态度与前两只猫是有明显差别的。"我"一开始就说它很瘦，毛色是花白的，但并不好看。可是第一只猫的毛色不也是花白吗？这里不禁让人想，到底是第三只猫的毛色真的不好看，还是"我"的偏见让第三只猫的毛色变得不好看？"我"高傲的姿态再次出现，认为"我们如不取来留养，至少也要为冬寒与饥饿所杀"。"我"高傲地赋予了第三只猫活下去的机会，赐予了它新的生命。可是假设"我"家并未拾取这只猫进门呢？第三只猫真的就会被冬寒和饥饿折磨死吗？这第三只猫会不会被真心爱猫的人家收养呢？说到底是"我"高高在上的姿态，是"我"的强权把第三只猫的生命困于"我"家,并且剥夺了它的幸福与自由。在芙蓉鸟死后,看到案发现场,"我"的第一反应就是愤怒,认为凶手是第三只猫,甚至重复了两遍"一定是猫",第二遍还比第一遍多了一份肯定与自信。"我"在惩戒了那只猫后仍觉得没有快意。显然,不仅是"我",全家对猫的喜爱都建立在它们能提供价值的基础上——要么活泼可爱,要么能抓老鼠。"我"与猫之间的隔阂与对猫的偏见,在武断的决定之下成了猫死去的推手,"我"成了伪善背后的那个施暴者。在第三只猫的罪名得到洗刷后,"我"突然醒悟,"开始觉得我是错了",对于自己错怪了猫而感到内疚与自责,可是应该对张妈的内疚却被隐藏了。"我"为无辜动物而谴责自己,带有人情味地去反思,感受生命的重量与影响,却又忽视了那个能说话却不能为自己辩白的人。说到底,"我"的忏悔带有局限性。"我"依旧高高在上,依旧觉得张妈有错,带着那个时代里的强权与高傲。

(二)势利的享乐者

开篇就说"三妹是最喜欢猫的",但是从全文看下来,这就是讽刺的开始。三妹逗弄第一只猫的时候,"我"感受着生命的快活,三妹何尝不是如此呢?她和猫玩耍也是在自我享乐,因而才会有第一只猫明显生病了,她却在猫的脖子上挂了个"不相称"的铜铃。这不是为了让猫振作,而是为了使自己愉悦,这是一种沉迷于表象感官的快乐。当他者出现病态之时，主体却没有放弃对他者的强势压迫，只为获得自我感官的享乐。"三妹"自始至终对"猫"的感情都是从取悦自己出发的。即便所有人都为那只猫忧郁，也没有人考虑过医治它，包括最爱猫的三妹。在知道舅舅家有了一窝小猫后，三妹怂恿二妹去要一只来，从"怂恿"这个词仿佛能够看到三妹跟在二妹身后，撒娇似的要二妹去帮自己要一只小猫的喜悦与兴奋。一个最爱猫的人在喜爱的猫死去后就立刻产生了想养下一只猫的念头，那么第一只猫在三妹心中的分量到底有多重？最爱猫的三妹到底有多爱猫？在对待第三只猫的时候，这种势利的喜欢就表现出来了。第三只猫不活泼，也没有其他两只猫可爱，即便它也"常来蜷伏在母亲或三妹的足下"，表现出它对家里人的依赖与信任，这个家却并未给予它对等的温暖。芙蓉鸟被咬死后，在全家都在找这个"罪犯"的时候，三妹并未保护这只猫，反倒是直接将它举报——"三妹在楼上叫道：'猫在这里了。'""叫"是她的第一反应，"叫"字是在告知，是表达她找到"罪魁祸首"的快慰。这只猫没有给她带来快乐，因而那一份虚伪的喜爱也并不存在。势利是人面对讨喜事物时趋利的行为选择表现，三妹将这份势利也带到对生命的冷漠之中，旁观了一个无辜生命的凋落。

（三）麻木的看客与卑微的生存者

文中还有两个人值得重视——周家丫头和张妈。她们都是人生世界的弱者，一个是年龄尚幼的女孩，一个是家里的帮佣。

周家丫头的出现是在张妈的话里，她见证了第二只猫被过路人带走却并未阻拦。三妹知道这件事之后咕哝着抱怨："他们看见了，为什么不出来阻止？他们明晓得它是我家的！"周家丫头代表的是"见事莫说，问事不知。闲事休管，无事归"的一类人，正是她事不关己高高挂起的态度导致了第二只猫被"不知名"的人带走。她以看客的姿态放任猫被带走，有时候，沉默、隐忍是一种变相的包庇与认同。这类人隔岸观火，知道整个事件的真相，目睹了不幸的发生，但为了自己的安全与利益，他们选择了沉默，或者说他们偏向了"不知名"的那一方。而在这个事件里一个很重要的角色——"不知名"的人，他和周家丫头相比就是一个"非旁观者"，因为他亲身参与了这只猫的亡失。"不知名"的人成了剥夺的一方，出于自己的私欲把猫带走了，随意地侵占了他人的财产。而周家丫头不仅是看客，还是一个弱势的看客，所以她所做的选择就兼有合理性和必然性。

张妈在文中也是个十分重要的角色，她是揭开小说主旨的重要人物。妻子买的芙蓉鸟被猫吃掉后，张妈受到"我"妻子的责备，只能默默无言。张妈没有照顾好芙蓉鸟吗？从文中看，"换水，加鸟粮，洗刷笼子"，可谓精心又耐心，但是也依旧因为"替罪猫"而被谴责。那句"张妈！你为什么不小心？！"其中的感叹号包含着责问的刻薄与尖锐，张妈只能默默无言，有苦不能说的模样不就是被"我"一棍子打下去的猫吗？小说从猫的悲剧推出人的悲剧，折射出旧社会里陈腐的思想。那个社会里就有这样的一批人，他们的声音不被人听到，他们的辛劳不被人放在眼里，"只能默默无言，不能有什么话来辩护"。

（四）隐形"帮凶"

李妈的出现是为第三只猫洗刷冤屈的关键，她也是推动文章走向高潮的重要人物。文中写到李妈叫着："猫，猫！又来吃鸟了。""又"是个很关键的字，可以从三种情况来进行理解：第一种，李妈在情急下两次直接叫"猫"，但是她一定事先就知道吃芙蓉鸟的不是第三只猫，不然不会用到"又"，第二遍依旧叫"猫"而不是十分惊讶地喊出"是黑猫"，这就明确说明了她对那只猫的熟悉；第二种，李妈知道是黑猫吃了鸟，但是不确定是不是同一只黑猫吃的；第三种，李妈根本弄不明白是哪只猫来吃了鸟，完全是个糊涂蛋，只知道有猫来吃鸟的事实。第三种情况的可能性不大，毕竟在别人家里当差，糊涂到这种地步，估计差使也干不好。不管是哪种情况，李妈都知道第三只猫没有吃芙蓉鸟，但是她并未在案发时说出来，她选择了沉默，让第三只猫和张妈承受着委屈。从这个细节里可以看出李妈比张妈更会审时度势，如果李妈在案发时说出来，从周家丫头目睹第二只猫被抱走后大家的反应来看，所有的矛头都会指向她，张妈也会埋怨到她身上，理由会是"为什么不阻止"，李妈即便自我辩解也会显得苍白无力，因为大家都爱芙蓉鸟。李妈作为底层人民，自然知道一切的不易，时时刻刻保持着疑心和戒心。在弱肉强食的世界里，适者生存是不变的定义。李妈为了自保，当了"帮凶"的角色，是黑猫的帮凶，是"我"的帮凶，让第三只猫承受了委屈，将它逼上了绝路。李妈与周家丫头在事发时都没有发声，但是她们的出发点是不同的。周家丫头有机会救回第二只猫却冷眼旁观了，李妈却是毫无办法阻止，选择隐瞒是底层人民的自保与无奈。但是毫无疑问，李妈的隐瞒让悲剧发生了，第三只猫因为她的沉默，变成了"替罪猫"。

在你—我的关系世界里，无论是谁，在对待猫的态度上，都是冷心肠，都用冰冷的心对待生命。他们将利己放在首位，自保也好，强权也好，都逃不过内心的冷漠。他们用利己主义烧毁自己的良心与温情，成了冷漠的利己主义者，或者被强权下的陋习腐蚀，成为"理所当然"的充满偏见和狭隘的施暴者。

（《猫》选入统编版初中语文教材七年级上册第五单元）

二、"有"与"无":《变形记》异化世界里的觉醒

卡夫卡是现代主义小说家的杰出代表,他"可以说是最早感知到20世纪时代精神特征的人,也是最早传达出这种特征的先知"[1]。他的作品记录了现代人的困境,反映了他所处时代的社会、政治与文化背景,也反映了人类的普遍状况,隐含着对当时社会与文化的态度。"卡夫卡的创作生涯堪称是一种纯粹的个人写作状态。他的写作,不是为了在媒体发表,不是为大众,也不是为知识分子这一特殊群体,而是一种纯粹意义上的个人写作。但正因如此,卡夫卡才可能更真实地直接面对生命个体所遭遇的处境,写出人的本真的生存状态,并最终上升为一种20世纪人类的生存状态。"[2]《变形记》是卡夫卡短篇小说的代表作,卡夫卡通过运用荒诞派的艺术技巧,成功地重塑了一个既真实又虚无的世界,创造了异化的角色形象,揭示了有与无的哲理主题。作品以主人公格里高尔·萨姆沙的突然变形——从一个普通旅行推销员变成一只巨大的甲虫——作为核心情节,以个体经历的无端灾难为镜,映射出人性、家庭纽带以及社会结构的错综复杂与深刻变迁。卡

---

1. 吴晓东.从卡夫卡到昆德拉:20世纪的小说和小说家[M].北京:生活·读书·新知三联书店,2003:13.
2. 吴晓东.从卡夫卡到昆德拉:20世纪的小说和小说家[M].北京:生活·读书·新知三联书店,2003:13-14.

夫卡的作品不仅是对资本主义文明下人际关系异化的深刻反思，也是对这一社会制度下个体生存状态的沉痛挽歌，深刻揭示了在资本主义体系中个体所面临的生存挑战与困境。

"有"与"无"是哲学、宗教与文化领域中一个深奥又被广泛讨论的一对概念。它涉及存在的本质、实体与虚无等关系。老子《道德经》四十章说："天下之物生于有，有生于无。"老子所讲的"有"与"无"是指什么呢？"从老子讨论道时所言'复归于无物'可以得知，道既然'无物'，有'无物'状态，当然就有与之对应的'有物'、'有物'状态；道之'有物'状态既然'复归于'道之'无物'状态；道之'无物'状态就应该是道之最为根本的状态，也即道之'常态'，而道之'有物'状态必然依存道之'无物'状态，显现的也就是道之'非常态'——暂时性状态。在此意义上可以说，道之'无物'状态生出道之'有物'状态，或者说，道之'有物'状态出自道之'无物'状态。"[1]"有"指"有物"和"有物状态"，"无"指"无物"与"无物状态"，"无物状态"是最根本的状态。如果从《道德经》章节之间的联系来看，有诸多的自我矛盾之点。到底如何认识"有"与"无"？"老子的'道生万物'类似本体论概念，讲的是世界的本原问题；而他所说的'有'和'无'则是认识论概

---

1. 陆建华.无与有：老子道的哲学[J].江淮论坛，2021(6).

念，讲的是认识结果问题，二者的适用域并不一样。在认识论中，判断'有'和'无'的标准是感官，凡可以为感官所感知的东西即为'有'，而无法为感官所感知的则是'无'。老子所说的'有'正是指为人所感知到的'有'，而并不是指独立存在的'有'，他所谓'无'也是人所没有感知到的'无'，而并非指实际不存在的'无'。"[1]

《变形记》之异化世界的"有"是指能被感受到的物质世界的"有"，而"无"则指不能被感知到的需要去挖掘发现的"无"。这个"有"包括存在的物质世界，指格里高尔变形后依然存在的物理环境，作为家庭经济支柱的角色，也指变形前人际世界（包括职场与家庭）对他的依赖与支持。"无"指格里高尔变形后无法再以人类的情感方式来感知世界，他的存在变得透明，成为异类，被家人忽视，也指变形前他成为机械一般存在的"无意义""无角色"。这"有"与"无"并不是绝对分开，而是在格里高尔的生活中交织，从而揭示异化的本质。

（一）自然世界中的存在与不存在

自然世界中，通过眼睛观察到的、感知到的一切皆是存在。开篇，格里高尔醒来发现自己变成了甲虫，他感觉到这并不是一个梦，而是真实的存在。

---

[1]. 常绍舜.老子的"有"与"无"[N].社会科学报，2020-6-25.

他的房间静卧在四面颇为熟悉的墙壁之间，那是一间可惜略微偏小、却是真正人住的房间。桌子上铺放着各种分别包装好的布料样品——萨姆沙是个旅行推销员——桌子上方挂着他不久前从一本画报上剪下来的画，它被嵌在一个漂亮的、镀了金的镜框里。那是一位戴着毛皮帽子、围着毛皮围巾的女性，她直挺挺地坐着，两只前臂完全笼在一个厚厚的皮手筒里，正对着看画的人。

这是格里高尔的居室，它是一个物理空间，是他存在的象征和内心世界的映射。这个房间，尽管局促，却是他作为人类成员的私密领域，反映着他的日常和身份。房间的四面墙，既是他安全感的来源，也是他孤独感的隐喻。室内的桌子上，布料样品整齐排列，表明格里高尔作为旅行推销员的职业身份。这些样品，既是他工作职责的体现，也是他与外界联系的纽带，映射出他在社会中的角色和地位。墙上的画作，是一位身披毛皮、姿态优雅的女性，以其静态的美和温暖的质感，与格里高尔的现实生活形成鲜明对比。这幅画不仅是他个人审美的体现，更是他内心深处对美好生活的向往和渴望。画中女性的目光，似乎穿透了墙壁，触及了格里高尔心灵深处的渴望和梦想。

然而，随着格里高尔的变形，这个房间的意义也随之改变。它从一个舒适和安全的避风港，变成了一个凸显他异化和孤独的牢笼。房间的局限性成了他新身份的囚笼，而那些曾经熟悉的物品，如今却成为他人类身份的遥远记忆。

格里高尔的变形使他从一个存在的家庭成员变成了一个几乎不存在的生命。格里高尔的变形可以被视为个体在现代社会中感到孤立和无力的一种象征。他的存在变得模糊透明，因为他不再是一个正常的家庭成员，不再能够为家人带来金钱报酬，也不再能够为公司带来经济效益，无法履行他的社会和家庭角色。他的存在对于家人来说变成了一种负担，他的存在方式和价值被人们质疑。"不存在"是指他的甲虫形态使他失去了作为人的物理特征和社会功能，从而在家庭和社会中变得几乎透明，公司将他辞退，家人对他无视。在引起租客恐慌的那场灾难后，格里高尔的家人希望他离开，换言之希望他死去。格里高尔变成甲虫前后家人的态度形成了鲜明的对比，在他死后，他的家人不仅没有为他的离去表现出一丝悲伤，反而感到解脱和喜悦。值得注意的是，在变形之前他的存在也从来不是为了自己，由于家庭的重负，他对工作不敢有丝毫的怠慢，如同机器一般每天在固定的时间起床，精确规划着赶路的时间，整个精力都奉献给工作，而工作所得也几乎全供家庭所用。

然而，尽管他的身体形态发生了变化，格里高尔依旧可以说话，他的意识和情感仍然存在，他仍有着丰富的心理活动，内心渴望家人在这个时候可以给予他关怀和爱，也渴望能变回人形，像从前一样挑起家庭的担子。他在家庭困境中的挣扎与反思，体现在妹妹向房客弹奏小提琴时，他试图扯她的裙子暗示妹妹只有他会欣赏这场演奏。这表明他的存在不仅仅是外在的形态，还包括内在的精神和情感。但是他内心的愧疚、自责与苦闷无法对人诉说，只能憋在心中。他内心的苦闷是没人在意的，在家人面前，他的存在感也随着变形而逐渐减少，这也是他不存在的体现。此时格里高尔的存在对家人来说是一种痛苦，随着他最后一丝微弱的气息呼出，格里高尔最终在黑暗的角落里孤独地死去，没有人知道他经历的绝望，家人却为他的死去以及他生前所受的苦难欢欣鼓舞。面对生命的消逝，人们应当体面对待，而格里高尔的尸体却像垃圾那样被远远抛到一旁。在这一刻，格里高尔已经完全不存在了。

（二）社会异化中的角色与无角色

格里高尔变形前曾是家中的经济支柱，承担着重要的角色。当格里高尔成为甲虫的那一刻起，他就不再是公司的职员、父母的儿子、妹妹的哥哥，脱离社会生产的格里高尔不能再为家庭做出贡献，因此成为家人的包袱。他的变形使他失去了所有的社会角色，成为家庭中的一个负担和异类。

他曾是公司的职员，作为旅行推销员，他"成天都在奔波。在外面出差为业务操的心比坐在自己的店里做生意大多了。加上旅行的种种烦恼，为每次换车操心，饮食又差又不规律，打交道的人不断变换，没有一个保持长久来往，从来建立不起真正的友情"。公司推销员这一角色给人的感受被无休止的奔波所定义，生活缺乏固定的模式，他的日常工作并非仅限于办公室的安稳，而是要求他频繁地踏上旅途，面对业务的重重压力。这些压力远超过那些在固定场所经营生意的同行，使他的职业道路充满了不稳定性。外出工作也给他带来心理负担，令他需要不断地适应新的挑战与不确定性。

他是社会的一员，但他的工作性质使得他的社交互动流于表面，缺乏深度和真实性。那些在旅途中邂逅的人们，无一例外地都是短暂的过客，无法转化为持久而深厚的友谊。这使得他在人际关系的建立上感到无力和挫败。这种生活方式不仅对他的身体健康构成了威胁，更对他的心理健康造成了影响，使他陷入了一种深深的孤独之中。

在这种不断的流动和变化中，格里高尔渴望着一种稳定和常态，一种能够让他扎根和安定下来的生活。他对于自己所从事职业的价值和意义产生了深刻的怀疑。

而这两重角色在一夜之间全部丧失。为什么会有这么荒诞的事实发生呢？他是家里的顶梁柱，是公司的职员、社会的一分子，可他从来不是他自己。从格里高尔的工作来看，他的时间不属于他，属于雇用他的上司；他所挣得的报酬不属于他，要拿去给父母还债并养活一家人。他付出的越多，得到的却越少，但他仍需按照现实世界给他的设定去行动，按照设定的身份而存在。这看似是极其重要的角色，但他在异化劳动中被下降为低于人的动物——甲虫。格里高尔的体力与思维都成了谋生的工具，即劳动力商品。人不再是人，而是被使用的物，是生产资料，是供人们驱使的工具。最可悲的是，在成为甲虫之后，他最初的反应并非对自己的突变感到惊恐，亦非对如何恢复人类形态产生焦虑，而是对于可能错过火车、耽误工作，甚至面临失业的担忧。这种对职业角色的过度执着，反映了他内心深处固化的思维模式，揭示了异化现象已渗透至他心灵的每一个角落。

随着故事的发展，格里高尔的异化逐渐显现。他开始对腐败的食物产生渴望，对在墙面上攀爬感到自在，这些行为标志着他从人类习性向甲虫本能的过渡。他的身份和自我认同逐渐模糊，直至完全丧失，成为一个"无角色"的存在。他的家人，乃至家中的帮工，都开始将他视为一个异类，一个令人厌恶的"老粪虫"。

这一过程是生理上的退化，更是心理上的异化。格里高尔的自我意识逐渐消解，他的存在变得微不足道，甚至被家人所忽视和排斥。他不再是一个有情感、有需求、有尊严的个体，而是家庭中的一个负担、一个令人不适的存在。

（三）心理异化的意义与无意义

格里高尔的悲剧性转变，从家庭的经济支柱变为一只巨大的甲虫，不仅是他个人身份的颠覆，也是他对存在意义的深刻质疑。在变形之前，格里高尔的生活围绕着为家庭提供物质支持而展开，他的自我价值与他的工作能力和所赚取的金钱紧密相连。家人对他的依赖和尊重建立在这种经济贡献之上，而他本人也似乎接受了这种以物质贡献定义自我价值的逻辑。

格里高尔作为一名推销员，表面上似乎承担着为家庭提供经济支持的使命，从而赋予他的生活以传统意义上的"价值"。然而，这种表面的"有意义"实际上掩盖了一种深层次的"无意义"。他的工作，尽管在社会和家庭的期望下看似重要，却未能为他带来个人成长或实现自我价值的机会。这种工作的本质是一种重复性和机械性的劳动，它未能触及他作为个体的内在需求和潜能。

格里高尔的变形，表面上看似一种荒诞的灾难，实则为他提供了一种从日常机械性劳动中解脱出来的契机。在变成甲虫后，他被迫脱离了那种以物质贡献为唯一衡量标准的生活，这使得他有机会重新审视自己的生活方式和存在的意义。他的变形迫使他以及他的家人，面对一个严峻的现实：在现代社会中，个体的价值往往被"简化"为经济功能，而人的多维性和复杂性则被忽视了。

在这种背景下，格里高尔的死亡不仅是对他个人悲剧的终结，也是对那种以物质成功为唯一标准的价值观的深刻批判。他的家人最终对他的死亡感到释然，这反映了他们对格里高尔作为经济支柱角色的依赖，以及他们对他作为个体的忽视。这种转变揭示了现代社会中人与人之间关系的异化，以及个体在追求物质利益的过程中可能遭受的内在空虚和孤立。

失去了劳动者的身份，他的生活和存在的意义被彻底剥离，初看似乎将他的存在降至了无意义的深渊。然而，这种极端的变形实际上揭示了一种更深层次的存在意义，它挑战了我们对"有意义"和"无意义"的常规理解，以及这些理解如何影响个体的自我认同。格里高尔常年在外为一家人的生计忙碌奔波，家人们却心安理得地享受着他的劳动果实，而他自己也把这份付出认为是理所当然，以至于在他变成甲虫之后，想到的还是恢复以前的平静，渴望继续着他看似"有意义"的生活。格里高尔的变形使他的生活失去了原有的意义。他的工作、家庭关系和社会地位都变得无关紧要，他的存在似乎变得毫无意义。最后他的死亡，表面上是被饿死的，但实际上即使有食物，死也是他唯一的归宿。他的"钱"途受阻，希望渺茫，人生无望。他的存在折磨着家人，并且给他们带来了许多烦恼。

然而，在这种无意义的状态下，格里高尔开始探索新的生活意义。他更加关注自己的内心世界，开始反思自己的生活和价值观，这可以看作是一种对无意义的超越。对于格里高尔来说，摆脱异化的自由与异化社会中的生存成为新的矛盾点，他渴望正常人的生活，渴望家人把他当人看待，渴望能去医院看医生恢复人形，回归人身。可没有人在乎他、理解他，因此他解决矛盾的唯一办法就是死亡，停止在异化社会中生存。在格里高尔意识到这一点后，他毫不犹豫地选择了死亡，拒绝食用妹妹送来的食物，主动断绝了与异化社会的最后联系。这一种精神上"无意义"的超越自我，正是格里高尔在异化世界中的自我觉醒，他开始质疑社会对于"有意义"和"无意义"的界定，以及这些界定如何影响个体的自我认同。他或许意识到自身的存在是一个错误，意识到自我已经被群居生活剔除，不被家人所认可，自己的存在也毫无意义。

格里高尔对"有意义"与"无意义"的探索，是对人类存在和社会关系的深刻反思，揭示了个体在现代社会中的困境和挣扎。这一种意义的转变，促使我们反思什么是真正的价值和意义，以及社会如何定义和评价个体的存在，思考个体存在于社会之中，评判个体存在意义有无的标准究竟是什么。

（四）人际世界中的支持与无支持

格里高尔的悲剧性变形，从一个经济上对家庭有贡献的旅行推销员变成了一只巨大的甲虫，这一转变不仅是生理上的，更是社会和家庭地位上的彻底颠覆。在变形之前，他之所以被视为"人"，并受到家人的依赖和尊重，是因为他扮演着经济支柱的角色，他的"有用性"直接关联于他作为劳动者的身份和他对家庭的经济贡献。他的存在价值被简化为劳动和薪酬，他与社会和家庭的纽带几乎完全建立在这种功能性的奉献之上。

然而，随着他不可思议的变形，这种基于实用性的家庭关系迅速瓦解。家人对他的同情和支持逐渐被他持续的无用状态侵蚀。他们开始意识到，格里高尔的存在不仅失去了原有的价值，反而成为一种负担和烦恼，他受到的支持随之减少，家人的态度由最初的同情转变为忽视和排斥。

在变形的初期，格里高尔的父亲在绝望中紧握拳头，掩面而泣，这一行为反映了家庭成员在面对突如其来的变故时的无助和恐慌。而当格里高尔尝试以甲虫之身发出人声时，他的经理则完全无法理解，将他视为怪物，其恐惧和逃避的态度取代了任何形式的同情或理解。

格里高尔的母亲在关爱与恐惧之间挣扎，母亲的本能驱使她想要靠近格里高尔，但自我保护的本能又让她退缩。这种矛盾体现了人在面对未知和恐惧时的复杂反应。随着时间的推移，妹妹对格里高尔的照料变得漫不经心，家人将不再需要的物品随意丢弃在他的房间，进一步凸显了他在家庭中地位的边缘化。

最终，当格里高尔的存在引发租客的恐慌后，家人对他的最后一丝耐心也消耗殆尽，他们渴望摆脱这个负担。格里高尔的孤独死亡，象征着他被社会和家庭彻底遗弃的命运。他的最后一丝气息在无人问津的角落里消逝，家人对他的死亡和他生前所承受的苦难表现出的不是悲伤，而是解脱和欢欣。

格里高尔的悲剧不仅是个人的悲剧，也是对资本主义社会中人性异化和人际关系功利性的深刻揭露。他的故事反映了个体在现代社会中的孤立无援，以及在经济和社会角色之外寻求人性尊严和价值的艰难。

（五）结语

卡夫卡通过格里高尔的悲剧，深刻地揭示了现代社会中个体如何在社会角色和期望的重压下逐渐失去自我，如何在异化的过程中逐渐丧失人性，最终沦为社会的边缘人。这是对现代社会中个体处境的深刻反思，激发我们重新审视个体的价值和存在的意义。

（《变形记》选入统编版高中语文教材必修下册第六单元）

三、本体论视角下祥林嫂的悲剧命运

本体的概念起源于哲学领域，其后研究发展到计算机科学、人工智能、文学与教育领域。什么是本体呢？作为一个哲学术语，它通常指事物的根本属性或存在的基本特征。"本体论是人对自身存在于其中的世界的一种不断发展着的、整体的、终极的看法，是追问生存的真理、人生意义和价值的根基。"[1]本体论不仅追问"存在"本身的本质，还探索生存的真理、人生的意义和价值。其所探索的核心问题是关于事物和生命的根本属性及其存在状态，它促使我们去探究世界的终极本源和人类自身的意义。

《祝福》中祥林嫂的人生悲剧是本体存在意义丧失、消解的悲剧，从本体论视角重新解读祥林嫂，分析祥林嫂之名，认识祥林嫂本体消解的主导因素，旨在加深对其悲剧命运的理解，体悟《祝福》的主题，深入分析鲁迅文学创作思想，从而引发我们对女性命运、人性问题的深入思考。

（一）祥林嫂之名：工具化的个体

名字不仅是一个符号，也是个体存在的象征。名字赋予个体独特性和身份认同，标志着一个人作为独立存在者的价值和意义。通过名字，个体的存在被社会承认并具备独立的意义。祥林嫂没有自己的名字，而是通过"祥林嫂"这一称呼被认知，这个称呼仅仅是她在特定社会关系中的身份符号，代表的是她作为"祥林的妻子"的角色，而不是一个独

---

1. 王岳川.艺术本体论[M].北京：中国社会科学出版社，2005：9.

立的个体。

祥林嫂没有名字表明她在社会中的身份完全是外化的。她的身份依附于"祥林的妻子"这个角色。随着丈夫的去世，她的身份角色发生变化，从"妻子"变为"寡妇"，再嫁后她的身份再次转变为再婚者。在每一次身份转变中，社会都对她的存在进行重新定义，而这些定义全都是基于外在的社会关系，而非她作为个体的本质。

祥林嫂没有名字揭示了封建社会对个体本质价值的忽视与边缘化。她的存在完全被视作家庭和社会结构中的一部分，而不是一个拥有独立生命价值的个体。社会对个体本体的这种忽视，正是她悲剧命运的根源。她名字的缺失意味着她的存在价值不被社会所承认，她只能依靠外部的身份标签和他人赋予的角色来证明自己的存在。

祥林嫂作为"祥林的妻子"，意味着她的身份是工具化的，她的存在只被视为家庭的一部分，服务于丈夫和社会礼教的要求。这种工具化的身份本质上是对她作为个体本体的消解。她不再是一个独立存在的个体，而是家庭结构中的一个"工具"或"附属品"，她的存在仅在家庭或社会功能中获得意义，而不是通过她自身的独特性和本质来定义的。

名字的缺失使祥林嫂的存在逐渐虚无化。她在社会中的角色不断变化，从妻子到寡妇，再到再婚寡妇，这些角色的变换只是社会赋予她的外在标签，而她作为一个存在者的内在本质并没有得到任何关注。在社会的眼中，她只是一个附属品，其存在没有独特的意义。因此，她名字的缺失实际上是她生命意义逐步走向虚无的象征，她的存在逐渐被社会的压力和规训所吞噬，最终走向了崩塌。

祥林嫂没有名字象征着她在社会中个体存在的彻底消解。她的存在不被视为具有独立价值的个体，而是被家庭、社会和礼教工具化为身份角色的附属品。她的生命意义被外在的社会规则所规训，内在的存在本质被忽视，最终走向了虚无化的命运。通过这种名字的缺失，鲁迅揭示了封建社会对个体生命本质的压迫和剥夺，表现了对个体存在价值的深刻拷问。

（二）鲁四老爷"谬种"之说：社会规训状态

鲁四老爷的"谬种"之说是对个体存在的否定，暗示着祥林嫂的悲剧命运是由她本身所决定的。这种宿命论将她的苦难归结为天生的"谬种"，从而彻底否定了她作为个体通过自主行为改变命运的可能性。这种观念无疑是对个体自由与主体性的压抑，否认了她作为独立个体所具有的内在本质和存在价值，将祥林嫂的存在归结为一种毫无意义的宿命。在这种解释中，祥林嫂的所有努力和苦难都变得无足轻重，因为她的命运早已被决定。她的生命不再具有任何自主性和内在价值，而是完全服从于一种外在的命运安排。这种对个体存在的消解，使祥林嫂陷入了彻底的虚无中，她的生命丧失了意义和方向，成为一种被动接受的存在状态。

鲁四老爷的"谬种"之说也是封建宗法社会为了维护现有社会秩序而进行的规训方式。在这个体系中，个体的命运被认为是由"天命"决定的，个人无法改变自己的生存状态。通过这种解释，社会成功地将个体的命运困境合理化，防止了个体对社会结构和伦理秩序的质疑。祥林嫂的不幸被归为她是"谬种"，而不是社会压迫与不公正的体现，从而避免了个体对社会本质的反思。鲁四老爷的言辞中隐含了对祥林嫂的道德审判。通过这种方式，社会强化了对个体行为的规训，要求所有人遵守既定的伦理和礼教，否则就会像祥林嫂一样，沦为"谬种"，成为不幸的牺牲品。这种道德审判加深了对个体存在的压制，使得个体的自主性和自由被社会道德的力量剥夺。

社会成功地压制了个体的自由和主体性，剥夺了个体通过自主行为改变命运的可能性。祥林嫂的生命价值和存在意义被社会结构与宗法观念消解了。通过这一观点，鲁迅揭露了封建礼教对个体生命的残酷压迫，展示了人在这种社会结构下所面临的命运的虚无与存在的荒谬。

（三）捐门槛事件：虚假救赎行为

柳妈的劝告将祥林嫂的存在物化为一个"替身"，即通过捐献门槛这种迷信行为来赎罪。她不再是一个有独立主体性和内在价值的个体，而是被迫以一种迷信的方式进行"交易",其存在价值也被压缩为一种社会性的赎罪行为。这种物化使祥林嫂的主体性被进一步剥夺,使其成为封建礼教和迷信文化中的一个工具。

柳妈提到的"把你锯开来,分给他们",实际上是对祥林嫂存在的裂解和分割。祥林嫂作为一个独立个体的存在价值不被承认,反而被两段婚姻分割,沦为在两个"死鬼的男人"之间被争夺的对象。这象征着她的生命意义和本质被撕裂,她的存在被碎片化,无法在社会中找到完整的自我。

柳妈的话加深了祥林嫂的存在焦虑。她所面临的不仅是现世生活中的困境,还有对死后命运的恐惧。这种焦虑源于社会对她的道德审判,以及她对阴间惩罚的恐惧。祥林嫂因此被困在双重的压迫之下:她既无法在现世找到安宁,也对死后不能得到救赎感到恐惧。这种焦虑体现了她内在存在意义的彻底丧失。祥林嫂在这种迷信劝告和社会规训的双重夹击下,逐渐走向了虚无。她的生命变得无意义,既无从摆脱现世的困境,也无力抗拒死后的恐惧。这种虚无感不仅表现在她的生活状态中,也反映在她精神的崩溃上。她的存在被层层剥夺,最终走向了无意义的毁灭。

柳妈所传达的观念是封建社会对个体存在的规训方式。通过迷信,社会强迫个体接受一种虚假的救赎,以便维持社会秩序和伦理规范。在这一过程中,个体的主体性和本质存在被完全忽视了,个人只能通过符号化的行为(如捐门槛)

来寻求安宁,但这种安宁本质上是无法实现的。

(四)人死后有无灵魂:存在的消弥

"人死后有无灵魂之问"实质上是对个体存在本质的终极追问。本体论关注的是个体的存在状态,而"人死后有无灵魂"的问题本质上是在探讨人作为存在者的延续性问题。灵魂在很多文化中象征着个体的精神实质,是"自我"的核心。祥林嫂对灵魂的提问,意味着她在反思自我存在的本质——在经历了丧子、再嫁等一系列事件后,她的身份和存在意义被逐步剥夺,她的生命价值也随之被削弱。在这种情况下,她对"灵魂"的追问,实际上是在重新寻找自己存在的意义和价值。

祥林嫂在与"我"的对话中,表现出对灵魂有无的极大困惑,这揭示了她内心深处的挣扎与焦虑。这种焦虑不仅来自对死后世界的未知,更根源于封建社会中对道德和贞洁的极端要求。在这种迷信观念的支配下,人们认为灵魂在死后要面临地狱的审判,而这种审判与生前的行为,特别是道德上的"清白"密切相关。对于祥林嫂来说,正是因为她再婚、失去儿子等经历,使她成了"有罪"的人。她害怕自己死后在阴间会被两个丈夫争夺,阎罗王会将她"锯开来,分给他们"。她对灵魂审判的恐惧,正是封建礼教对女性压迫的体现。社会通过这种道德规训,让她对自己的行为感到愧疚,并试图通过迷信行为如捐门槛等方式,寻求救赎和解脱。她在传统礼教与个人命运之间挣扎,最终无法找到精神的安宁,陷入无法自救的深渊。

祥林嫂对灵魂的恐惧,实际上是对社会伦理道德审判的恐惧。她的"罪孽"在封建礼教的标准下是不可赦免的,再婚、丧子、失去贞洁等行为都被视为对封建伦理的背叛。因此,她害怕死后灵魂被惩罚,害怕在阴间被两个丈夫争夺,这正是对她所处社会的伦理规范的内化。这种恐惧迫使她去进行捐门槛这种象征性的赎罪行为,试图借此逃避社会的审判。

对灵魂有无的追问反映了祥林嫂在封建社会下对救赎与命运解脱的无望追求。灵魂的有无作为一种内在的焦虑,驱使她去寻找解脱,而捐门槛则是社会提供给她的一种虚假的救赎途径。然而,这种救赎在真实的社会存在中并未得到人们的认可,从四婶在"祝福"中拒绝让她摆放祭品就可以感受得到。因此,她所做的虚假救赎并没有真正为她带来生命的救赎或解脱,反而进一步加深了她对命运的无力感和对存在的虚无感。当祥林嫂将命运的摆船摇向"我",向"我"这识字、见识多的"出门人"询问"灵魂有无"时,她似乎找到了一根救命的稻草,"她那没有精采的眼睛忽然发光了"。面对祥林嫂问灵魂等行为,"我"虽然意识到这些举动背后的迷信色彩,但又无法彻底否定,因为社会普遍接受这些观念。这种矛盾反映出"我"在传统与现代之间的思想冲突,"事实上,一面表现出居高临下、俯视黑暗的姿态,一面又流露出陷身重围的紧张和激愤,甚至是无力突围的惶惑和悲哀"[1],"我"既反对封建礼教对个体命运的压迫,又无法真正脱离这种社会现实,因此陷入了深刻的彷徨。而这种彷徨从某种意义上未能减轻祥林嫂的焦虑与无助,反而将临死前的祥林嫂推向了更深的恐惧和无助之中。祥林嫂原本希望通过获得一个肯定的答复来寻求内心的平静,然而"我"的彷徨让她在灵魂问题上找不到明确的方向,最终在无尽的迷信和社会的压迫中走向毁灭。

(《祝福》选入统编版高中语文教材必修下册第六单元)

第二节 认识价值体系,深入文本内核

文学作品往往体现了道德观念、核心价值观、社会理念与文化精神,不同的名篇因不同的时代背景、作者立场以及文化传统表现出各自的特色。如《论语》体现了以"仁、义、礼、智、信"为核心的儒家道德价值体系,修身、齐家、治国、平天下成为儒家思想的重要理念,强调个人与社会的和谐统一。中国古代最早的诗歌总集《诗经》既歌颂礼制,又关注民生疾苦,多侧面、多角度地记录了从西周到春

---

1. 王晓明. 无法直面的人生:鲁迅传[M]. 北京:生活·读书·新知三联书店,2021:139.

秋的政治、经济、民俗、文学、文化等，具有历史价值、民俗价值、文化价值等，表达了对伦理道德、家庭、爱情等的认同与赞颂。

中学语文新教材名篇展示了道德抉择、人生困境与社会理想，传承与延续了中华传统文化。在解读名篇之时，可以多角度、多层面地分析。我们可以了解作品创作的历史背景与社会环境，掌握相关的文化背景，帮助自己理解作品的隐含意义与价值取向，深入理解价值观念与社会批判，分析文本内容，确定作品的主题思想，分析故事情节与人物塑造，理解作品中体现的道德伦理观念与如何通过人物的行为与事件发展来表达价值观，也可以分析作品的结构、手法等如何承载深层次的价值观念，也可将同类作品一起比较与对照，找出共同的价值观念或显著的差异等。

一、《背影》背后：父子矛盾的隐性表达与最终化解
——从社会历史批评视角看《背影》

《背影》是中学语文课本中的经典散文，从1925年《背影》一文的发表，到近些年对《背影》的广泛讨论，跨越百年，《背影》这篇文章受到深入解读与讨论，恰是其持久魅力与文学价值的最佳证明。它以其简练而深刻的文字，唤起读者深层的情感共鸣，展现了作品不朽的艺术感染力。这仅

千余字的散文，为何会有如此大的魅力？本小节拟从社会历史批评视角来解读《背影》一文，挖掘文本与生活的紧密联系，试图从一个新的角度来理解当时作者创作此文的缘由与情感动机，领会文本的深层意蕴。

社会历史批评方法是从社会和历史视角来评价文学作品和文学现象的一种批评方法，是批评模式中的一种，也是影响较大的一种。作为一种深刻的文学批评方式，它着重于文学与其所处的社会历史环境之间的互动关系。在西方，这一方法最早可追溯到古希腊时期；在中国，可追溯到春秋战国时期——孟子的"知人论世"言论。此方法论的集大成者主要是法国学者丹纳与德国哲学家马克思。丹纳在《艺术哲学》一文中归纳，人类的一切创造性活动都受到种族、环境、时代三大因素的影响。马克思从辩证唯物主义和历史唯物主义立场出发，认为社会存在决定社会意识，因此，分析文学现象须从社会历史状况出发。此后，20世纪社会历史批评方法逐渐步入边缘状态。我国现代学者童庆炳先生认为社会历史批评"强调文学与社会生活的关系，认为文学是再现生活并为一定的社会历史环境所形成的，因而文学作品的主要价值在于它的社会认识功用和历史意义。其基本的原则是：分析、理解和评价作品，必须将作品产生的时代背景、历史条件以及作家的生活经历等与作品联系起来考察"[1]，指出社会历史批评方法主张文学不仅仅是生活的反映，而且是在特定的社会历史背景下形成的，强调文学作品的社会认识功能和历史价值。因此，深入分析和评价文学作品，必须将作品的时代背景、历史条件及作者的个人经历纳入考量，应将文学作品放置于其生成的时代背景和社会文化语境中，只有这样，批评者才能充分把握作品的深层意义和价值。这种方法不仅促进了对文学作品更为全面深刻的理解，而且强化了文学与社会现实之间的紧密联系。正如魏伯·司各特所说："艺术并非凭空创造，它不单纯是个人的成果，而且是在特定时间空间里，作家作为一个能够发言的重要成员对社会产生的反响。"[2]他也同样强调艺术的社会根源，指出艺术并非孤立的个人创造，而是作者在特定的社会历史条件下，对周遭世界的反映和表达。这种观点进一步证实了社会历史批评的重要性，即识别和评价文学作品时，不可忽视其深植于特定时空的社会文化土壤。正是因为特定的时空关系，成长于特定时空下的作者会秉承一定的时代性和社会性，并将这种特点自然地带入作品中。

《背影》这篇文章体现了朱自清与父亲之间的深厚情感，也反映了当时社会背景下的家庭关系和个人情感。通过

---

1. 童庆炳.文学理论教程（修订2版）[M].北京：高等教育出版社，2004：365.
2. 魏伯·司各特.西方文艺批评的五种模式[M].蓝仁哲，译.重庆：重庆出版社，1983：62.

考察朱自清的家庭背景、个人经历以及与父亲的关系，可知《背影》是朱自清与他的父亲之间矛盾冲突的隐性表达并最终消解的见证，由此我们可以更深入地理解《背影》中的情感流动和文化意蕴，这体现了社会历史批评在文学作品分析中的应用价值和深远意义。

  《背影》写于1925年，浦口送别发生在1917年，相隔时间有八年之久，那么到底为什么相隔如此之久才有《背影》一文的问世？先来探究下作者写作此文的原因。朱自清曾说："我写《背影》，就是因为文中所引的父亲的来信里那句话。当时读了父亲的来信，真是泪如泉涌。我父亲待我的许多好处，特别是《背影》里所叙的那一回，想起来跟在眼前一般无二。我这篇文只写实，似乎说不到意境上去。"[1] 可见朱自清写作《背影》是缘于父亲从扬州发来的一封信，这封信说道："我身体平安，惟膀子疼痛厉害，举箸提笔，诸多不便，大约大去之期不远矣。"接到这封信的朱自清泪如泉涌，是什么力量使得朱自清如此情动于怀？大概父亲的病痛是触动朱自清的表层原因，因为病痛，父亲提及自己可能"大去之期不远矣"，无论之前父子之间有过什么矛盾，读到此处，作者都会悲从中来。深层原因则是父亲在这段艰难时光中逐渐步入暮年，多年来由于与父亲的冷漠相处和误

---

1. 朱乔森.朱自清全集（第四卷）[M].南京：江苏教育出版社，1990：483.

会而积累在心中的忧愁与不满，在阅读这封信的瞬间得到了缓解与平抚，作者此时心头浮现的唯有对父亲往昔恩情的缅怀，以及那令人动容的父爱。如果对文本的分析仅仅停留在此，大概《背影》一文也仅仅是一篇写父子之情的感人之作。朱自清先生说"父亲待我的许多好处……想起来跟在眼前一般无二"，父亲曾经如此关爱"我"，"我"还来不及真正关心父亲，他就慢慢地老去了，这当然是很痛惜的事情。那么，为什么这么些年来，作为一个成年人，还来不及关心自己的父亲呢？这些年来到底发生了什么事情？究竟是什么因素导致了这样的结局？

因此，联系写作背景，我们触摸到了文本的关键信息，这是触发朱自清先生情感爆发的"导火线"，也是解读文本的关键。没有这样的发现，无缘无故再去探究作者身上所发生的无关联的故事，对于文本的解读没有任何的帮助。正是因为有这样的发问，那么对于这些年来作者家庭与个人身上所发生的事情的探究就势在必行了。

（一）了解作者家庭情况，深化文本解读

情感类的文学作品，是独特个体在独特的时空条件下产生的。如果说联系写作背景来看文本是运用社会历史批评方法进入文本的第一步，那么第二步就应该循着文中的关键信息往下探索，而这关键信息可以通过查阅作者的家庭情况与生活经历来进行佐证与分析。

通过查阅作者个人经历与家庭情况，再结合《背影》一文的内容，了解了作者如此动情的表层原因和深层原因后，再阅读《背影》，我们会觉察到父子之间的矛盾与冲突在文中有多处的暗示与提醒。

1. 父子见面：嫌隙的产生

《背影》开头记叙：那年冬天，祖母死了，父亲的差使也交卸了。此事在《朱自清年谱》中有详细的记载，那年即1917年，事情发生的原委为："因祖母逝世，回扬州奔丧。父亲时任徐州榷运局长，在徐州纳了几房姜。此事被当年从宝应带回的淮阴籍潘姓姨太得知，她赶到徐州大闹一场，终至上司怪罪下来，撤了父亲的差。为打发徐州的姨太太，父亲花了许多钱，以至亏空五百元，让家里变卖首饰，才算补上窟窿。祖母不堪承受此变故而辞世。"[1] 祖母的去世与朱自清父亲的纳妾有关。当朱自清回到徐州，见到家庭"祸不单行"的现状，"不禁簌簌地流下眼泪"。这眼泪不仅仅是为祖母的去世而伤心，也是为家中凄惨的现状而难过，还是对父亲造成这种局面的伤感与痛苦之泪。了解了这一层原因，读者自然会感受到，朱自清在见到父亲之时，一方面为现状担忧、难过，另一方面不免也有对父亲的埋怨与不满。

---

1. 姜建，吴为公. 朱自清年谱[M]. 合肥：安徽教育出版社，1996：13.

2. 父子惜别：情感的疏离

在浦口送行这一节的叙写中，虽然字里行间流露了父亲对儿子的深切关心，但朱自清当时与父亲之间的隔阂是存在的。这隔阂大概在父亲带来亏空以及家景惨淡时就已经存在了，而对送行中朱自清的种种做法细加思量，更能体味到儿子对父亲所给予的关怀的淡然。一开始同行到"南京之时，有朋友约去闲逛，勾留了一日"，与父亲相处的时间极为短暂，其中或许也有着逃避与父亲相处的意思。对于父亲执意要送"我"，"我"那时认为，"北京已来往过两三次，是没有什么要紧的了"。父亲的再三嘱咐，在当年朱自清的眼里，是大可不必的，自然也是不屑的。对于父亲与脚夫讲价钱，"我总觉得他说话不大漂亮，非自己插嘴不可"。"他嘱托茶房好好照应我，我暗笑他的迂。"从"插嘴"与"暗笑"可以看出，在朱自清的内心，是不满父亲的这种做法的，父亲的行为在当时接受新思想教育的朱自清看来是多余的。父亲艰难爬过月台买来橘子时，朱自清当时感动于父亲对自己细致的关怀而流泪，可又赶紧拭干了泪，怕他看见。怕别人看见尚可理解为年轻小伙怕别人笑话他，但怕自己的父亲看见，大概是心里仍有芥蒂，不想在父亲面前动情，不想原谅父亲当时所做的种种，不想领会与接受父亲的好与关怀。

其实他与父亲之间的矛盾在接下来的几年中，似乎愈来愈激烈。1921年朱自清从北大毕业后，回到扬州一所中学任教，他的父亲与该所学校的校长熟识，于是凭借关系将朱自清的所有薪水领走了。父亲的专制行为让朱自清感到压抑和愤怒，导致他选择离家，去外地执教，以此摆脱家庭的束缚，追求个人的独立和自由。在离开扬州之时，他还接走了妻儿，在外地建立了小家庭。这样一来，他们之间的矛盾冲突越来越尖锐，两人的隔阂也就越来越深了。

加之，"近几年来，父亲和我都是东奔西走"，能够沟通的时间尚少，况且父亲曾经干过大事，而"老境却如此颓唐"，生活的压力与前后的悬殊对比，父亲自然"触目伤怀"，"情不能自已"。不能控制自己的情绪，他只好将这种怒气与不平发泄在家人身上。因此，在1925年之前的几年间，朱自清与父亲的矛盾似乎并没有得到缓和，反而在家庭琐事中父亲"待我渐渐不同往日"。而我也不曾理会父亲的困难与艰难，不曾表达过自己对父亲的关心，正是这样，当父亲提到"大去之期"时，情感的洪堤终于决堤。

3. 和解信号

至此，我们清晰地了解到他们父子之间矛盾冲突的发展。1925年朱自清在北京接到父亲那封信，信中说"离大去之期不远矣"，实际上他的父亲后来活到1945年，离1925年有二十年之久。当时父亲的情况并不如信中所言，这或许是父亲因爱子之情而做出的让步与和解，希望通过这样的信来引起儿子的关注，希望他能够回来一趟，也或许是晚境颓唐、心境消沉的必然表现。不管怎样，这样的一封信当时的确使朱自清泪流不止，他伤心、伤感、伤痛、伤悲。在这一刻，不愉快的往事烟消云散，回忆起父亲曾经对自己的无微不至的关心与照顾，回忆起父亲这起伏变化的一生，感于父亲爱的无力以及生活之艰难，他情动于中写下了《背影》。

其实，在此信之前，从《背影》一文中我们还可以窥见朱父另外两次和解信号的，只是朱自清先生并没有接收到。一是奔丧回家后，朱自清见到了家庭的现实情况，朱父变卖典质还了亏空，借钱办了丧事，事后朱父与朱自清同行，其实这里暗含着朱父希望能通过与儿子共处来获得儿子的谅解，可惜儿子与朋友闲逛去了。二是父亲为朱自清送行，按当时朱自清先生的年龄与能力，他完全可以自己上火车回北京，可是朱父仍然不放心，表面上看来是不放心，实际上是在争取共处的时间，因为与儿子共处时间太短了，所以儿子还未能领会到父亲的一片心。在即将分别的时刻，哪怕是得到儿子的半句温言，做父亲的也就安心了，他的叨叨之声实是对儿子的提醒与暗示。其后的买橘，是送别中的一幕，这一幕上演了中国人最为感动的情感瞬间，父亲的攀爬，父亲的艰难，以中国父母的关怀行动表达了自己对儿子的关心与爱，也是父亲对儿子发出的又一次和解信号。很可惜的是，朱自清先生掩盖了自己本来已感动的情感，而以淡然的方式结束了与父亲的告别。

（二）探析文后故事，加深文本理解

许多情感类的文学作品，在作品发表后还会有一些故事发生，有作家的创作感言，也有作品中涉及的相关人物的事件。补充这样的细节，对于文本的理解是有好处的，不仅可以印证此前的解读是否正确，而且能加深对文本的理解。

《背影》发表之后，据朱自清的弟弟记载："我接到了开明书店寄赠的《背影》散文集，我手捧书本，不敢怠慢，一口气奔上二楼父亲卧室，让他老人家先睹为快。父亲已行动不便，挪到窗前，依靠在小椅上，戴上了老花眼镜，一字一句诵读着儿子的文章《背影》，只见他的手不住地颤抖，昏黄的眼珠，好象猛然放射出光彩。"[1]此时此景，如果说朱自清在写作时情感已经得到释放，弥漫在胸间的是深深的歉意与想念，那么此时父亲读到《背影》，感受到儿子浓浓的情意，他也当释怀了，他明白儿子已然读懂了父亲的心，明白了父亲的付出，至此父子之间的矛盾冲突因为《背影》最终得以化解与消除。孙绍振先生说："他笔下的亲子之爱，是错位的，爱与被爱是有隔膜的。爱的隔膜，正是《背影》之所以不朽的原因。"[2]之所以有爱的隔膜、爱的错位，是有原因可寻的，父子之间矛盾的无法释怀应该是最根本的原因。也正是因为心结横在两人之间，朱自清虽然懂得父亲的

---

1. 朱国华.朱自清写《背影》的背景[N].人民政协报，1988-10-25.
2. 孙绍振.《背影》的美学问题[J].语文建设，2010（6）.

不易、艰难与关爱，但仍没能消解他心里对父亲的不满。而父子之间最终和解的起因应该是父亲捎去的那封和解信，因为那封信，朱自清回忆起当年的点点滴滴，想起父亲一路的辛酸与坎坷，想起父亲一直以来对自己的关爱，想起父亲曾发出的求和信号，想起自己对待父亲的"太聪明的做法"，这一切凝聚成《背影》一文。而当朱父读到此文之时，彼此的心结算是完全解开，之前的一切矛盾都化解了。

（《背影》选入统编版初中语文教材八年级上册第四单元）

二、人生自飘零，哪堪风雪夜
——对《祝福》中"雪"的解读

朱光潜先生说："我们所提倡的'具体'不仅是要用感官所接受的意象，而且是要把这种意象通过创造的想象，熔成一种独到的新鲜的境界或是一个有特殊生命的性格。"[1]在文学或艺术作品中，仅仅依赖感官所接受的意象不足以打动人心，创作者需要通过独特的创造性思维，将这些意象融合、重组，进而构建出一个独到的、具有特殊生命力的境界。这种境界不仅带有作者独特的情感和思想印记，还具备超越时间、空间和文化的感染力，能够与读者或观众产生深

---

1. 朱光潜.朱光潜全集（第四卷）[M].合肥：安徽教育出版社，1988：268.

刻共鸣。

在鲁迅的小说《祝福》中，"雪"作为自然景象，贯穿始终，具有重要的象征意义。它不仅交代了故事发生的季节和背景，还与人物的情感、内心世界以及作者的创作意图紧密相连，构成了小说的叙事空间。《祝福》中多次出现"雪"这一景象，"雪"在文中不只是对故事发生发展时自然环境的交代，它还与"我"的心绪、主人公"祥林嫂"的内心以及作者的创作意图相联结，构成了《祝福》的叙事空间。它通过与人物的内心、故事的情节发展以及社会环境的特征相结合，增强了小说的悲剧效果。它的反复出现所带来的寒冷与沉寂，将祥林嫂的悲剧命运与时代的冷酷本质展现得淋漓尽致。

"意象作为叙事作品中闪光的质点，使之在文章机制中发挥着贯通、伏脉和结穴一类功能。"[1]意象作为叙事作品中的闪光质点，具有重要的结构和象征意义，它不仅是故事情节的点缀或装饰，还在作品的整体机制中发挥着贯通、伏脉和结穴的功能。通过对某一意象的反复提及与深化，作者能够在叙事进程中建立起一条情感与主题的脉络，进而影响读者对故事的理解和情感共鸣。

---

1. 杨义.中国叙事学[M].北京：人民出版社，1997：276.

（一）自然之雪

意象之用，首要具有联结的功能，它能够将作品的不同情节、场景和人物情感串联起来，使其在叙事结构中起到统摄全篇的作用。

《祝福》通过"雪"这一意象贯通了不同的时间线和情感变化，既联结了叙事的两条时间线，也深化了小说的主题。作品中存在两条时间线：一条是叙述者"我"所在的现实时间线，一条是"我"回忆祥林嫂的过去时间线。在现实时间线中，"雪"被多次提及，不仅是对自然环境的描绘，还与"我"的心绪变化紧密相连，成为人物情感的外化象征。三处不同时间段的雪——下午的雪、入夜的雪、深夜的雪——贯通了叙事的前后，联结了人物命运和情感发展，构成了全篇的圆形叙事结构。

第一处"雪"出现在文中的第二段："天色愈阴暗了，下午竟下起雪来，雪花大的有梅花那么大，满天飞舞，夹着烟霭和忙碌的气色，将鲁镇乱成一团糟。"这场雪不是"我"回到鲁镇第一天下的，据文中描述，下雪时间应是"我"回故乡第三天的下午，"竟下起雪来"说明"我"觉得这场雪下得出乎意料，而且还是"下午"，"我"的心绪由此联想起昨天下午与祥林嫂关于"灵魂有无"的对话。"雪花漫天飞舞"，本应是一场轻盈浪漫的美丽风光，尽管夹杂着烟霭与忙碌的氛围，也应是一幅宁静祥和的人间烟火画面。但是在这平和之中，与祥林嫂对话后的不安情绪一直萦绕着"我"，以至于"我"觉得飞雪"将鲁镇乱成一团糟"，这其实是"我"被乱了心神。"我"的不安在一遍又一遍地回忆与祥林嫂的对话中得到加强，"在阴沉的雪天里，在无聊的书房里，这不安愈加强烈了"。而后，祥林嫂死去的消息验证了"我"脑海中不断浮现的不祥预感。

第二处入夜的"雪"："冬季日短，又是雪天，夜色早已笼罩了全市镇。人们都在灯下匆忙，但窗外很寂静。雪花落在积得厚厚的雪褥上面，听去似乎瑟瑟有声，使人更加感得沉寂。……我静听着窗外似乎瑟瑟作响的雪花声，一面想，反而渐渐的舒畅起来。"再次写雪，根据"我"与短工的对话可以推测祥林嫂应是死于下雪前，"我"得知祥林嫂死亡的消息时，厚厚的雪花已埋葬了祥林嫂，埋葬了她人生所遭遇的不幸与偏见。祥林嫂连一场葬礼都没有。在这厚重的雪夜下，人们匆忙，窗外寂静，鲁镇的人们还专注于准备"祝福"，好像没有人真正关心祥林嫂的死亡，短工淡然，鲁四叔忌讳，只有"我"因为不安与愧疚，联想起她的半生事迹。

第三处深夜的"雪"："我给那些因为在近旁而极响的爆竹声惊醒，看见豆一般大的黄色的灯火光，接着又听得毕毕剥剥的鞭炮，是四叔家正在'祝福'了；知道已是五更将近时候。我在蒙胧中，又隐约听到远处的爆竹声联绵不断，似乎合成一天音响的浓云，夹着团团飞舞的雪花，拥抱了全市镇。"鲁镇祝福礼的鞭炮声将"我"拉回现实，记忆闪回结束后再次写"雪"，与开头的"雪"一起形成了小说圆形叙事结构。爆竹声、雪花充斥了整个鲁镇，人们沉浸在热闹的祝福之中，遗忘了还不到一天之前，有一个不幸的生命——祥林嫂，刚逝去。

在这一圆形叙事结构中，"人物的行为与思想路径构成一个圆圈的循环"[1]，三处雪的描写联结了"我"的情感动向。对"雪"不同的描写呈现了"我"的心绪变化：开始"我"的心情因回想起与祥林嫂的对话乱成一团，在听到祥林嫂"死了"后又转变为不安与负疚，而后联想起祥林嫂的半生事迹，认为其死亡不失为一种解脱，因此"我静听着窗外似乎瑟瑟作响的雪花声，一面想，反而渐渐的舒畅起来"，最后在繁响的祝福爆竹声中，疑虑消散，心情变得"懒散而且舒适"。对祥林嫂的负疚，对其命运解脱的舒畅，都是"我"真实的情感，但小说最后描写"我"疑虑消散，变得懒散且舒适的语段却令人深思。"我在这繁响的拥抱中，也懒散而且舒适，从白天以至初夜的疑虑，全给祝福的空气一扫而空了，只觉得天地圣众歆享了牲醴和香烟，都醉醺醺的在空中蹒跚，豫备给鲁镇的人们以无限的幸福。"文章选取了黄色

---

1. 曾翔.《呐喊》《彷徨》中雪的意象[J].大众文艺，2020（12）.

的灯火光、毕毕剥剥的爆竹声、团团飞舞的雪花等事物，企图构建一幅热闹、温馨的鲁镇祝福画面，"拥抱"本应该是温暖的，可实际上，对接受过进步思想的小资产阶级知识分子"我"来说，祥林嫂的尸体是冰冷的，鲁镇人的心也是冰冷的。祥林嫂的死简直是对天地圣众赐予的无限幸福的一种讽刺。同时，"我"的情感动向、心绪变化，反映出作者对鲁镇、鲁镇人的情感与态度。"虽说是故乡，然而已没有家"，"我"回鲁镇只能寄居在四叔家，也要回去见见朋友，感受年底亲人朋友团聚的节日氛围，寄托了作者的乡土情结，文章描写鲁镇的雪景，鲁镇人在年底忙碌而又充实，传递出了作者对故乡的眷恋之情。只是"我"未料想会发生祥林嫂死亡这件事，联想起她不幸的一生，联想到鲁镇人对她的偏见、嘲弄与排挤，作者借由"我"表达了对麻木与冷淡的故乡人的失望。最后"我"的心绪也变得"懒散而且舒适"，是因为"我"想明白了祥林嫂的死是一种解脱，想明白了鲁镇人不是导致祥林嫂死亡的根源，无论是祥林嫂还是其他的鲁镇人都被封建礼教思想蚕食着，因此作者借由"我"之口反讽这一场祝福，讽刺着天地圣众，暗含着对封建礼教思想的批判。

（二）人生之雪

"高明的意象选择，不仅成为联结情节线索的纽带，而且能够以其丰富的内涵引导情节深入新的层面。这就是说，选择意象既要注意它在情结上的贯通能力,又要注意它在意义上的穿透能力。"[1]换句话说,意象的选择要同时兼顾情节上的贯通性和意义上的穿透力。贯通性指的是意象在情节中的衔接作用,它能够将故事的不同时间段、情感层次、人物关系有机地联系起来,形成一个完整的叙事结构。而穿透力则指的是意象能够揭示出人物情感的深层次含义,或是传达出文本的核心主题和社会批判,通过对意象的反复描写和强化,使读者在理解情节表层之余,进一步思考情节背后的象征意义与情感共鸣。

《祝福》之雪联结了作者的情感变化,也象征祥林嫂寒冷、悲苦的人生。在"我"的回忆中,祥林嫂的人生与"雪"交织在一起,这不仅是自然景象的呈现,更是祥林嫂悲凉命运的象征。从"微雪点点的下来了"到"祥林嫂似乎很局促了,立刻敛了笑容,旋转眼光,自去看雪花",这一系列描写中的雪,见证了祥林嫂的精神状态与内心变化。尤其是"我"回鲁镇的第一场雪,也是祥林嫂人生的最后一场雪,这一细节凸显了雪与祥林嫂命运的不可分割。

"自去看雪花","我"能联想起如此具体的细节,说明对祥林嫂来说,"雪花"可能具有特殊的意义。此时祥林嫂已经经历丧夫丧子之痛,她看雪花绝不是单纯地欣赏雪花,

---

1. 杨义.中国叙事学[M].北京:人民出版社,1997: 280.

加之前面与柳妈谈及丈夫贺老六，祥林嫂极有可能一边看雪花一边回想和丈夫与阿毛一起生活的日子。细数小说中祥林嫂的人生，其重要时间节点都与冬春之际有关："有一年的冬初，四叔家里要换女工，做中人的卫老婆子带她进来了"；"她是春天没了丈夫的"；新年才过，被婆婆卖到深山野墺里；"她到年底就生了一个孩子，男的，新年就两岁了"；春天孩子死于狼口；冬至祭祖时节前她去土地庙捐门槛；旧历年底祥林嫂死于祝福夜之前。几个冬春之际，祥林嫂经历的风雪不止一场。"雪"在小说中与祥林嫂这个人物不只有沉重的死亡联系，也曾给予祥林嫂人生一种希望的寄托。如冬初到鲁镇当女工，得到鲁四老爷的重用，一人担任祝福礼工作，"口角边渐渐的有了笑影，脸上也白胖了"，祥林嫂在鲁镇度过了一个充实且满足的新年；改嫁给能干的丈夫，年底生了阿毛，"母亲也胖，儿子也胖"，依据文中卫老婆子的转述（她到年底就生了一个孩子，男的，新年就两岁了）可以合理推测祥林嫂在贺家墺度过了不少于三年的家庭美满的生活。相信这两个时期的祥林嫂看见雪，是期待的、幸福的。然而总的来看，祥林嫂的人生虽拥有几年幸福时光，但这些幸福与希望总被无常摧毁，与连续的人生变故相比，"雪"于祥林嫂来说，其悲剧意味总归是大于其美好意味的。

在解读祥林嫂这个人物时，我们不仅要看到她的悲惨与不幸，还要看到她作为底层劳动人民顽强坚韧的生命力。祥林嫂的人生以悲惨结尾，但在这不幸的人生过程中，她没有自暴自弃，面对人生的无常，她一直在为生存而挣扎。祥林嫂"早已"许给贺老六，应该是在大儿子死了之后，婆婆就存了卖儿媳换钱的念头，春种秋收需要劳力，此事隐忍未发，待秋忙结束，则通过中人寻找深山野墺的买家。[1]她第一次来到鲁镇时，其实是逃婚，躲避改嫁；出嫁的时候嚎骂，拜天地时撞香案，她的反抗态度强烈；丈夫贺老六死后，祥林嫂也能够靠自己"打柴摘茶养蚕"守着儿子；即使儿子阿毛死后，精神又受到更重大的冲击，祥林嫂也没有寻短见一了百了，而是回到鲁镇老主顾家继续讨生活；面对鲁镇人的讥讽，她依然顶着压力活着，攒钱捐门槛为自己寻找一丝生存的希望。她"比勤快的男人还勤快"，"彻夜的祝福礼，全是一人担当"，祥林嫂在小说中被塑造成一个勤劳、能干的妇女。作者赋予了祥林嫂勤劳强壮的特质，她依赖自己的劳动能力顽强支撑着，诠释了"绝望之为虚妄，正与希望相同"[2]这句话的精神内涵：希望和绝望同是虚幻，祥林嫂一次一次选择抓住希望，为了一点希望一直在与现实抗争，祥林嫂的心曾强烈地活着。"微雪点点的下来了"其实是个不好的预兆，映射着祥林嫂想要活下去的心一点点枯竭，最后只能算个"活物"，而不是"活人"。捐门槛后四婶一如既往避

---

1. 管冠生.重建祥林嫂的"半生事迹"——鲁迅《祝福》细读[J].东岳论丛，2021（6）.
2. 鲁迅.鲁迅全集（第2卷）[M].北京：人民文学出版社，2005：182.

讳的态度，"我"说不清灵魂是否存在，支撑祥林嫂活下去的精神世界终于崩塌，人生遭遇的变故好比经历了一场又一场覆灭式的大雪，加之外界对祥林嫂以及祥林嫂对自我不断的精神施压，最终将祥林嫂永远地杀死在祝福礼前夕。

雪不仅见证了祥林嫂的悲惨命运，更象征了她一生中不断被希望点燃却又被现实无情摧毁的生命历程。

（三）社会之雪

意象的意义不是一次性完成的，它具有多维度性、文本的动态性。在阅读文本时，应该思考意象所承载的深层含义，在一次一次的意象推移与递进过程中，意象的意义得以深化。"意象的意义组织形式，还有推移和递进的形式，在推移和递进的过程中使意义逐步展开和深化。"[1] 意象的意义组织形式通常体现在象征与情节的相互联系上，通过对意象的精心选择与安排，使其在不同情境中产生不同的含义，并在故事推进中逐步展开和深化。这种组织形式的核心在于，意象并非单一、静态的符号，而是在情节的推移和人物心理变化中，逐步积累和延展出更为复杂的象征意义。

祥林嫂的死亡确实是一场悲剧性的死亡，不仅是她肉体上的终结，更是她精神上的彻底崩溃。正如孙绍振所言，"真正的凶手乃是一种对于寡妇的荒谬的、野蛮的成见"[2]，

---

1. 杨义.中国叙事学[M].北京：人民出版社，1997：308.
2. 孙绍振.文学文本解读学[M].合肥：黄山书社，2017：304.

这种成见不仅扼杀了她的生命，也剥夺了她活着的尊严和希望。精神上的毁灭往往比肉体上的死亡更加可怕，因为它意味着一个人的信仰、尊严和生存意义都被逐一摧毁。祥林嫂的人生遭遇不仅是她个人的悲剧，更是整个社会的缩影，反映了封建礼教对人的压迫和摧残。

《祝福》不仅描绘了一个寡妇的苦难生活，还揭示了社会整体的冷漠与麻木。鲁四叔作为鲁镇的宗族领袖，是封建礼教的坚定维护者。他对祥林嫂的态度从一开始就充满了轻蔑与不满。当他知道祥林嫂是个寡妇时，他"皱了皱眉"，表现出对她寡妇的身份和命运的厌恶。在祥林嫂二度来到鲁镇时，鲁四叔仍然"照例皱过眉"，并直接指责她"败坏风俗"，将祥林嫂的不幸归咎于她的个人道德问题。鲁四叔虽然接受了祥林嫂的劳作，但这并不是出于同情或善意，而是出于对劳动的需要。当她失去了劳动价值，鲁四叔毫不犹豫地抛弃了她。尤其是在祭祀活动中，他以封建礼教为借口，不让祥林嫂参与，这种排斥正是对她人格尊严的彻底否定。在祥林嫂去世后，他甚至毫不掩饰对她的厌恶，将她的死亡视为一种"不合时宜的麻烦"，这充分体现了他对弱者的冷酷态度。

这种冷漠不仅体现在鲁镇人对祥林嫂的态度上，还反映在鲁镇人对传统观念的盲从和对弱者无意识的压迫上。四婶相较于鲁四叔，表现出了一丝善意与同情。当她听闻祥林嫂丧夫丧子的悲剧时，眼圈"有些红了"，显示出她内心的柔软。然而，四婶最终还是听从丈夫的安排，按照封建礼教的规定，不允许祥林嫂参与祭祀活动。这种态度反映了在封建制度下，即使有些人心存善意，但他们依然无法摆脱礼教的束缚，仍然被迫遵循那些残酷且不合理的规矩。柳妈的"好心"劝诫其实是封建迷信与道德观念的流毒的体现。柳妈告诉祥林嫂她再婚之后将无法超度阿毛的灵魂，这种言论加剧了祥林嫂内心的自责和恐惧。柳妈所代表的，是当时社会中大量愚昧与麻木的普通民众，她是封建观念的传播者，无意识地压迫了同样身处底层的弱者。这种源于迷信与传统的无意识伤害，也是促成祥林嫂最终精神崩溃的一个重要因素。受封建礼教毒害的人们，在传统观念的支配下，维持着对弱者的不公对待，却很少质疑这种行为的合理性，逐渐变得麻木不仁，甚至丧失了对他人痛苦的基本同情。

外在的人事变故没有直接摧毁祥林嫂的生命，摧毁祥林嫂的是存在于鲁镇人心中的封建礼教观念，甚至祥林嫂自己也认同这种封建礼教思想，政权、神权、族权、夫权束缚着祥林嫂的身心，使她不得解脱。祥林嫂捐门槛后，她以为自己是个符合封建礼教规则的人了，便坦然地帮忙准备祭祀，但被四婶慌忙喝止，这一次祥林嫂的精神世界彻底崩塌了：

　　她像是受了炮烙似的缩手，脸色同时变作灰黑。

> 第二天，不但眼睛窈陷下去，连精神也更不济了。而且很胆怯，不独怕黑暗，怕黑影，即使看见人，虽是自己的主人，也总惴惴的，有如在白天出穴游行的小鼠；否则呆坐着，直是一个木偶人。不半年，头发也花白起来了，记性尤其坏，甚而至于常常忘却了去淘米。

封建礼教思想认为丈夫死后，女子应守节，改嫁则败坏风俗。祥林嫂即使再悲哀与麻木，也能感受到周围人对她的恶意与嘲弄，个体的无情与群体的冷漠造成了祥林嫂的悲剧。从本质上讲，祥林嫂逃婚、闹婚、捐门槛，其实都是因为在封建礼教的裹挟与麻醉中，她也是认同这种封建思想的，她反抗的目的是希望获得封建礼教的接纳，摧毁祥林嫂的封建礼教思想存于鲁镇人的心中，也存在于祥林嫂自己的心中。

祥林嫂的生命像是被无情的"雪"覆盖着，这"雪"象征着社会的冷酷与压迫。她的个人悲剧不只是一个个体的命运，也是整个社会结构中无数像她一样的底层劳动人民的写照。当时的中国民众，在几千年的封建思想的影响下，逐渐失去了对真正人性的理解。他们盲目维护着陈旧的道德观念，不仅压抑了个体的自我发展，还进一步加剧了对弱者的排斥与孤立。

"雪"象征着社会的冷漠与无情，它不仅落在了祥林嫂的身上，也覆盖了整个社会，掩埋了人们的良知和希望。这场"雪"无处不在，沉重且冰冷，将人们的心灵与生命彻底冻僵。鲁迅通过祥林嫂的悲剧揭示了封建社会的残酷本质，同时也为社会的变革发出呼声，希望唤醒被压迫的民众，打破这层冰冷的雪被，挣脱封建礼教的桎梏。

（《祝福》选入统编版高中语文教材必修下册第六单元）

第三节 领悟审美文化，提升文学修养

中学语文教材名篇蕴含着丰富的审美思想与文化价值，它通过语言、结构、情感与思想等多种形式的呈现，反映了作者的审美思想。如何发掘名篇的审美文化？首先应具备发现美的能力，"达到这样的、深入的美感，发见这样深度的美，是要在主观心理方面具有条件和准备的。我们的感情是要经过一番洗涤，克服了小己的私欲和利害计较。矿石商人仅只看到矿石的货币价值，而看不见矿石的美的特性。我们要把整个情绪和思想改造一下，移动了方向，才能面对美的形象，把美如实地和深入地反映到心里来，再把它放射出去，凭借物质创造形象给表达出来"[1]。有主观心理的准备，我们还应观察每个特定时期社会反映出的审美传统、审美观

---

1. 宗白华. 美学散步[M]. 上海：上海人民出版社，2005：27-28.

念与审美标准，通过语言形式等去分析美的价值、标准与表达方式，考察不同的审美意识与文化符号。

一、《湖心亭看雪》：审美主体的深情回忆

《湖心亭看雪》选自《陶庵梦忆》，周作人为《陶庵梦忆》作序说："人多有逃现世之倾向，觉得只有梦想或是回忆是最甜美的世界。讲乌托邦的是在做着满愿的昼梦，老年人记起少时的生活也觉得愉快，不，即是昨夜的事情也要比今日有趣：这并不一定由于什么保守，实在是因为这些过去才经得起我们慢慢地抚摩赏玩，就是要加减一两笔也不要紧。遗民的感叹也即属于此类，不过它还要深切些，与白发宫人说天宝遗事还有点不同，或者好比是寡妇的追怀罢。"[1] 以"寡妇的追怀"来形容遗民的感叹，寡妇通过深情回忆与思念，重温与亡夫在一起的生活，感受到丧偶带来的巨大空虚与孤独，正如张岱《陶庵梦忆》抒写了改朝换代之前个人生活的富足与闲适，作为一个回不去的故国之子，全书以回忆的笔调带着强烈的抒情，透出一种回不去的感伤与痛苦。

文章开篇就带有一种回忆的情调，"崇祯五年十二月，余住西湖"，时间"崇祯五年"与地点"西湖"的具体交代，

---

1. 张岱.陶庵梦忆评注[M].淮茗,评注.上海：上海三联书店, 2018: 273-274.

将读者带入作者的回忆之中。"崇祯五年"是一个特殊的历史背景，属于明朝末年的动荡时期，给人一种历史沧桑感与时间的流逝感。此句不仅是在交代背景，实际隐含了作者的心境。在崇祯末年这个时期，明朝的衰亡已成定局，张岱此时的回忆，带有一种对往昔时光的怀念与对现实无奈的感慨。这种回忆的情调，透过张岱简洁的叙述，表达了他对过往生活的留恋以及对历史变迁的深刻记忆。张岱在这个特定的时间与地点，定然会有许多美好生活的回忆。曾经他过着锦衣玉食、养尊处优的生活，"极爱繁华，好精舍，好美婢"[1]，长期居住在西湖，"盘礴西湖四十余年，水尾山头无处不到；湖中典故真有世居西湖之人所不能识者，而陶庵识之独详；湖中景物真有日在西湖而不能道者，而陶庵道之独悉"[2]。四十余年来，张岱对西湖的每一个角落都了如指掌，当记忆之门打开，过往的奢华豪靡是当时豪居西湖的见证，后来离别西湖，"然西湖无日不入吾梦中，而梦中之西湖，实未尝一日别余也"[3]。西湖成为他思念与回忆的象征，是他魂牵梦萦的心灵之所。

当记忆之门打开，回忆主体展开回忆，并不仅仅是过去经历的储存和再现，而是一种有选择、有意识的思维过程。

---

1. 张岱.陶庵梦忆评注[M].淮茗，评注.上海：上海三联书店，2018：265.
2. 张岱.西湖梦寻[M].马兴荣，点校.上海：上海古籍出版社，1982：王雨谦序2.
3. 张岱.西湖梦寻[M].马兴荣，点校.上海：上海古籍出版社，1982：自序7.

"回忆,这位天地的娇女,宙斯的新娘,九夜后成了九缪斯的母亲……回忆并不是心理学上证明的那种把过去牢牢把持在表象中的能力。回忆回过头来思已思过的东西。但作为缪斯的母亲,'回忆'并不是随便地去思能够被思的随便什么思的东西。回忆是对处处都要求首先去思的那种东西的思的聚合。回忆是回忆到的、回过头来思的聚合,是思念之聚合。这种聚合在敞开处都要求被思的东西的同时,也遮蔽着这要求被思的东西,首先要求被思的就是这作为在场者和已在场的东西在每一事物中诉诸于我们的东西。"[1]它要求我们在思考时首先明确需要回忆的内容,并将这些内容聚合起来形成有意义的整体。回忆在这里不仅是对过去的思索,更是对这些记忆进行有目的的整合和深刻的反思。

回忆主体首先选择了特定的山水景象:大雪覆盖,湖面寂静,只有少量的标志性痕迹和物体。这种选择性描绘突出了雪后的孤寂和纯洁感。作者选择了"大雪三日"的背景,强调了自然环境的极端条件,这种选择不仅构建了一个特定的氛围,也影响了回忆的方式。大雪的覆盖象征了时间的静止和内心的沉淀,而这种沉淀使得作者能够从繁杂的现实中抽离出来,专注于这种宁静的景象。

其次,作者选择了独特的行为。"独往湖心亭看雪",

---

1. 海德格尔.海德格尔选集(下)[M].上海:上海三联书店,1996:1213-1214.

"独往"突出了作者或叙述者的孤独感。在浩瀚的雪景中，独自前往湖心亭体现了一种孤立于世、寻求内心平静的状态。这种独行是个体对外界纷扰的避开，也反映了作者内心深处的自我反思与沉思。孤独成了作者与自然、与自我之间的对话的一部分，象征着一种独立的精神探索。"湖心亭"作为观看雪景的地点，位于湖中央，与四周的雪景形成了对比，突出了雪景的纯洁与宁静。雪的覆盖使得湖面与周围的景象显得一片白茫茫，体现了一种无瑕的美感。湖心亭作为一个孤立的地点，象征着内心的避世之地。在雪的背景下，这种象征意义更加突出。雪后的湖心亭可能代表了一个理想化的空间，个人可以在这里远离现实的困扰，专注于自我内心的探索和感悟。"看雪"不仅是对自然景象的描述，也象征着内心的观察与思考。雪的纯白覆盖象征着一种净化和重新开始的可能性。在湖心亭的静谧环境中，"看雪"成了心境的外在表现，显示了自然景象与个人情感的深刻融合。这种融合使得观雪的过程不仅是视觉上的享受，更是内心的洗礼和反思。

这种孤独的行为在对雪景的描绘中得到再一次印证。"雾凇沆砀，天与云与山与水，上下一白。湖上影子，惟长堤一痕、湖心亭一点、与余舟一芥、舟中人两三粒而已。"冰雪覆盖下的天地景象，云雾弥漫，天地一片苍茫，整个世界仿佛被笼罩在一层神秘的白色之中。这种虚实交织的画面，不仅是对自然景象的描写，更表现了回忆者眼中的朦胧与超然。天空与大地、水与云的界限在雪中消融，象征着物我之间的界限被打破，人已与天地融为一体。在大自然的宏伟背景下，长堤、湖心亭以及作者所在的小船都显得格外渺小，仿佛只是湖面上的几点微痕。这种对比，将自然的浩大与个体的微小置于鲜明的对照中，突出了人在自然面前的无力与孤独。在这个无边无际的雪白世界里，人在视觉与心理上的存在感都被弱化到了极致。这体现了空间的辽阔，也传达了孤身一人在天地间的孤独与渺小感，仿佛个体与天地相比毫无重量，甚至快要消失在茫茫天地之间。

张岱描绘山水自然时，从自然景物中引发情感，由此引发哲理性思考。由物及情、由情及理的审美过程使得主体与客体、情与理互为含蕴，确然展现出他对自然物象的深情与独特的审美哲理。"在张岱笔下，描山画水，如他自己所言，总是那么'一往有深情'。其友人王雨谦评其诗文，谓其写景述物，总'兀然有一张子在'，堪称的评。他笔下的山川自然，无不是由物起情，由情及理，由具体的一山一水，一草一木，凭藉他那特殊敏锐的悟性而溶铸成哲理情思。在这里，情与理，主体（作者）与客体（描写对象）总是互为含蕴而相得益彰，从而将审美主体的情感意绪升华到通常的山水游记所难企及的全新境界。使之臻至这种境界的，正是其对自然物象的一种哲理化的审美解悟。"[1]

张岱西湖之行是对过往西湖生活片段的选择，这种回忆过程本身具有一定的主观性。"无论何时，当我们试图通过还原记忆去唤醒我们历史上某些时期的时候，我们就开始意识到一种独特的行为，通过这一行为，我们使自己远离现在，首先是把自己放回到总体的过去中，然后又把自己放回到过去的某一区域中。这是一种调整工作，类似于用相机对准焦距。但是，我们的回忆仍然是虚幻的，我们仅仅通过采取适当的态度，做好思想准备去接受回忆。回忆一点一点地显现在我们眼前，正如一团愈来愈浓的云彩，从虚拟状态渐渐变得真实化。"[2] 尽管我们试图通过调整去还原记忆，但回忆带有虚幻的成分，它是过去影像的还原，但不是完全客观的还原。它也是我们内心主观情感的反映，带着某种主观的面纱，试图使模糊的过往清晰化。因而回忆并不等同于过去的真实再现，它是一种经过主观调整、逐渐清晰却带有虚幻性的主观重构。"在人那里，我们不能把记忆说成是一个事件的简单再现，说成是以往印象的微弱映象或摹本。它与其说只是在重复，不如说是往事的新生；它包含着一个创造性和构造性的过程。仅仅收集我们以往经验的零碎材料那是不够的；我们必须真正地回忆亦即重新组合它们，必须把它们

---

1. 胡益民. 张岱评传[M]. 南京：南京大学出版社，2002：320.
2. 亨利·柏格森. 物质与记忆[M]. 姚晶晶，译. 北京：北京时代华文书局，2018：144.

加以组织和综合,并将它们汇总到思想的一个焦点之中。只有这种类型的回忆才能给我们以能充分表现人类特性的记忆形态。"[1]

这种主观性与虚幻性还体现在西湖之行的记忆错位。记忆发生错位实在是因为回忆主体的某种想象罢了。"符号的记忆乃是一种过程,靠着这个过程人不仅重复他以往的经验而且重建这种经验。想像成了真实的记忆的一个必要因素。"[2]

湖心亭本是一个宁静、孤寂的地方,作者"独往湖心亭看雪",意在追求一种孤独中的沉思与雅致情调。然而,他在亭中却遇到了金陵客人,作为"客此"的外来者,本应是他乡的游人,却与叙述者产生了短暂而喜悦的互动,甚至有点似故人重逢、知音相遇般的难得。这种相遇在一种特殊的环境和时空中发生,有一种令人难以捉摸的错位感,仿佛过去的记忆或历史突然浮现。这种错位是一种突然的、片刻的交汇,仿佛过去的繁华城市与眼前的空寂湖面同时存在。金陵曾是六朝古都,承载着诸多历史兴衰与文化记忆。金陵人出现在湖心亭的情景,带有某种历史与现实交错的意味。离别之时,问其姓氏,只记得"金陵人客居于此",答非所问,实则是对"金陵人"印象入骨所致。金陵是明朝的都城,遇见金陵人可能让作者短暂感受到对明朝的某种认同与共鸣,

---

1. 恩斯特·卡西尔. 人论 [M]. 甘阳,译. 上海:上海译文出版社,2004:70.
2. 恩斯特·卡西尔. 人论 [M]. 甘阳,译. 上海:上海译文出版社,2004:71.

这种"记忆错位"体现在作者无法回到过去的时代。明朝的灭亡使得作者不得不面对现实的巨大变化。作为前朝的遗民，作者心中充满了对明朝文化、制度、风俗的怀念与眷恋，但同时无法否认清朝的统治已经成为新的现实。这种失落和矛盾，使得他们的回忆带有一种无法与当下现实调和的错位感。他试图通过怀念明朝的历史、文化来获得内心的安慰。作者回忆过去的繁荣、文化和社会秩序时，往往带着强烈的失落感和怀旧情绪。这种情绪与现实的割裂，进一步加剧了记忆的错位感。明朝已逝，而清朝的现实无可回避，过去与现实之间的鸿沟让他们的精神状态更加复杂。这种记忆错位反映了文人们对历史、身份与文化的无力感。他们试图通过回忆去寻找一种安身立命的精神归属，但在实际中因为时代的变迁和不可逆的现实，陷入了回不去的历史迷雾中。

这种回不去的遗憾之叹正如张岱在《陶庵梦忆》序言中所说："因想余生平，繁华靡丽，过眼皆空，五十年来，总成一梦。""陶庵国破家亡，无所归止，披发入山，骇骇为野人。故旧见之，如毒药猛兽，愕窒不敢与接。"这种人世沧桑感弥漫在每一篇文字中，反映了张岱对自己一生经历的深沉回顾与感慨，自己一生所经历的繁华与靡丽，此时看来，都是过眼烟云，国破家亡，被迫隐居山野，强烈的虚幻感贯穿全书，深刻表达作者对人生无常、繁华易逝的感慨，以及国破家亡后的巨大痛苦与孤独。这种回忆性的抒情表达，将个人的情感与历史的沧桑结合，形成独特的情感世界，使读者能感同身受地体会到他内心的挣扎与无奈。

当我们在追寻文本中的意象符号之时，作者的精神内在世界也就随之呈现在我们的眼前。因为在作者的回忆片段里，实已揭示了记忆背后的深刻反思，是一种精神上的逆流。"我们总是要问：那种使意识的业已内在的对象进入心灵的最内在领域中的内在回忆是如何可能发生的？内在回忆关涉到内在的东西和不可见的东西。因为无论是被回忆者，还是被回忆者之所向，都具有这种本质。内在回忆乃是颠倒那种告别而达于敞开者的最宽广之轨道中。而在终有一死的人中间，谁能够作这种颠倒着的回忆呢？"[1]这种颠倒着的记忆暗示了超越感官经验事物，深入思考回忆本质的意义。《湖心亭看雪》中，西湖之雪已经成为痛苦的意象，昔日的名士欢愉与雅致只能在梦幻中化作无奈的回望与忆念。西湖成了张岱永恒的追忆对象，是他心中永远的理想，而在追忆之时，西湖也成了张岱失去繁华靡丽的凭吊之地，充满着感伤与孤独。"两《梦》不是张岱自觉的小品追求的产物，而是其载道济世的古文爱好和信史更兼心史的遗民史学追求的结晶，是从异族统治的黑暗中淬砺而出的特殊'史文'；坚定的民族气节、深沉的故国情怀，就是这史文所载的'道'。"[2]

---

1. 海德格尔.海德格尔选集（上）[M].上海：上海三联书店，1996：450.
2. 潘承玉.别一时代与文体视野中的张岱小品[J].文学遗产，2006（1）.

《湖心亭看雪》通过雪景、湖心亭、泛舟等意象，揭示了回忆的主观性。这些通过回忆呈现在读者面前的意象不仅是对过去景象的再现，更是张岱构建的个人情感世界。回忆在这里并非简单地回到过去，而是带着主观的诗意和情感色彩，成为张岱在动荡现实中的精神寄托和超越方式。回忆的主观性让这些意象不仅仅是自然景观，也成为他内心世界的象征与折射。

（《湖心亭看雪》选入统编版初中语文教材九年级上册第三单元）

二、《兰亭集序》："俯仰"精神的三维生命意识

"俯仰"一词最早可以追溯到《周易》，书中记载："古者包牺氏之王天下也，仰则观象于天，俯则观法于地，观鸟兽之文与地之宜，近取诸身，远取诸物，于是始作八卦，以通神明之德，以类万物之情。"[1] 包牺氏通过"仰观天象"和"俯察地理"，表达了一种全面探索和理解世界的态度。这种观察既是对外部世界的探索，也是一种内在心灵和情感的体验与表达。通过观察天地间的万物，古人试图理解宇宙的法则和生命的本质，进而在此基础上构建自己的哲学思想和审美观念。由此可见，"俯仰"不仅仅是一种物理上的动作，

---

1. 阮元．十三经注疏（清嘉庆刊本）[M].北京：中华书局，2009：179.

更是一种精神层面的探求和表达。它体现了中国古典美学中的"天人合一"思想，即人与自然和谐共存，通过观察和体验自然，达到了解世界、了解自我、提升精神境界的目的。这种方式强调了观察者与被观察对象之间的情感联系和精神共鸣，是一种深刻的审美体验和哲学思考。"俯仰"一词，产生于"天、地、人"整体的关系当中，"俯仰"是人与万物产生情感联系的基点，"俯仰"所呈现的视觉和心灵上的空间感和时间感，给人情感衍生的参照点。

在中国古典美学中，"俯仰"作为一种审美方式，不仅是获取信息和经验的行为，也是构建想象世界和自我认识的过程。古人用这种方式来体悟万物之道，感受生命的意识。"'俯仰'不仅包含着上观下览、远近取与的形式去获取加工、表达信息的经验行为，而且还包含着与这种行为相一致的想象世界、构建自我的观念行为。"[1]通过这种方式，古人试图通过对自然界和社会现象的深入观察和体验，来感悟生命的意义，探索宇宙的奥秘，以及在精神和情感层面与万物建立深刻的联系。

在对自然的"俯仰"过程中，主体一方面激活了自然的新生命，即所谓山的沉稳、水的灵动，一静一动，钟灵毓秀，化仁化智，香远益清；另一方面感悟到了自我的物理生

---

1. 李涛.俯仰天地与中国艺术精神[D].上海：上海师范大学，2006.

命，升华了精神生命的境界，纯粹了良知与性情；再次，因"互渗律"的参与，自然与人的交互感应作为根深蒂固的集体表象（亦即集体无意识），一代复一代地积淀在人们的心理底层。在主客二分的世界里，"俯仰"既是在感性直观基础上的审美观照，也是在体察万物的过程中的自我省视，更是在物我冥合的状态中的精神"远游"。

《兰亭集序》中，一共出现了三次"俯仰"，通过俯仰的方式，主体可以从自然世界过渡到审美世界和精神世界。通过俯仰的途径，主体强调物我的交流，在不同的时空维度和情感维度中进行以生命意识为核心的精神世界的建构。"俯仰"一词虽然在全文中只出现了三次，但贯穿了整篇文章，以一种全面、深入的视角来观察和理解世界，通过与自然和谐共生的方式，寻求人生和精神的提升，并且始终涌动着生命的意识，不同的维度呈现出不同的存在形态。

(一)"仰观俯察"：空间维度延展性展现流动的生命意识

"仰观宇宙之大，俯察品类之盛"是作者置身在兰亭这个客观的地点而发出的感慨。"仰"和"俯"都是短暂瞬间的动作行为，而"宇宙之大""品类之盛"则是广阔无限的宇宙空间。通过"仰观"与"俯察"的动作，作者不仅仅是在观察自然界的秀美与清雅，而且是在体验一种由具体地理空间触发的视觉和心灵的扩展。"俯仰是视点的无限扩大，它要求人们不要斤斤于物象，不要拘泥于个人身世之叹，不要为自己所处的狭小空间所拘限，让精神腾挪开去，向上一路，从眼前转向渺远，从当下直入永恒，目不能至，心向往之，让性灵无限伸展，以达到'大人游宇宙'的境界。"[1] 在这里，兰亭不仅是一个具体的地理位置，它更像是一个心灵感悟的媒介，使观者能够超越时间和空间的限制，体验到宇宙的浩瀚与万物的丰富。这种从具体景象到抽象感悟的转变，是中国古典文学中常见的美学理念，强调了人与自然和宇宙之间的和谐共生。因而"仰观宇宙之大，俯察品类之盛"不仅仅是对自然界的赞美，更是一种生命哲学的体现，它反映了人在宇宙中的位置，以及人通过自然而触发的深层次精神体验。这种体验超越了物质世界的局限，进入了更为广阔和深远的精神领域，展现了人与自然、宇宙之间的深刻的联系和统一。

王羲之正是通过俯仰的方式使客体获得了空间意识。人是宇宙的一部分，人之所以能通过一仰一俯来完成对这巨大空间的审视，正是因为宇宙存在于人的精神世界当中。仰视宇宙，空间不断向上兼容；俯视万物，空间不断向下延伸，体现了在渺远时空中心灵的游动与逍遥。

王羲之通过俯仰的方式由个人客观存在的空间进入宇宙

---

1. 朱良志.中国艺术的生命精神[M].合肥：安徽教育出版社，1995：385.

的空间，由客观世界进入主观世界进行"游心太玄""自由逍遥"后，提出了"悟言一室之内"和"放浪形骸之外"这两种具体的不同的态度。主体在不同的空间进行自我审视，但最终都走向"情随事迁""俯仰之间，已为陈迹""不知老之将至"的结局。在王羲之看来，"悟言一室之内"和"放浪形骸之外"代表了两种不同的生活态度和精神境界。前者强调内心世界的探索和自我认识的深化，后者则是外在世界的自由漫游和精神的解放。这两种态度虽然看似对立，但实际上是相辅相成的，都是实现个人精神自由和生命意义的不同路径。而"情随事迁"进一步展现了王羲之对于生命流动性的认识，强调了人的情感和精神状态是随着外在世界的变化而变化的。这种流动性不仅是生命的本质特征，也是艺术创作和精神追求的重要动力。"俯仰之间，已为陈迹""不知老之将至"不仅体现了王羲之对生命短暂性的感慨，也反映了他对于生命意义的深刻洞察。他认为，虽然人的生命是有限的，但通过艺术创作和精神探索，人可以超越时间和空间的限制，实现情感与精神的永恒。

这体现了主体客观存在的空间只是情感实现方式的不同凭借点，最后人都会在"俯仰之间"突破空间对生命的束缚，感慨人生的苦短，借流动的生命意识，寄托于永恒的世界万物之中，觉醒自我的生命意识。

宗白华在《中国诗画中所表现的空间意识》中指出：

"中国诗人、画家确是用'俯仰自得'的精神来欣赏宇宙,而跃入大自然的节奏里去'游心太玄'。"[1] "诗人虽不必直用俯仰字样,而他的意境是俯仰自得,游目骋怀的。"[2]《兰亭集序》中主体正是通过俯仰的方式,由自然空间进入了非自然的精神空间,去"游目骋怀""极视听之娱乐",这体现了主体的生命意识在广袤的空间自由地流动,逍遥地澄怀味象。这和同时期的嵇康在《四言赠兄秀才入军》中所写的"目送归鸿,手挥五弦,俯仰自得,游心太玄"[3]所运用的方式相同,并且同样流露出魏晋时期的文人在动荡的社会中,通过虚灵的胸怀、流动的生命意识来体味自然、发现自我的情怀。

(二)"俯仰一世":时间维度弹性呈现自觉的生命意识

时间的弹性呈现,既可以是某一时间节点,也可以是一个时间段,该时间段可以是短暂的时间,也可以是持续性的时间。人在瞬间激发的主体意识,可以附着于生生不息的宇宙万物,得以永恒存在。相反,持续贯穿人的一生的想法,也只是有限的想法,因为"有限不能自我产生无限,有限只能嵌入天地宇宙中方能获得生命的充实和精神的永恒"[4]。而《兰亭集序》一文正是通过俯仰的方式,自觉地将主体的生

---

1. 宗白华.美学散步[M].上海:上海人民出版社,1981:82.
2. 宗白华.美学散步[M].上海:上海人民出版社,1981:93.
3. 宗白华.美学散步[M].上海:上海人民出版社,1981:82.
4. 李涛.俯仰天地与中国艺术精神[D].上海:上海师范大学,2006.

命意识融入宇宙的无限当中，赋予短暂涌动的生命意识以无限的时间跨度。

《兰亭集序》选取了不同的时间描述，结合了"俯仰"这一行为在不同时间维度带来的时间感受的强烈异变，体现了自觉的生命意识。文章的开头，群贤毕至于"暮春之初"，在这万物复苏的时间节点，主体通过俯仰的流观方式，描述了"此地有崇山峻岭，茂林修竹；又有清流激湍"的景象，仰观高山茂林，俯览清流激湍，将暮春时节蓬勃的生命力展示了出来。人在这暮春之初的大好时光，本应体味自然实景此刻带给人最真实的感受，但主体通过俯仰的方式自主地进入了人的精神世界，即使此刻拥有良辰美景，也自觉地感受到生命的消逝，人最终也要"况修短随化，终期于尽"。

美好时光在时间的维度里，也终会转瞬即逝，只有生命在时间的维度里不断流逝的状态才是永恒的客观存在。时间通过俯仰的方式，弹性地呈现了不同的形态，由"暮春"现实的时间节点，到生命流逝的瞬间，到不停流逝的时间永恒的形态，再到生命"终期于尽"的消失。不同时间形态的呈现，正是主体生命意识的自觉流露。在暮春时节，人通过俯仰天地，将天地万物的生机景象尽收眼底，此时人的时间是相对静止的，人主动自觉地通过俯仰的方式进入自然的世界，感受自然在春季开始新的生命轮回。同时，人也由俯仰进入自我的精神世界，俯仰自然万物，它们在生长，同时也在流逝，人的世界也是如此，时间在向前也在流逝，唯有流逝的时间是永恒的。

文章从俯仰宇宙万物进入精神世界后，提出了"夫人之相与，俯仰一世"，这里将"俯仰"和"一世"两个不同跨度的时间同时呈现，突出了剧烈的时间变化，这体现了主体情感逻辑的异变。这种情感异变的歪曲，正是主体意识的觉醒、主体精神触觉的延伸。对审美逻辑进行还原，可以发现作者运用了艺术感觉和情感逻辑的异变，突出了主体将自身主动地融入宇宙万物之中，在宏观的世界里完成对生命流逝的审视。

文章最后提到"每览昔人兴感之由，若合一契，未尝不临文嗟悼""后之视今，亦犹今之视昔"，主体通过俯仰的方式将古人、今人、后人这三者连接了起来。这种横向立体的时间感，体现了主体自觉的生命意识的永恒感。由俯仰天地的方式所建立的精神世界，与万物永恒的生命主体意识相连通，可以跨越时间的鸿沟，永恒地与宇宙万物并存。

（三）"俯仰之间"：情感维度审美式体现永恒的生命意识

黑格尔曾说："审美带有令人解放的性质。"[1]而"俯仰天地这一文化想象和精神建构，不仅形成中国艺术独特的精神

---

1. 黑格尔.美学（第一卷）[M].朱光潜，译.北京：商务印书馆，1979: 147.

品质，而且也造就了与之相一致的审美结构"[1]。因此《兰亭集序》中的俯仰方式是带有审美的观照，带有促使人灵魂解放的推动性，从而促使人进入情感维度的审视。

《兰亭集序》开篇描述一幅人美景美的和谐画面，发出"仰观宇宙之大，俯察品类之盛，所以游目骋怀，足以极视听之娱，信可乐也"的感慨，由景抒情，抒发"乐"的情感。当主体通过俯仰的方式进入精神世界时，他们便自觉地进行心灵世界的俯仰，并由此找到精神的寄托点、情感的延续点，以审美的方式完成精神的寄托。于是，王羲之发出了"俯仰之间，已为陈迹""死生亦大矣，岂不痛哉！"的感慨，他感慨人生苦短，而生命的存在却是永恒的。这样的感慨正是因为他感知了生命的存在是永恒的，个人在客观世界里的短暂生命只有通过俯仰天地的审美方式，将自然万物与人融合在一起，达到物我合一的状态才能获取自我生命的无限延续。俯仰天地的方式，"不仅打开了他们的心灵世界，开启了他们的精神追求，而且让他们形成了以给天地宇宙、万物自然以无限、自由和永恒的方式来迎取自我的无限、自由和永恒审美思维"[2]。

"向之所欣，俯仰之间，已为陈迹"的情感抒发，感慨时光的飞逝，通过审美式的观照，完成对上达宇宙、下至

---

1. 李涛. 俯仰天地与中国艺术精神 [D]. 上海：上海师范大学，2006.
2. 李涛. 俯仰天地与中国艺术精神 [D]. 上海：上海师范大学，2006.

世间万物的审美关注，完成了对历史、对人生的情感体悟。"晋人向外发现了自然，向内发现了自己的深情。山水虚灵化了，也情致化了。"[1]由此可见，当主体通过俯仰的方式来观察宇宙时，宇宙（客观存在）对于人（主体存在）而言，并不是一个分离的外部对象，两者是"一体化"的。这种"天人合一"审美方式的张扬，正是永恒的生命意识的体现。

在文章的第三部分，王羲之的情感进入了更深层次的抒发。他写道"每览昔人兴感之由，若合一契，未尝不临文嗟悼，不能喻之于怀"，他感慨古人的情感与自己的情感竟然有相通之处，从而进一步发出"后之视今，亦犹今之视昔。悲夫"的感叹。生命本就是短暂微弱的，生命的归宿终究是"终期于尽"，所以才悲从中来，不可断绝；所以才能在情感的维度上达到一致，千古同悲。纵观古今，人的情感何其相似！这正是永恒的生命意识的体现！由此可见，"痛"是个体的情感体验，是平面的、横向的；"悲"是纵向的、立体的，是古人、今人、后人所构成的整个人类群体的关于永恒生命意识的具体情感的外化。作者在观察这片广袤天地与浩渺宇宙之后，最终也反观自身，将宇宙意识与现实生活发生联系，回到最深层的内在生命里，因此才出现了情感由"乐"转"痛"再到"悲"的情感变化，情感在强烈变异的矛盾中

---

1. 宗白华. 中国美学史论集[M]. 合肥：安徽教育出版社，2006：129.

得到升华,在"俯仰"之间又渐渐形成了富有时空感的独特的生命意识。

  《兰亭集序》巧妙地在时间维度、空间维度和情感维度呈现了多层面的"俯仰精神"内涵,形成了贯穿全文的自觉生命意识、流动生命意识以及永恒生命意识。这种动态的、跨越时空形成情感共鸣的生命意识的展现,散发着启人深思的生命哲思,带领读者感受生命主体由浅入深地挖掘物我一体的精神世界。

  (《兰亭集序》选入统编版高中语文教材选择性必修中册第三单元)

参考文献

专著：

1. 荣维东. 语文文本解读实用教程 [M]. 北京：北京大学出版社，2016.

2. 李行健. 现代汉语规范词典：2版 [M]. 北京：外语教学与研究出版社，2010.

3. 王先霈. 文学文本细读讲演录 [M]. 桂林：广西师范大学出版社，2006.

4. 佟士凡. 语文学习论 [M]. 南宁：广西教育出版社，1996.

5. 鲁迅. 鲁迅全集 [M]. 北京：人民文学出版社，2005.

6. 元好问. 遗山集·卷三十六 [M]. 四库全书影印本.

7. 孙绍振. 名作细读：微观分析个案研究 [M]. 上海：上海教育出版社，2006.

8. 杜甫. 杜甫集校注 [M]. 谢思炜，校注. 上海：上海古籍出版社，2015.

9. 贾岛.贾岛集校注[M].齐文榜,校注.北京:人民文学出版社,2001.

10. 高尔基.高尔基选集 文学论文选[M].孟昌,曹葆华,译.北京:人民文学出版社,1958.

11. 汪曾祺.汪曾祺全集:2版(第9卷)[M].北京:人民文学出版社,2021.

12. 热奈特.热奈特论文集[M].史忠义,译.天津:百花文艺出版社,2001.

13. 汪曾祺.汪曾祺全集(四)[M].北京:北京师范大学出版社,1998.

14. 刘勰.文心雕龙注[M].范文澜,注.北京:人民文学出版社,1958.

15. 童庆炳,程正民.文艺心理学教程[M].北京:高等教育出版社,2001.

16. 鲁迅.中国小说史略[M].郭豫适,导读.上海:上海古籍出版社,1998.

17. 吴敬梓.儒林外史[M].张慧剑,校注.北京:人民文学出版社,2002.

18. 朱一玄,刘毓忱.儒林外史资料汇编[M].天津:南开大学出版社,1998.

19. 袁仁林.虚字说[M].解惠全,注.北京:中华书局,1989.

20. 王力. 中国现代语法 [M]. 北京：商务印书馆，1985.

21. 丁福保. 历代诗话续编 [M]. 北京：中华书局，1983.

22. 李晓琪. 现代汉语虚词讲义 [M]. 北京：北京大学出版社，2005.

23. 吴讷，徐师曾. 文章辨体序说 文体明辨序说 [M]. 于北山，罗根泽，校点. 北京：人民文学出版社，1962.

24. 章学诚. 文史通义校注 [M]. 叶瑛，校注. 北京：中华书局，1985.

25. 吴承学. 中国古代文体学研究 [M]. 北京：人民出版社，2011.

26. 李廌，朱弁，陈鹄. 师友谈记·曲洧旧闻·西塘集耆旧续闻 [M]. 孔凡礼，点校. 北京：中华书局，2002.

27. 钱锺书. 管锥编 [M]. 北京：中华书局，1979.

28. 朱光潜. 朱光潜全集 [M]. 合肥：安徽教育出版社，1988.

29. 洪迈. 容斋随笔 [M]. 上海：上海古籍出版社，2015.

30. 茅坤. 唐宋八大家文钞 [M]. 上海：上海古籍出版社，1993.

31. 楼昉. 崇古文诀 [M]. 上海：上海古籍出版社，1993.

32. 陈世骧. 中国文学的抒情传统：陈世骧古典文学论集 [M]. 张晖，编. 北京：生活·读书·新知三联书店，2015.

33. 王夫之. 诗广传 [M]. 王孝鱼，点校. 北京：中华书局，1964.

34. 吕正惠.抒情传统与政治现实[M].武汉：华中师范大学出版社，2011.

35. 吴小如.古文精读举隅[M].天津：天津古籍出版社，2002.

36. 郭绍虞.清诗话续编[M].富寿荪，校点.上海：上海古籍出版社，2016.

37. 徐铉.徐铉集校注 附徐锴集[M].李振中，校注.北京：中华书局，2018.

38. 许慎.说文解字注[M].段玉裁，注.上海：上海古籍出版社，1981.

39. 茅盾.茅盾文集[M].上海：上海春明书店，1948.

40. 陈桂良.茅盾写作艺术论[M].南京：南京大学出版社，2004.

41. 茅盾.茅盾散文速写集[M].北京：人民文学出版社，1980.

42. 宗廷虎，邓明以，李熙宗，等.修辞新论[M].上海：上海教育出版社，1988.

43. 王定保.唐摭言[M].北京：中华书局，1959.

44. 张维屏.张南山全集[M].陈宪猷，标点.广东高等教育出版社，1994.

45. 王步高.唐诗三百首汇评（修订本）[M].南京：凤

凰出版社，2017.

46. 沈德潜. 古诗源 [M]. 北京：中华书局，1963.

47. 加里·R. 卡比，杰弗里·R. 古德帕斯特. 思维——批判性和创造性思维的跨学科研究：4版 [M]. 韩广忠，译. 北京：中国人民大学出版社，2010.

48. 吴梅. 顾曲麈谈 中国戏曲概论 [M]. 江巨荣，导读. 上海：上海古籍出版社，2000.

49. 王国维. 宋元戏曲史 [M]. 叶长海，导读. 上海：上海古籍出版社，1998.

50. 丰子恺. 活着本来单纯 [M]. 南京：江苏凤凰文艺出版社，2016.

51. 盛如梓. 庶斋老学丛谈及其他二种 [M]. 上海：商务印书馆，1939.

52. 吴庚舜，吕薇芬. 全元散曲：广选·新注·集评 [M]. 沈阳：辽宁人民出版社，2000.

53. 谭新红. 苏轼词全集：2版 [M]. 武汉：崇文书局，2015.

54. 蒋寅. 古典诗学的现代诠释 [M]. 北京：中华书局，2003.

55. 谢枋得. 文章轨范 [M]. 郑州：中州古籍出版社，1991.

56. 方回. 桐江集 [M]. 阮元，辑. 南京：江苏古籍出版社，1988：29.

57. 方玉润. 诗经原始 [M]. 李先耕，点校. 北京：中华书局，1986.

58. 习近平. 习近平谈治国理政（第一卷）[M]. 北京：外文出版社，2018.

59. 司马迁. 史记 [M]. 北京：中华书局，1959.

60. 中国社会科学院语言研究所词典编辑室. 现代汉语词典 [M]. 北京：商务印书馆，2016.

61. 司马光. 资治通鉴 [M]. 胡三省，音注. 北京：中华书局，1956.

62. 司马迁. 读史管见 [M]. 李晚芳，编纂. 赵前明，凌朝栋，整理. 北京：商务印书馆，2016.

63. 陆贽. 陆宣公全集 [M]. 上海：世界书局，1936.

64. 吴贤哲. 楚辞今选校注 [M]. 北京：民族出版社，2013.

65. 蔡絛. 铁围山丛谈 [M]. 冯惠民，沈锡麟，点校. 北京：中华书局，1983.

66. 陈鼓应. 老庄新论 [M]. 北京：商务印书馆，2008.

67. 魏了翁. 鹤山题跋 [M]. 北京：中华书局，1985.

68. 张孝祥. 张孝祥词笺校 [M]. 宛敏灏，笺校. 祖保泉，审订. 合肥：黄山书社，1993.

69. 缪钺，叶嘉莹. 灵溪词说 [M]. 上海：上海古籍出版

社，1987.

70. 宗白华：美学散步：插图本[M].上海：上海人民出版社，2005.

71. 郭廉夫，郭渊.中国色彩简史[M].重庆：重庆大学出版社，2021.

72. 许慎.说文解字注[M].北京：中华书局，1963.

73. 陈廷焯.白雨斋词话[M].杜未末，校点.北京：人民文学出版社，1959.

74. 刘荣平.赌棋山庄词话校注[M].厦门：厦门大学出版社，2013.

75. 郭预衡.中国古代文学史[M].上海：上海古籍出版社，1998.

76. 唐彪.家塾教学法[M].赵伯英，万恒德，选注.上海：华东师范大学出版社，1992.

77. 陈骙，李涂.文则·文章精义[M].刘明晖，校点.北京：人民文学出版社，1960.

78. 司空图.荟珍集：二十四诗品[M].杭州：浙江古籍出版社，2023.

79. 孙培青.隋唐五代教育论著选[M].北京：人民教育出版社，1993.

80. 柳宗元.柳宗元集校注[M].尹占华，韩文奇，校注.北京：中华书局，2013.

81. 朱世英，方遒，刘国华. 中国散文学通论 [M]. 合肥：安徽教育出版社，1995.

82. 高步瀛. 唐宋文举要 [M]. 上海：上海古籍出版社，1982.

83. 沈德潜. 唐宋八家文读本 [M]. 于石，校注. 合肥：安徽文艺出版社，1998.

84. 吴楚材，吴调侯. 古文观止 [M]. 施适，点校. 上海：上海古籍出版社，2016.

85. 李渔. 闲情偶寄窥词管见 [M]. 杜书瀛，校注. 北京：中国社会科学出版社，2009.

86. 张寅德. 叙事学研究 [M]. 北京：中国社会科学出版社，1989.

87. 杨义. 中国叙事学 [M]. 北京：人民出版社，1997.

88. 爱·摩·福斯特. 小说面面观 [M]. 苏炳文，译. 广州：花城出版社，1984.

89. 沃尔夫冈·凯塞尔. 语言的艺术作品 [M]. 陈铨，译. 上海：上海译文出版社，1984.

90. 吴晓东. 从卡夫卡到昆德拉：20世纪的小说和小说家 [M]. 北京：生活·读书·新知三联书店，2003.

91. 罗贯中. 三国演义 [M]. 毛纶，毛宗岗，点评. 北京：中华书局，2009.

92. 郭绍虞. 苕溪渔隐丛话后集 [M]. 北京：人民文学出

版社，1962.

93. 康震. 康震评说苏东坡 [M]. 北京：中华书局，2008.

94. 罗钢. 叙事学导论 [M]. 昆明：云南人民出版社，1994.

95. 刘学锴，余恕诚. 李商隐诗歌集解 [M]. 北京：中华书局，2004.

96. 何文焕. 历代诗话（上）[M]. 北京：中华书局，1981.

97. 钱锺书. 谈艺录：补订重排本（上）[M]. 北京：生活·读书·新知三联书店，2001.

98. 刘学锴. 李商隐诗歌研究 [M]. 合肥：安徽大学出版社，1998.

99. 周兴陆. 渔洋精华录汇评 [M]. 济南：齐鲁书社，2007：169.

100. 李泽厚，刘纲纪. 中国美学史（第一卷）[M]. 北京：中国社会科学出版社，1984.

101. 汪曾祺. 汪曾祺散文随笔选集 [M]. 沈阳：沈阳出版社，1993.

102. 汪曾祺. 汪曾祺散文选集 [M]. 天津：百花文艺出版社，2009.

103. 汪曾祺. 蒲桥集 [M]. 北京：作家出版社，2000.

104. 苏轼. 苏轼文集（第二册）[M]. 孔凡礼，点校. 北京：中华书局，1986.

105. 汪曾祺. 晚翠文谈 [M]. 杭州：浙江文艺出版社，1988.

106. 邬国义，胡果文，李晓路. 国语译注 [M]. 上海：上海古籍出版社，1994.

107. 杨伯峻. 论语译注 [M]. 北京：中华书局，2006.

108. 朱熹. 四书章句集注 [M]. 北京：中华书局，1983.

109. 阮元. 十三经注疏（清嘉庆刊本）[M]. 北京：中华书局，2009.

110. 穆克宏，主编. 魏晋南北朝文论全编 [M]. 上海：上海远东出版社，2012.

111. 刘义庆. 世说新语 [M]. 黄征，柳军晔，注. 杭州：浙江古籍出版社，1998.

112. 吴承学. 中国古典文学风格学 [M]. 北京：北京大学出版社，2011.

113. 歌德，等. 文学风格论 [M]. 王元化，译. 上海：上海译文出版社，1982.

114. 陈望道. 修辞学发凡 [M]. 上海：上海教育出版社，1997.

115. 朱金顺. 朱自清研究资料 [M]. 北京：北京师范大学出版社，1981.

116. 朱乔森. 朱自清全集 [M]. 南京：江苏教育出版社，

1990.

117. 叶圣陶.文章例话[M].北京:生活·读书·新知三联书店,1983.

118. 宇文所安.追忆:中国古典文学中的往事再现[M].郑学勤,译.北京:生活·读书·新知三联书店,2004.

119. 姜建,吴为公.朱自清年谱[M].合肥:安徽教育出版社,1996.

120. 加斯东·巴什拉.空间的诗学[M].张逸婧,译.上海:上海译文出版社,2013.

121. 缪钺.诗词散论[M].西安:陕西师范大学出版社,2008.

122. 杨景龙.中国古典诗学与新诗名家[M].北京:人民文学出版社,2012.

123. 王骥德.曲律注释[M].陈多,叶长海,注释.上海:上海古籍出版社,2012.

124. 王实甫.西厢记[M].金圣叹,评点.李保民,点校.上海:上海古籍出版社,2016.

125. 徐釚.词苑丛谈校笺[M].王百里,校笺.北京:人民文学出版社,1988.

126. 刘熙载.艺概笺注[M].王气中,笺注.贵阳:贵州人民出版社,1986.

127. 陈祖美.李清照诗词文选评[M].上海:上海古籍出

版社，2019.

128. 夏承焘. 唐宋词欣赏 [M]. 北京：北京出版社，2002.

129. 孙绍振. 经典小说解读 [M]. 上海：上海教育出版社，2016.

130. 王富仁. 中国反封建思想革命的一面镜子：《呐喊》《彷徨》综论 [M]. 北京：北京师范大学出版社，2000.

131. 海德格尔. 海德格尔选集 [M]. 上海：上海三联书店，1996

132. 费尔迪南·德·索绪尔. 普通语言学教程 [M]. 高名凯，译. 岑麟祥，叶蜚声，校注. 北京：商务印书馆，1980.

133. 爱德华·萨丕尔. 语言论——言语研究导论 [M]. 陆卓元，译. 陆志韦，校订. 北京：商务印书馆，1985.

134. 刘士林. 西洲在何处——江南文化的诗性叙事 [M]. 北京：东方出版社，2005.

135. 刘润清. 西方语言学流派 [M]. 北京：外语教学与研究出版社，1995.

136. 郑振铎. 家庭的故事 [M]. 长春：吉林出版集团股份有限公司，2018.

137. 马丁·布伯. 我与你 [M]. 陈维纲，译. 北京：生活·读书·新知三联书店，2002.

138. 王岳川. 艺术本体论 [M]. 北京：中国社会科学出版社，2005.

139. 王晓明.无法直面的人生:鲁迅传[M].北京:生活·读书·新知三联书店,2021.

140. 童庆炳.文学理论教程:2版[M].北京:高等教育出版社,2004.

141. 鲁迅.鲁迅全集(第二卷)[M].北京:人民文学出版社,2005.

142. 孙绍振.文学文本解读学[M].合肥:黄山书社,2017.

143. 张岱.陶庵梦忆评注[M].淮茗,评注.上海:上海三联书店,2018.

144. 张岱.西湖梦寻[M].马兴荣,点校.上海:上海古籍出版社,1982.

145. 胡益民.张岱评传[M].南京:南京大学出版社,2002.

146. 亨利·柏格森.物质与记忆[M].姚晶晶,译.北京:北京时代华文书局,2018.

147. 恩斯特·卡西尔.人论[M].甘阳,译.上海:上海译文出版社,2004.

148. 朱良志.中国艺术的生命精神[M].合肥:安徽教育出版社,1995.

149. 黑格尔.美学(第一卷)[M].朱光潜,译.北京:商务印书馆,1979.

150. 宗白华. 中国美学史论集[M]. 合肥：安徽教育出版社，2006.

151. 白居易. 白居易诗选[M]. 龚克昌，彭重光，选注. 济南：山东大学出版社，1999.

152. 刘知几. 史通[M]. 上海：上海古籍出版社，2008.

153. 钱理群，孙绍振，王富仁. 解读语文[M]. 福州：福建人民出版社，2010.

154. 罗晓晖，冯胜兰. 文本解读与阅读教学讲谈[M]. 上海：华东师范大学出版社，2018.

155. 史成明，刘艾清. 中学语文名篇深度解读与教学设计·古代文学卷[M]. 南京：江苏凤凰教育出版社，2022.

156. 罗晓晖. 方法与案例：语文经典篇目文本解读[M]. 上海：华东师范大学出版社，2017.

157. 钟启泉. 现代课程论[M]. 上海：上海教育出版社，1989.

158. 蒋成瑀. 解读学导论[M]. 上海：上海文艺出版社，1998.

159. 王荣生. 语文科课程论基础[M]. 上海：上海教育出版社，2005.

160. 王荣生. 听王荣生教授评课[M]. 上海：华东师范大学出版社，2007.

161. 曹明海. 文学解读学导论[M]. 北京：人民文学出版

社，1997.

162. 黄甫全，王本陆. 现代教学论学程 [M]. 北京：教育科学出版社，2003.

163. 钟启泉，曹明海，等. 语文教学解释学 [M]. 济南：山东人民出版社，2007.

164. 曹明海. 营构与创造——语文教学策略论 [M]. 青岛：青岛海洋大学出版社，1998.

165. 倪文锦. 高中语文新课程教学法 [M]. 北京：高等教育出版社，2004.

166. H.R. 姚斯，R.C. 霍拉勃. 接受美学与接受理论 [M]. 周宁，金元浦，译. 沈阳：辽宁人民出版社，1987.

167. 蒋济永. 文本解读与意义生成 [M]. 武汉：华中科技大学出版社，2007.

168. 施良方，崔允漷. 教学理论：课堂教学的原理、策略与研究 [M]. 上海：华东师范大学出版社，1999.

169. 莫提默·J. 艾德勒，查尔斯·范多伦. 如何阅读一本书 [M]. 郝明义，朱衣，译. 北京：商务印书馆，2004.

170. 佐藤学. 课程与教师 [M]. 钟启泉，译. 北京：教育科学出版社，2003.

171. 胡君. 基于新课标的语文教学 [M]. 杭州：浙江大学出版社，2006.

172. 王相文. 语文教材研究 [M]. 北京：高等教育出版社，

1999.

173. 王一川. 审美体验论 [M]. 天津：百花文艺出版社，1999.

174. 朱光潜. 读写指要 [M]. 上海：上海文艺出版社，2019.

175. 王纪人. 文艺学与语文教育 [M]. 上海：上海教育出版社，1995.

176. 恩斯特·卡西尔. 语言与神话 [M]. 于晓等，译. 北京：生活·读书·新知三联书店，1988.

177. 卢梭. 爱弥儿 [M]. 李平沤，译. 北京：商务印书馆，1978.

178. 滕守尧. 审美心理描述 [M]. 成都：四川人民出版社，1998.

179. 康德. 判断力批判 [M]. 邓晓芒，译. 北京：人民出版社，2002.

180. 伊瑟尔. 阅读行为 [M]. 金惠敏等，译. 长沙：湖南文艺出版社，1991.

181. 巴赫金·陀思妥耶夫斯基诗学问题 [M]. 白春仁，顾亚玲等，译. 北京：生活·读书·新知三联书店，1988.

182. 高宣扬. 解释学简论 [M]. 香港：三联书店（香港）有限公司，1988.

183. 朱光潜. 朱光潜美学文集 [M]. 上海：上海文艺出版

社，1982.

184. 北冈诚司. 巴赫金——对话与狂欢 [M]. 魏炫，译. 石家庄：河北教育出版社，2002.

185. 金生鈜. 理解与教育：走向哲学解释学的教育哲学导论 [M]. 北京：教育科学出版社，1997.

186. 约翰·杜威. 民主主义与教育 [M]. 王承绪，译. 北京：人民教育出版社，2001.

187. 约翰·杜威. 我们怎样思维·经验与教育 [M]. 姜文闵，译. 北京：人民教育出版社，2005.

188. 叶圣陶. 叶圣陶语文教育论集 [M]. 北京：教育科学出版社，2015.

189. 瓦伦汀. 实验审美心理学 [M]. 潘智彪，译. 海口：三环出版社，1989.

190. 巴赫金·陀思妥耶夫斯基. 巴赫金全集 [M]. 钱中文，主编. 石家庄：河北教育出版社，1998.

191. 程正民. 巴赫金的文化诗学 [M]. 北京：北京师范大学出版社，2001.

192. 沃尔夫冈·伊瑟尔. 阅读活动——审美反应理论 [M]. 金元浦，周宁，译. 北京：中国社会科学出版社，1991.

193. 吕叔湘，朱德熙. 语法修辞讲话 [M]. 北京：商务印书馆，2013.

194. 戴维·伯姆. 论对话 [M]. 王松涛，译. 北京：教育科学出版社，2004.

195. 张心科. 接受美学与中学语文教育[M]. 合肥：合肥工业大学出版社，2005.

196. 纪伯伦. 先知·沙与沫[M]. 钱满素，译. 北京：北京十月文艺出版社，2013.

197. 莫里斯·梅洛-庞蒂. 知觉现象学[M]. 姜志辉，译. 北京：商务印书馆，2001.

198. 魏伯·司各特. 西方文艺批评的五种模式[M]. 蓝仁哲，译. 重庆：重庆出版社，1983.

199. 杜威. 艺术即经验[M]. 高建平，译. 北京：商务印书馆，2010.

200. 王富仁. 语文教学与文学[M]. 广州：广东教育出版社，2006.

201. 余文森. 核心素养导向的课堂教学[M]. 上海：上海教育出版社，2017.

期刊论文：

202. 李煜晖. 文本解读规范：在多元理解中建构秩序[J]. 语文建设，2024（19）.

203. 陈思和. 文本细读的几个前提[J]. 南方文坛，2016（2）.

204. 方智范. 语文教师要成为文本作者的"知音"——

谈当前语文阅读教学中的若干问题[J].人民教育,2004(21).

205. 吴承学,沙红兵.中国古代文学的经典[J].中山大学学报(社会科学版),2004(6).

206. 王之望.经典文本的深度解读[J].文学自由谈,2022(5).

207. 孙绍振.《故都的秋》:悲凉美、雅趣和俗趣[J].福建论坛(人文社会科学版),2006(2).

208. 吴怀东.《醉翁亭记》文风"滑稽"论——兼论欧阳修的"太守之乐"[J].北京师范大学学报(社会科学版),2021(2).

209. 张伯伟.中国文学批评的抒情性传统[J].文学评论,2009(1).

210. 孙绍振.论说文的析理与抒情——《送东阳马生序》和《马说》对读[J].语文学习,2009(12).

211. 傅璇琮.《唐代铨选与文学》序[J].兰州大学学报(社会科学版),2001(3).

212. 孙绍振,孙彦君.隐性抒情意脉与叙述风格——读杨绛《老王》[J].语文建设,2012(17).

213. 张颖.杨绛、汪曾祺散文合论[J].当代作家评论,2021(5).

214. 金学智.白居易《琵琶行》中的音乐美——兼谈白居易的音乐美学思想[J].学术月刊,1985(7).

215. 王富仁. 主题的重建——《孔雀东南飞》赏析 [J]. 名作欣赏, 1992（4）.

216. 吴晓杭, 齐雪艳.《孔雀东南飞》之刘兰芝形象新论 [J]. 名作欣赏, 2021（29）.

217. 孙绍振.《天净沙·秋思》: 秋之乡愁 [J]. 语文建设, 2023（7）.

218. 胡立新. 从《天净沙·秋》细读《天净沙·秋思》的意境美 [J]. 高等函授学报（哲学社会科学版）, 2006（1）.

219. 杨存昌, 崔柯. 从"寓意于物"看苏轼美学思想的生态学智慧 [J]. 山东师范大学学报（人文社会科学版）, 2006（6）.

220. 孙克强, 杨传庆.《云韶集》辑评（之一）[J]. 中国韵文学刊, 2010（24）.

221. 张同铸. 从几首唐诗看动态性意境 [J]. 古典文学知识, 2002（5）.

222. 陆精康. 得《史记》风神 咏千年绝调 [J]. 中学语文教学, 2005（12）.

223. 胡遂. 论义山诗之"隔" [J]. 文艺研究, 2004（4）.

224. 胡遂. 论义山诗之理事情 [J]. 文学评论, 2005（3）.

225. 柏文猛. "闲人"品质的文化意蕴——汪曾祺散文的个性特色 [J]. 名作欣赏, 2007（11）.

226. 孙绍振.《背影》的美学问题 [J]. 语文建设, 2010

(6).

227. 郑桂华.经典作品与经典课文——《背影》的语文教学价值解读[J].上海师范大学学报(基础教育版),2010(6).

228. 林道立,张王飞,吴周文.背影的的美学价值及其文学史意义[J].天津师范大学学报(社会科学版),2011(1).

229. 甘浩.素朴的情感和素朴的表现——朱自清《背影》经典化的一种看法[J].名作欣赏,2005(22).

230. 韩睿可,张久全.诗意地栖居——论纪德《人间食粮》中的空间诗学[J].成都理工大学学报(社会科学版),2020(7).

231. 王昊."词曲递变"初探——兼析"唐曲暗线说"和"唐宋词乐主体说"[J].吉林大学社会科学学报,2009(3).

232. 赵丽.《声声慢》的诗歌音乐韵律特征解读[J].语文建设,2016(2)。

233. 杨义.文学地理学的三条研究思路[J].杭州师范大学学报,2012(4).

234. 范家进.民间的迷妄与"狂欢"——鲁迅乡土小说研究之二[J].华东师范大学学报(哲学社会科学版),1998(5).

235. 罗虹,颜研.透视语言与"文化身份"[J].中南民族大学学报（人文社会科学版），2009（1）.

236. 王献忠. 吴越民俗与鲁迅的小说[J]. 鲁迅研究月刊，1991（4）.

237. 陆建华. 无与有：老子道的哲学[J]. 江淮论坛，2021（6）.

238. 杨义. 鲁迅《彷徨》的生命解读[J]. 江苏师范大学学报（哲学社会科学版），2014（1）.

239. 曾翔.《呐喊》《彷徨》中雪的意象[J]. 大众文艺，2020（12）.

240. 管冠生. 重建祥林嫂的"半生事迹"——鲁迅《祝福》细读[J]. 东岳论丛，2021（6）.

241. 潘承玉. 别一时代与文体视野中的张岱小品[J]. 文学遗产，2006（1）.

242. 郑朝晖. 完整理解语文学科核心素养[J]. 中学语文教学，2023（1）.

243. 郑桂华. 义务教育课程标准中"核心素养"之名与实辨析——以语文课程标准为例[J]. 中国教育学刊，2023（2）.

244. 申宣成. 义务教育语文课程标准修订：背景、内容与实施[J]. 全球教育展望，2022（6）.

245. 王云峰. 试析语文学科核心素养[J]. 语文建设，2018（4）.

学位论文：

246. 周静.汉语情绪词的颜色隐喻表征及其对颜色知觉的影响[D].石家庄：河北师范大学，2013.

247. 方小凤.苏轼"清欢"生活美学思想研究[D].南京：南京师范大学，2010.

248. 李涛.俯仰天地与中国艺术精神[D].上海：上海师范大学，2006.

报纸：

249. 习近平.在欧美同学会成立100周年庆祝大会上的讲话[N].人民日报，2013-10-21.

250. 常绍舜.老子的"有"与"无"[N].社会科学报，2020-6-25.

教材：

251. 教育部组织编写.初中语文教材[M].北京：人民教育出版社，2017.

252. 教育部组织编写.初中语文教材[M].北京：人民教育出版社，2022.

253. 教育部组织编写.高中语文教材[M].北京：人民教育出版社，2019.

课程标准：

254. 中华人民共和国教育部.普通高中语文课程标准（2017年版2020年修订）[S].北京：人民教育出版社，2020.

255. 中华人民共和国教育部.义务教育语文课程标准[S].北京：人民教育出版社，2022.

后　记

搁笔之际,已是中秋。十四年前我来到桂林,开始在中学任教,由于语文教学的需要,我常常会细致地研读教材名篇。当时的研读是零碎而随机的,偶尔对一篇教材的经典文本有所感触,便倾注一番心血来写点文字。恰逢以核心素养为导向的新一轮课程改革在中小学全面开展,但学习评价中标准答案的桎梏仍在禁锢文本解读的鲜活思维与阐述视角。为突破标准的限制,我在十余年的中学语文教学实践中,紧贴文本而行,对经典名篇的教学有了一定的思考与体会。

后来博士毕业,来到广西师范大学文学院/新闻与传播学院工作并承担研究生的课程教学,为更好地给研究生的学术成长提供指导,我更加系统并具有针对性地研读了中学语文教材中的经典名篇,意图构建以"新教材为本,核心素养为核"的新课程解读体例。于是每学期定期召集研究生开展读书分享会。每周一次的读书分享会都是针对经典名篇的文本解读而设,让学生研读教材中的经典名篇,并与学生一起，就经典名篇的肌理进行深度思考。尤其是其中的一些观点，经过我们的查证、考究与整理后，陆续发表在语文教育的相关专业期刊上。此外，我还将其中的理解与思考融入中学语文教学案例设计，指导学生参加全国或省（区）级的教学技能大赛，并屡获佳绩。从对经典名篇的深入解读到中学语文教学案例的新设计，再到指导学生参加教学技能大赛，这样的过程大大地加深了我对中学语文教材经典名篇的专业思考，也培养了未来教师成为专业阅读者的自觉。与学生研读过程中的点点滴滴，尤其是每次课堂上面对学生提出名篇解读的迷惑与思考时，思想碰撞的美妙火花与交流分享的热烈氛围，虽然不能一一复刻，但现在思来依然历历在目。这里所记下的文字，也是对这些美好时光的一种回忆。

在本书出版之际，要感谢参加读书会的广西师范大学2022级、2023级、2024级学科语文的研究生，还要感谢我的研究生杨柳、邓书欣、顾译珩、宋玉霜、谢小敏、何丽珊、辛芸、梁昕猷、王灵芝、莫雨晴、陆彬君、罗思愉、莫晓慧在书稿完成过程中提供的各种资料与帮助，感谢敬晴勤、黄雅琳、王灵芝、梁昕猷、辛芸五位同学在出版之际帮助校对，特别感谢广西师范大学出版社的大力支持与协助，让这本书能够顺利出版。

方小凤于桂林
2024 年 9 月 18 日